고슴도치가
사랑에
빠질 때

ACHIEVING THE IMPOSSIBLE:
INTIMATE MARRIAGE

Charles M. Sell
FOREWORD BY HOWARD HENDRICKS

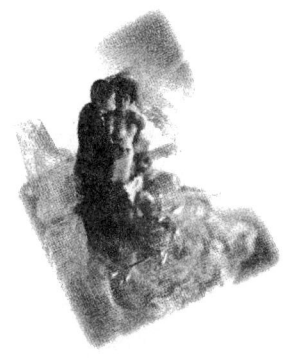

친구이자, 연인이자, 동역자로서
그리스도를 닮은 사랑을 가지고
아름다운 천국 가정을 꽃피우실
_____   _____ 님께
이 책을 드립니다.

ACHIEVING THE IMPOSSIBLE:INTIMATE MARRIAGE

Copyright © 1982 by Multnomah Press
Portland, Oregon 97266, U.S.A.
First Published 1982

Translated by Permission
All rights reserved
Korean copyright © 1999 by Torch publishers
55, Yangjae-dong, Sucho-ku, Seoul, Korea
Tel (02) 570-7233-4 Fax (02) 570-7239

Printed in Korea

한국어 판 머리말

나는 내게 배운 한국 학생들에게 감사의 뜻을 전한다. 그들은 내가 이제까지 가르치고 저술해 온 것들이 한국의 그리스도인들에게 유익할 것이라고 생각했다. 그 중에서 나의 좋은 친구이자 한국 교계의 유능한 지도자인 정동섭 교수와 그 외 다른 사람들이 내가 쓴 여러 책들을 먼저 번역하였는데 이번에는 최경부 씨가 이 책을 한국어로 출판하기 위해 성실히 수고를 아끼지 않았다. 나는 그분들에게 감사하고 아울러 이 책과 그 밖의 나의 여러 책들을 출판할 만한 가치가 있다고 여긴 한국의 여러 출판사들에 대해서도 감사의 뜻을 표한다.

나는 이처럼 우수한 학생들과 출판사들이 이 책을 비롯한 나의 다른 책들을 한국의 독자들에게 소개하는 데는 몇 가지 이유가 있다고 생각한다. 아마 가장 큰 이유는 그들이 결혼과 가정에 대한 기독교적인 개념들을 보편적인 용어로 설명하려고 한 나의 노력을 이해했기 때문일 것이다. 또한 그들의 말대로 나의 글이 현대 우리의 삶에 적용할 수 있는 것들이기 때문이라는 이유도 있다. 우리의 시대에는 급격한 변화로 인해 많은 전통들이 버려지고 있고 그래서 사람들은 결혼과 가정이 어떤 모습을 지녀야 하는지에 대한 확실한 입장을 갖고 있지 못하다.

나는 그 학생들과 출판사들의 견해가 타당한 것이기를 바라며, 또 당신이 이 책을 읽고 난 후에 그런 사실에 공감하기를 희망한다. 그렇다면 나는 진심으로 감사를 드리게 될 것이다. 왜냐하면 이것이 당신들, 소중한 독자들을 위한 나의 소망이요 기도이기 때문이다.

찰스 셀(Charles Sell)

추천의 글

이 책은 가정생활교육의 대부라고 알려져 있는 찰스 셀 교수가 쓴 책 중의 하나로서 "친밀한 결혼생활의 비결"을 안내하는 책이다. 이 책의 원제목을 번역하면, "불가능해 보이는 것, 즉 친밀한 결혼을 성취하기"라는 내용이다. 친밀한 관계, 행복한 결혼을 원하는 모든 이들에게 이 책을 자신 있게 추천한다.

찰스 셀 교수는 이미 그의 책 「가정사역」(생명의말씀사)과 「아직도 아물지 않은 마음의 상처」(두란노)를 통하여 한국의 독자들에게 널리 알려져 있는 분으로 몇 년 전 횃불선교센터에서 있었던 횃불트리니티 강좌를 들은 분이라면 아직도 그의 명강의를 기억하고 있을 것이다.

내가 1985년부터 트리니티신학대학교(Trinity Evangelical Divinity School)에서 석박사 과정을 공부하던 중 찰스 셀 교수를 만나 그의 「가정생활교육」이나 「알코올중독과 가정」과 같은 과목을 수강할 수 있었던 것은 내 생애의 가장 큰 축복 가운데 하나였다. 나는 자신의 과거를 있는 그대로 공개하는 그의 강의에서 친근감을 느꼈고 많은 격려와 위로를 받았다. 특히 알코올중독 아버지 밑에서 성장한 "성인아이"였던 그는 친밀감과 소속감이 부족한 가정에서 자라난 나에게 직접적인 동일시의 대상이 되었다. 나의 지도교수로서 나에게 개인적 관심을 보여준 것은 물론 출타시 대강을 시키기도 하였고 종종 집에 초대하여 그의 아내 진저와 함께 허심탄회한 대화를 나누기도 하였다. 역기능가정의 폐해를 극복하고 아름다운 사역을 하고 있는 찰스 셀 박사 부부는 우리 부부에게 하나의 멘토로서, 그리고 지금은 하나의 동역자로서 좋은 본을 보여주고 있다.

귀하가 손에 잡고 있는 이 책은 그가 쓴 여러 권의 책 가운데서 가장 실제적인 책이다. 셀 교수의 복음주의적 신학과 방대한 사회과학에 대한 지식과 통찰이 아름답게 어우러지고 있다. 나에게도 많은 영향을 미쳤던 폴 트루니에와 존 포웰을 비롯하여 수많은 작가들의 통찰이 책 전편에 인용되고 있다.

「공자가 죽어야 나라가 산다」라는 책이 출간되어 큰 반향을 불러일으키고 있다. 공자의 수직윤리는 지난 600년간 우리 나라의 결혼, 특히 부부관계에 부정적인 영향을 미쳐 왔다. 하나님은 남편과 아내가 하나되게 하기 위하여, 즉 친밀감을 누리게 하기 위하여 결혼이라는 제도를 만드셨다. 그러나 공자는 위계질서에 근거한 부부유별을 강조함으로 정서적, 성적, 영적, 친밀감을 어렵게 만들었다. 이제 우리는 "그리스도를 경외함으로 피차 복종하라"(엡 5:21)는 가르침에 따라 부부간에 동반자 관계를 구가할 수 있는 시대를 살고 있다.

우리 모두는 사랑하고 사랑받는 친밀한 부부관계를 원한다. 이러한 관계를 누리려면 지식과 기술과 훈련이 필요하다. 따라서 이 책은 당신이 친밀하고 행복한 부부관계를 추구하는 과정에 필요한 역할 분담, 말하고 듣는 대화와 부부싸움과 갈등해소, 돈관리, 성생활, 자녀교육의 문제 등을 구체적으로 다루고 있다. 부부가 함께 읽는다면 더없이 큰 도움을 받을 수 있을 것이다.

집단주의 가족문화를 근간으로 하는 우리 나라도 30%가 넘는 이혼율을 보이고 있다. 결혼이 깨지는 것만을 막는 것이 능사는 아니다. 더 중요한 것은 즐겁고 행복한 결혼을 누리는 것이다. 어려운 내용을 충실하게 번역한 최경부 자매에게 독자들을 대신하여 감사를 표하며, 결혼을 앞두고 있는 이들이나 기혼 부부, 가정을 풍요롭게 하는 일에 종사하는 모든 가정사역자들, 그리고 목회자와 신학생들에게 이 책의 일독을 추천하여 마지않는다.

정동섭 교수(Ph. D.)
침례신학대학교(대전)

추천의 글

　유치원생인 티미(Timmy)가 자신의 친구를 집으로 데리고 와서 엄마에게 소개했다. "엄마, 얘는 말시(Marcie)인데, 제 첫 번째 아내가 될 거예요."
　만화의 한 장면을 묘사한 이 이야기를 듣고 우리는 겉으로는 웃겠지만 속으로는 인상을 찌푸릴 것이다. 이 만화처럼 우리의 세계는 결혼의 진지함을 광고 전단지처럼 하찮게 여기기 시작했다. 남녀가 같이 사는 문제에 대해 아이들은 낭만적인 것으로 여기고 대다수의 중년들은 당연시하지만 우리는 이 문제에 대해서 다시 한 번 생각해 보는 것이 좋을 것이다.
　그러나 우리는 모든 것들이 부부 관계와 관련되어 있다는 사실을 알고 있다. 이제까지 부부 관계는 심사되기도 하고 엑스선으로 진찰기도 하였으며, 미성년자 관람금지로 지정되고, 또한 일반적으로 갖든지 말든지 할 수 있는 것으로 여겨져 왔다. 찰스 셀(Charles Sell)은 바로 그 전투를 되풀이해온 온 인물이다. 그는 "바람직한 결혼은 저절로 생겨나는 것이 아니라 우리가 이루어 가는 것이다."라고 주장한다. "훌륭한 결혼은 비판과 적응 모두로부터 온다."
　어느 누구라도 전투지의 화약 연기를 맡지 않고서는 이 책을 읽을 수 없을 것이다. 결혼은 공격 아래에 놓여 있다. 과연 방어할 능력이 있을까? 만일 그렇다면, 어떤 것들이 효과적인 무기들이 될 수 있을까? 어떻게 미숙한 신병과 같은 결혼 초년생들이 자신들을 향해 진격해오는 현대 미국 사회의 이혼율에 대항하여 의연히 서 있을 수 있을 것인가? (현재 미국의 이혼율은 결혼율을 능가한다)

이 책은 결혼 생활에서 발생하는 여러 문제에 대한 좋은 해답을 주고 있다.

성 생활에 곤경이 닥친다면? 서로의 차이점들이 상대 배우자에게 유리하게 작용할 수 있다. "성은 언어이다. 그러므로 당신이 어떠한 말을 전달하고 있는지 주의깊게 살펴 볼 필요가 있다."

충돌의 막다른 골목은? 마치 자신의 군대에 간결한 전투 지시를 내리는 전쟁터의 사령관 같이, 저자는 성경 구절과 풍자를 사용해 남편들과 아내들에게 회피하기 쉬운 문제들을 안겨다 주면서 생각하게 한다. 그는 "힘들고 다루기 어려운 감정들"에 대처하는 법을 능숙하게 가르친다.

과연 누가 머리인가? 우리는 이 책에서 '머리의 권한(headship)'이라는 말이 '머리가 주도하는 항해(head trip)'를 뜻하는 것이 아니라는 사실을 배울 것이다. 권력 투쟁들은 부엌과 침실, 게다가 직장의 회의실까지도 침입한다. 우리에게 있어서 돈과 자녀들은 우리 마음대로 휘두르고 명령할 수 있는 상품들이 되어 버렸다.

여기에 신념에 찬 말로 한 남자와 여자가 평생을 함께한다는 개념에 대해 말하는 한 교수가 있다. 나는 그를 나의 친구요 나의 동료, 그리고 이러한 중요한 성경적인 문제에 대한 유능하고 추천할만한 해설자라고 부르는 것을 자랑스럽게 생각한다.

하워드 G. 핸드릭스(Howard G. Hendricks)

목차

한국어 판 머리말 | 5
추천의 글 · 정동섭 | 7
추천의 글 · 하워드 G 핸드릭스 | 10
목차… | 13
책을 시작하면서… | 16

1 / 당신의 가정을 아이스크림 위에 세우시진 않았나요?
'낭만적 사랑'을 조심하라 | 21

2 / 하나의 끈으로 묶이되 얽매이지는 마십시오
무엇이 결혼을 지속시키는가 | 37

3 / 하나 더하기 하나는 하나
결혼 후에 더 가까워지는 부부 | 57

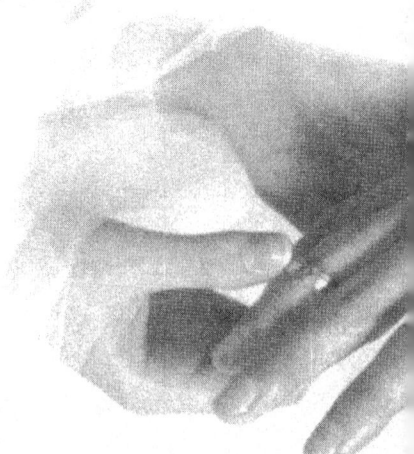

4 / 두 개의 반쪽으로 완전한 하나를 이루기
우리가 서로 다르기 때문에 얻을 수 있는 유익함 | 79

5 / 결혼, 현실인가 환상인가
자신의 참모습을 드러내기 | 95

6 / 이해하십니까, 오해하십니까?
주의깊게 듣는 법을 배우기 | 115

7 / 육체적 감각을 이해하기
성경이라는 거울에 비추어 본 성 생활 제 1 부 | 141

8 / 육체적 감각을 확인하기
성경이라는 거울에 비추어 본 성 생활 제 2 부 | 165

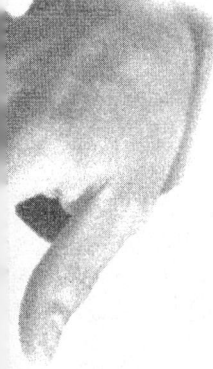

9 / 고슴도치가 사랑에 빠질 때
충돌을 만났을 때 어떻게 해야 할까? | 189

10 / 충돌을 통해 얻을 수 있는 것들
대립 상황을 성공적으로 극복하는 방법 | 211

11 / 마음의 거리를 두지 마십시오
나쁜 감정들을 다루는 법 | 229

12 / 당신, 나, 그리고 그분
영적으로 하나되는 부부 | 249

13 / 행복한 결혼으로 가는 길
남편과 아내의 역할 | 271

14 / 어려움을 만났을 때
인생의 위기들을 함께 극복하기 | 297

15 / 지갑 속에서 뒤엉킨 결혼 생활
결혼 생활에서 돈 문제를 이해하기 | 327

16 / 하나 더하기 하나가 셋이 될 때
부모가 되는 것을 깊이 생각하기 | 345

글을 맺으며 | 368
옮긴이의 말 | 372
주(註) | 373

책을 시작하면서…

결혼은 당신이 '만드는 것'이다.

우리 모두 그 사실을 직시해야 한다. 이것은 명백한 사실이다. 그렇지만 우리 내부에 있는 그 무엇인가가 이러한 개념을 거부하게 한다.

우리는 우리가 아닌 누군가 또는 무엇인가가 결혼을 좌우한다고 믿고 싶어한다. 아마도 결혼을 만드는 것은 하나님, 혹은 낭만적 사랑이라고 생각할지도 모를 일이다(실제로 낭만적 사랑은 이 세계를 뒤흔들고 있으므로 우리 역시 흔들어 대고 있음이 틀림없다).

어째서 우리는 결혼이 우리가 함께 건축하는 것이라는 생각 – 즉 결혼의 운명이 우리의 굳게 잡은 손안에 있다는 사실을 외면하려 하는가?

우리는 관념적으로 결혼이 저절로 생겨나는 것이라고 기대하는지도 모른다. 그것은 마치 어느 화창한 오후에 따뜻하고 물살이 센 강물 속에 몸을 담그는 것과 같이 유쾌하고 손쉽고 흥미로운 생각일 수 있다. 단지 그 물살에 몸을 맡기고 떠내려가기만 하면 되기 때문이다. 물론 결혼이 우리의 다른 경험들과 같지는 않다. 눈을 치우는 일은 노동이다. 우리가 회사에서 아홉 시부터 다섯 시까지 하는 일도 노동이다. 그렇지만 결혼이 노동인가? 그렇지 않다. 만일 그렇다면 그것은 결혼이 아니다.

우리가 결혼을 우리 자신이 만들어 가는 것이라고 생각하지 않는 이유는 우리 자신에게 우연히 생기는 일들을 좋아하기 때문이다. 우리는 자신의 행위의 결과로 나타나는 일이 아닌 뜻밖의 일들을 즐긴다. 그리고 결혼도 그렇게 우리의 영감을 불러일으키는 것, 흥미롭고 기대하지 않았던 것들에 포함시키는 것이다. 그러므로 "결혼은 당신이 만들어 가는 것이다"라고 말하는 것은 결혼으로부터 자연 발생적인 것, 기대하지 못했던 것을 얻는 즐거움을 강탈하는 것처럼 보인다.

그러나 정말 그런가? 사람들이 직접 만드는 일들 역시 흥미진진하기는 마찬가지다. 초콜릿 프렌치 실크 파이 한 쪽이 그냥 저절로 생겨나는 일은 없다. 그렇지만 우리가 만든 것임에도 불구하고 우리는 그 파이를 보고 "매우 달콤하고 흥미로운 것"이라고 말할 것이다.

어떤 사람들이 아무 것도 그려지지 않은 시스틴(Sistine) 성당의 천장에서 작업하고 있는 미켈란젤로(Michelangelo)를 바라보며 그 영감에 찬 화가에게 "당신 손에 달렸습니다. 그 벽화는 당신이 만들어 가는 것입니다." 하고 말했다고 가정해 보라. 그가 "그렇습니다" 하고 대답하지 않았겠는가.

미켈란젤로가 직접 그 그림을 "만들 것"이라는 사실이 다른 중요한 것들을 배제하는 것은 아니다. 영감, 내적인 열정, 충동, 사랑, 그 외에 다른 내적인 힘들이 천장 벽화의 한 부분을 이루는 것이기는 하다. 그러나 본질적으로 그 천장 벽화는 길고 외로운 시간을 높은 작업대에 등을 대고 누워 몸의 경련과 육체적인 고통을 겪은 한 예술가에 의하여 하나의 위대한 예술작품이 된 것이다.

친밀한 결혼 생활도 그와 마찬가지이다. 다른 예술 작품들과 마찬가지로 그것은 불가사의하게 이루어지는 어떤 것이 아니다. 그것은 노동이다. 이 책은 당신이 고유한 결혼 걸작품을 창조하는 것을 도우려는 의도로 쓰여진 것이다.

이 책은 결혼을 앞두고 있는 사람이든 혹은 이미 결혼한 사람이든 결혼 생활을 창조하는 것에 대해 생각하는 모든 이들을 위한 것이다. 결혼은 평생에 걸친 창조의 작업이므로 모든 사람에게 이 원칙들이 필요하다. 당신은 어떤 경우에도 "이제 다 이루었다"라고 말할 수 있다는 생각은 들지 않을 것이다.

모든 결혼의 경우가 다르고 또 모든 결혼이 그 부부들만의 독특한 창조이기에, 나는 당신들을 내 틀에 부어 만들려고 하지는 않을 것이다. 오히려 나는 성경으로부터 그 "본래의 모습"과 실제적인 원칙들을 얻으려고 시도했다. 그리고 이러한 원칙들을 현대 우리 삶과 결합하려고 노력했다. 나는 우리가 성경에 나타난 것과 똑같은 결혼을 이루어야 한다고 생각하지는 않으며, 성경적인 원칙에 근거한 현대의 결혼을 성취할 수 있다고 믿는다.

이 책을 대충 훑어본다면 당신은 이 책이 관계 지향적인 결혼의 전형을 제시하고 있다는 사실을 알 수 있을 것이다. 나는 성경 속에 나타난 결혼의 유형이 본래 제도적인 것이었다고는 생각하지 않는다. 결혼은 어떤 소규모 사업과 같이 조직표와 책임 설명서가 성공의 열쇠가 되어 관리될 수 있는 것이 아니다.

이 책에 나오는 지침들은 내가 이십 년 이상 결혼에 대해 연구하고 가르쳐 온 것에 의해 다듬어져 온 것들이다. 나는 또한 내 아내 진저(Ginger)와의 풍성하고 친밀한 경험들을 묘사했다. 당신은 내가 관계의 유쾌한 측면만을 기록한 것이 아니라는 것을 알 수 있을 것이다. 진저와 나는 다른 사람들과의 충분한 상담과 우리의 결혼 생활에서 일어난 전쟁을 통해 결혼 생활이 얼마나 복잡한 것인가를 깨달았다. 부부의 친밀감은 단지 현실이라는 토양에서만 자라갈 것이라는 것이 나의 견해이다.

결혼을 유지시키는 생명력이 어디에 있는가 하는 사실은 친밀한 관계를 세우는 데 투자하는 사람들만이 알 수 있다. 결혼을 향한 하나님의 계획은 친밀감이라는 단어와 밀접한 관계가 있다. 그분은 "한 몸을 이룰지로다" 하고 말씀하신다.

이 책은 당신들이 서로를 발견하는 것을 돕기 위해 계획되었다. 그것은 당신들의 관계에서 가장 중요한 것이다.

우리는 당신들이 그것을 성취하기를 진심으로 기도한다.

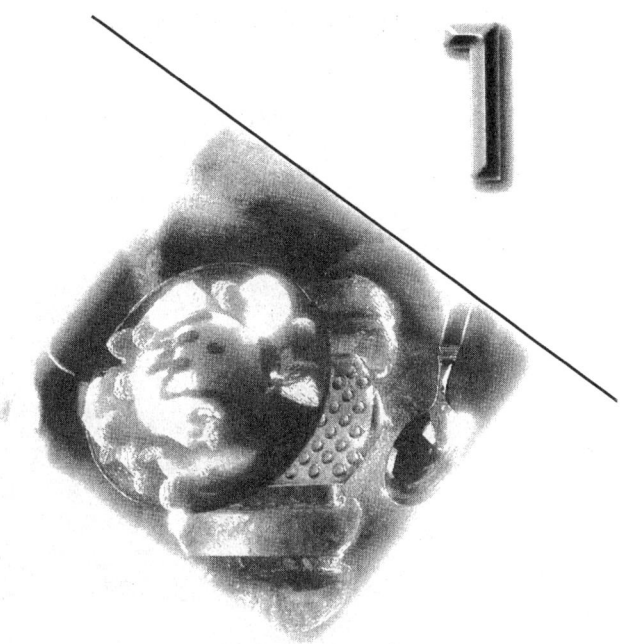

당신의 가정을 아이스크림 위에 세우시진 않았나요?
'낭만적 사랑'을 조심하라

환상이 결혼 생활을 유지시켜 주는 것은 아니다.
우리는 결국 한 인간의 피상적인 모습이 아닌
실제의 모습을 사랑해야 하는 것이다.

1. 당신의 가정을 아이스크림 위에 세우시진 않았나요?

'낭만적 사랑'을 조심하라

어느 날 한 여인이 60세 가량 된 자신의 남편을 설득해서 나와 상담을 하도록 했다. 그와 상담을 시작하기 전에, 그녀는 내게 남편이 자신과 헤어지려 한다는 사실을 말해 주었다. 그녀의 남편과 잠시 일상적인 대화를 나눈 뒤에 나는 이렇게 물어 보았다. "왜 부인과 헤어지려 하시지요?"

그러자 그는 이 문제를 놓고 오랫동안 생각해 온 듯이 재빨리 대답했다. "저는 아내를 더 이상 사랑하지 않습니다." 그들 사이에서 사랑의 감정이 사라져버린 것이었다.

그의 대답은 매우 단순하고 합리적이었다. 사랑이 없는 결혼 관계는 마치 불씨 없는 화로와 같을 것이다. 사랑과 결혼의 관계는 강력 접착제와 2인용 소파의 관계에 비유할 수 있다. 본드의 접착력이 약해지면 소파는 부서지게 되고 그 소파에 앉아있던 사람들이 바닥에 주저앉게 된다. 그것처럼 사랑의 감정이 사라지면 결혼도 종말을 맞게 되는 것이 우리의 현실이다.

이와 같은 통속적인 결혼관은 심각한 결점을 지니고 있다. 이러한 생각은 사랑에 대해 제대로 알지 못하고 있기 때문에 갖게 되는 것이다. 물론 사랑은 결혼 생활을 하나로 묶어주는 띠이지만, 그 사랑은 "저는 아내를 더 이상 사랑하지 않습니다."라는 말에서 의미하는 사랑과는 다른 것이다.

그런 종류의 사랑은 낭만적 사랑의 한계를 뛰어넘지 못한다. 당신의 결혼 생활에 그러한 낭만적 사랑이 있다면 아주 멋진 일이겠지만 그것이 두 사람의 관계를 지속시켜 줄 것이라고 기대하지는 말라.

낭만적 느낌은 '콩깍지'다

낭만적 사랑의 결함 중 하나가 바로 이상적(idealistic)이라는 것이다. 우리가 잘 아는 바 대로 낭만주의자는 장밋빛 색안경을 끼고 모든 것을 바라본다. 낭만적인 연애 소설도 역시 이러한 기법으로 쓰인다. 마약에 의한 환각 증상과 같이, 일단 이 강렬한 힘에 사로잡히게 되면 사람들의 시각은 극도로 왜곡된다.

약혼한 한 쌍의 남녀가 다리 위에 서서 밤이 늦도록 친밀한 이야기들을 나누고 있었다. 오랜 시간 동안 흐르는 강물을 바라보며, 그들은 자신들의 삶이 마치 그 강물처럼 함께 흘러가는 것이라고 생각했다. 그래서 그 날 이후 그들은 그 다리를 볼 때마다 "우리의 다리야!"라고 말했다. 하지만, 사실상 그 다리는 도시의 소유이지 그들 것은 아니다.

낭만적 사랑에 빠지면 심지어 나쁜 상황이 닥치더라도 이런 낭만적 느낌으로 그것을 알록달록하게 색칠한다. 갑작스런 폭풍우로 소풍이 망쳐진다 하더라도 문제 삼지 않는다. 먹지도 못하고 펼쳐 놓기만 했던 도시락을 축축한 돗자리에 그대로 둘둘 말아 자가용 뒷좌석으로 던지고 물기를 닦아내면서도 그들은 명랑하게 집으로 돌아온다. 그리고 그 이후 그들은 그 일이 생각날 때마다 "그것은 우리의 폭풍우였어." 라고 말한다.

이렇게 매사를 낭만적 느낌으로 포장하는 것에는 현실이 들어설 자리가 없다. 성경에서도 이러한 환상적인 예를 찾을 수 있다. 창세기에 보면 야곱이 라헬을 너무너무 사랑해서 "라헬을 위하여 칠 년 동안 라반을 봉사하였으나 그를 연애하는 까닭에 칠 년을 수 일같이"(창세기 29:20) 여겼다고 한다. 그것 역시 낭만적 사랑의 일종이다. 마약에 의한 환각 증상같이, 낭만적 환상은 효과가 소멸되고 실체가 드러나기 시작하면 그 약점이 뚜렷이 나타난다.

"약혼 시절에 꿈꾸라, 그러나 일단 결혼하고 나면 꿈에서 깨라." 이 땅에 살았던 어떤 이의 말이다. 시간이 얼마쯤 지난 후 현실에 눈을 뜨면 우리는 배우자에게서 우리가 싫어하는 점을 많이 발견하게 된다. 상대가 자신의 생각과 다른 사람이라는 것을 발견하고 충격을 받는 것은 매우 정상적인 일이다. 한 여인이 이혼 전문 변호사에게 말했다. "나는 이상(ideal)에게 시집가서 호된 시련을 당했죠. 이젠 새로 시작하고 싶어요." 이상은 얼마간의 시련을 만들어내곤 한다.

낭만적 느낌에 빠지게 되면, 우리는 상대의 전체적인 모습을 보지 못하기 때문에 우리가 보는 것을 왜곡하게 된다. 때때로 우리는 낭만적 느낌으로 인해 사실을 무시하기도 하는데, 실제로는 결점을 보고 있으면서도 사랑에 푹 빠져 있으므로 그것을 결점이라고 느끼지 못한다. 우리가 흔히 하는 말처럼 '눈에 콩깍지가 씐' 것이다.

심지어 한동안은 자신의 가치 체계까지 왜곡시킨다. 사랑의 느낌에 완전히 사로잡혀서 전에는 결코 좋아하지 않던 음식을 함께 먹기도 한다. 어떤 사람이 말했다. "결혼하기 전에, 아내는 나와 함께 배타는 것을 좋아했고, 나는 아내와 배를 타고 있는 밤마다 함께 교향곡을 들으며 가슴이 설레곤 했다. 그러나 결혼 후, 그녀는 돛단배에 싫증을 냈고 나는 교향곡이 혐오스러워졌다."

환상이 결혼 생활을 유지시켜 주는 것은 아니기 때문에 이러한 낭만적 사랑보다 좀더 실제적인 사랑이 필요하다. 우리는 결국 한 인간의 피상적인 모습이 아닌 실제의 모습을 사랑해야 하는 것이다. 다음은 내가 일찍이 사랑에 관해 읽었던 가장 아름다운 말 중 하나이다:

> 결혼에 있어서 '용납'이란 우리의 배우자가 우리의 희망과 얼마나 동떨어져 있는지 깨닫는 바로 그 순간에 그를 사랑하고 받아들이는 힘이다. 그것은 서로가 서로의 꿈에 도달하지 않는다는 것을 확실히 아는 사람들 간의 사랑이다. 용납은 자신과 결혼한 실제의 인간을 사랑하는 것이며 실제를 위해 꿈을 포기하는 것이다.[1]

"난 널 사랑해! 근데 네 이름이 뭐지?"

만일 낭만적 사랑이 지나치게 이상적이어서 결혼의 토대로서 적합하지 않다는 데 동의할 수 없다면 낭만적 사랑의 또 다른 중요한 약점을 들어 보겠다. 낭만적 사랑은 지나치게 감정적이다. 십대들이 내린 사랑에 대한 이 우스꽝스러운 정의가 그것을 잘 말해 준다. "당신이 이제까지 가져본 적이 없는 강한 느낌이 갑자기 찾아온다면, 그것은 사랑이다."

이것이 현대의 일반적인 사랑관이라는 것을 입증하는 일은 어렵지 않다. 대중 가요, 영화, TV 드라마, 그리고 낭만 소설들이 우리가 초등학교를 채 졸업하기도 전에 이러한 개념을 주입시킨다. 심리학자 제임스 돕슨(James Dobson)은 사람들이 진정한 사랑이 무엇인지 이해하지 못하고 있다는 사실을 말하면서 몇 년 전에 방영된 "파트리지네 집"이라는 드라마를 예를 들고 있다. 돕슨은 "그 드라마에서, '오늘 나는 사랑 속에 잠을 깼다' 라는 말은 '너랑 자러 가는 상상을 했다' 라는 뜻이다. 알다시피 이러한 의미의 사랑은 마음의 틀 속에 머물러 있는 것 이상의 그 어떤 것도 아니다."라고 설명한다.[2]

도어즈라는 그룹은 이러한 사랑에 대해 표현한 노래인 "어이, 난 널 사랑해. 내게 네 이름을 말해 줘!"로 상을 받았다.

99.44%가 감정적 내용으로 이루어진 이러한 낭만적 사랑을 결혼의 토대로 삼는 것은 마치 바닐라 아이스크림 위에 집을 짓는 것만큼이나 불안한 일이다. 낭만적 사랑은 너무나 감정적인 것이기 때문에 그러한 감정을 느끼는 사람들은 그것을 도무지 조절할 수 없는 것처럼 생각하게 된다.

사랑에 '빠졌다'는 것

낭만적 사랑은 우연히 일어난다. 그것에 관한 모든 대중적 표현에서 볼 수 있듯 우리는 사랑에 '빠진다.' "그녀를 본 순간 나는 사랑에 빠졌다." 누군가 "우리를 자극한다."

낭만적 사랑은 마치 폭발적 인기를 얻은 유행가 가사처럼 우리에게 다가온다. 혹시 고독한 한 친구가 "나는 오늘 밤 나가서 누군가를 사랑하기 시작할 거야."라고 말하는 것을 들어 본 적이 있는가. 낭만적 사랑은 당신이 일으키는 일이 아니라 우연히 발생하는 것이다. 그것은 큐피드가 화살을 어디에 쏘는가에 달려있다.

사랑이 우리가 빠져 들 수 있는 멋진 곳이기는 하지만, '사랑에 빠진다'는 생각은 낭만적 사랑의 주요한 결점이 될 수 있다. 앞서 말한 60세 된 남편이 "저는 아내를 더 이상 사랑하지 않습니다."라고 말했을 때, 나는 그가 자신의 감정을 그대로 설명했을 뿐 변명하고 있는 것은 아니라고 느껴졌다. 그에게 있어 사랑은 오래 전에 그들 사이에서 발생한 어떤 사건이었다. 사랑은 마치 솜사탕같이 그들에게 내려졌고, 그것은 결혼의 침실로 빠져들도록 하는 유일한 이유였다. 그러나 그는, 세월이 흐르는 동안 사랑이 솜사탕같이 점점 녹아 없어져 버리자 결혼의 토대를 잃은 것이라고 생각했다. 그리고 피할 수 없는 어떤 것으로 인해 결혼하게 되었다면 마찬가지로 그것이 이제는 결혼으로부터 도망가게 하는 불가항력적인 요소가 된다고 생각했다.

사랑에 대해 이렇게 생각하는 것은 우리에게 절망적 공포를 안겨다 줄 수도 있다. 나는 극도의 흥분 상태에서 자신들이 아내에 대해 사랑을 잃어가고 있다고 말하는 사람들을 보아왔다. 그들은 내게 "제가 결혼을 잘못한 것입니까?", "제 결혼이 지속될 수 있을까요?"라고 묻는다.

그러한 생각은 참사랑이 우리가 통제하는 것이라는 사실을 무시하는 것이다. 진정한 사랑은 우리가 일으키는 것이다. 감정은 우리가 통제할 수 없는 면이 있지만, 그렇다고 해서 우리 자신을 감정에 내맡겨 버린다면 우리는 마구 흔들리게 될 것이다. 사랑의 느낌은 하루나 한 달, 길어야 1년 정도밖에 지속되지 않는 경우가 많기 때문이다.

그러나 우리는 낭만이 유지되도록 '사랑 만들기'를 할 수 있다. 관계 속에 사랑을 유지하는 것은 우리의 책임이다. 책임에 대해 깊이 공감할 때, 사랑에 대해 제대로 이해할 수 있다. 사도 바울은 남편들에게 "아내를 사랑하라" 그리고 아내들에게 "남편에게 복종하라"고 명령했다. 바울이 우리가 통제할 수 없는 것을 하라고 명하지는 않았을 것이다. 오늘날 어떤 이들은 결혼할 때 서약의 문구를 "우리가 서로 사랑하는 한"으로 변경하기도 하는데 그것은 사랑과 결혼이 무엇인지 잘못 이해하는 데서 초래한 것이다.

만일 낭만적 사랑이 결혼을 계속 유지시킬 수 있는 요소라면 반드시 그것에 대해 눈에 띌 만한 예를 찾아 볼 수 있었을 것이다. 대부분의 사람들은 열렬하게 사랑해서 결혼하거나, 적어도 어느 정도는 사랑에 빠져서 결혼한다. 이렇게 시작하여 결혼하게 된 관계들은 아무 부족함이 없어 보이고 '낭만적 사랑' 자체가 결정적인 잘못이 아님에도 불구하고, 다섯 건 중 둘이 이혼으로 끝나버린다.

결국은 깨져 버린 보기 드문 낭만적 사랑의 사례들이 있다. 리처드 버튼(Richard Burton)과 엘리자베스 테일러(Elisabeth Taylor)의 결혼은 세계가 떠들석할 만한 축하 행사로 치러졌다. 그들은 둘 다 할리우

드가 인정할 만큼 매력적인 신체 조건을 갖춘 사람들이었으므로 서로에게 육체적으로 강하게 끌렸다. 그들은 몇 주 동안의 낭만적 밤을 유럽의 어떤 멋진 곳에서라도 지낼 수 있었으며, 매우 값비싼 낭만적 환상도 실현할 만한 충분한 재력이 있었다. 그들은 수십만 불짜리 보석을 교환했지만, 그 관계는 오래 가지 않았다. 성적 매력으로 나라 전체에서 유명하였던 화라 훠셋(Farrah Fawcett)과 남성미가 넘치는 리 메이저스(Lee Majors) 같은 최근의 예들은 극적이고 호화로운 낭만적 사랑이었는지는 모르겠지만 결코 안정된 관계는 아니었다.

'한 몸이 된다'는 말의 의미

당신이 낭만적 결혼 생활을 원한다면, 그리고 원하는 만큼 그것을 유지하려면 관계의 또 다른 특징들을 고려할 필요가 있다. 우선 당신 자신이 결혼 관계에 매였다고 간주해 보라.

결혼은 더없이 복된 예속이며, 거기에는 세 가지의 분별 있고(sensible), 실제적이고 성경적인 사랑의 관계가 있다. 우리는 이 장에서 첫 번째 관계를 다루게 될 것이다. 두 번째와 세 번째는 그 다음 장에서 살펴보기로 한다.

우리는 결혼에 대한 예수님의 말씀에서 첫 번째 관계를 찾아볼 수 있다. 예수님은 이혼에 관해 질문을 받을 때마다, 보통 결혼에 대한 말씀을 하시곤 하셨다. 주님은 좋은 법만 가지고는 결혼을 지속시킬 수 없으며 그 이상의 것, 즉 건전한 결혼관 위에 세워진 좋은 결혼 관계가 있어야 한다고 생각하셨다.

예수님은 결혼에 대해서 말씀하실 때 구약에 근거하여 모세가 창세기에서 결혼에 대해 묘사하던 귀에 익은 말씀을 인용하셨다. "이러므로 사람이 그 부모를 떠나서 아내에게 합하여 그 둘이 한 몸이 될지니라"(마 19:5). 우리가 생각할 첫 번째 "관계"는 '합한다(cleave)'는 말에서 발견할 수 있는데 원래 그것은 당신이 생각하고 있는 대로 '맺어지다(to be joined to)', '달라붙다(to cling to)'라는 의미를 지니고 있다. '합한다'는 히브리 단어는 구약 성경 전체에서 일관되게 이러한 의미로 사용되고 있다. 예를 들면, 욥기 38:38에서 서로 달라붙은 두 덩어리의 진흙을 묘사하는 데서 이 단어를 볼 수 있다. "티끌로 진흙을 이루며 흙덩이로 서로 붙게 하겠느냐." 나는 종종 이 어구가 결혼에 대한 논문의 흥미진진한 표제가 될 수 있을 것이라고 생각한다. 말하자면 "흙덩이가 함께 뭉쳐질 때"처럼 말이다.

이렇게 본다면, 남자가 그 아내에게 합한다는 말은 남자가 여자와 결합한다는 의미이다. 육체적 결합이라는 말이 성 관계를 상징한다면 앞에서 말한 '합한다'는 말은 성적 연합과 명백한 관계가 있다. 그러나 연합한다는 말은 성적, 그리고 감정적 연합 이상의 의미를 포함한다.

'합한다'는 말은 개인간의 충성을 표현할 때도 사용되었으며, 하나님의 백성들이 하나님의 법을 준행한 것을 묘사하는 데에도 사용되었다. 모세는 신명기 4:4에서 이와 같이 말한다. "오직 너희의 하나님 여호와께 붙어 떠나지 않은 너희는 오늘까지 다 생존하였느니라."

그러므로 '합하다(Cleave)'라는 의미를 서약의 개념으로 확대하여 생각하는 것은 신학적으로 바람직한 일이다.

이것으로 보아 결혼에 대한 구약 성경 전체의 접근은 개인이 스스로의 결혼 서약에 충실해야 한다는 생각에 근거하고 있음을 알 수 있다. 사랑은 서약이다.

결혼 생활의 강력한 접착제—사랑의 서약

서로를 향한 서약(헌신)은 결혼 생활의 가장 강력한 접착제이다. 결혼 서약은 매우 개인적이다. 인간이 이 땅에 살면서 할 수 있는 서약들 중 가장 개인적인 것에 속하는 것이다. 이것은 어떤 조직에 가입하는 것과는 달리 당신이 단순히 시간과 정력과 물질만을 투자한다고 해서 되는 것이 아니다.

결혼은 바로 당신 자신의 헌신을 요청한다. 자신의 육체뿐만 아니라 사적이고 은밀한 자아의 비밀들까지 인간에게 알려진 가장 친밀한 연합인 결혼에 바치는 것이다. 당신의 서약은 낭만적 사랑 때문에 생긴 변덕스러운 충동에 의한 것이 아니라 당신의 의지에 의한 것이다. 그러므로 당신의 결혼은 당신 자신의 인격에 달려 있지 감정의 안정에 달려 있지 않다. 당신과 당신의 배우자가 이러한 종류의 서약을 하면 그것은 반드시 당신의 결혼에 큰 안정감을 가져다 줄 것이다.

만일 당신의 배우자가 이러한 관계에 진심어린 마음으로 서약했다는 것을 확신하면 당신은 이 서약에서 생긴 굳은 결속감으로 두 사람 사이에서 일어날 수 있는 긴장과 충돌을 잘 극복할 수 있을 것이다. 서로에게 서약했기 때문에 싸우더라도 이러다가 서로 마지막이 되는 것이 아닌가 하는 두려움은 없을 것이며, 오히려 잠시 후에 화해하고 서로의 품으로 돌아올 것을 기대할 것이다.

이런 헌신은 인간에게 있어 놀랄 만한 경험이다. 어느 날 한 부유한 남자가 아내의 마음을 떠보았다. "내가 만약 전 재산을 잃게 되더라도, 당신 나를 사랑하겠소?" 하고 그가 물었다. "예, 그럼요!" 그의 아내는 주저 없이 대답했다. 그는 그녀의 마음을 좀더 떠보려고 두 번째 질문을 던졌다. "내가 만약 듣지도 못하고 앞 못보는 장님이 되어도 나를 사랑할 수 있겠소?" "예, 그렇다 할지라도……" 하고 그녀가 대답했다. "그렇지만", 그가 마지막 질문을 했다, "내가 만일 정신을 잃고 미쳐 버려도 그럴 수 있소?" 이 질문에 그녀는 잠시 멈추고 생각한 후에, 조심스럽게 말했다. "누가 과연 벙어리, 장님, 그리고 빈털터리의 백치를 사랑하겠어요?" 그녀가 이어서 말했다. "그러나, 나는 당신을 돌보겠어요." 이 고매하고 인격적인 서약은 마치 두 사람 아래 놓여진 심리적인 포스처피딕(posturepedic) — 역자 주: 자세 교정 매트리스 — 과 같다.

그러나 서약은 개인적인 부분을 넘어선다. 사회적으로도 인정되기 때문이다. 나는 종종 이와 관련된 질문을 받는다. 어떤 사람이 결혼이 법적이어야 한다는 생각에 반발하며 내게 물었다. "두 사람이 같이 살기로 합의하였다면, 그게 바로 하나님이 인정하시는 결혼이 될 수 없을까요?" 이 말은 마치 결혼이 법적인 것이 되면 개인적인 면이 약화된다는 말처럼 들린다. 그러나 성경적인 관점으로 볼 때 한 남자가 "그 부모를 떠나" 아내와 합하는 것은 공개적인 일이었다. 구약 시대 초기부터 결혼은 사회적 결정이었으며 그것을 규정하는 법률도 있었다. 십계명 중 두 계명은 결혼의 법적 측면에 대해 말하고 있다. 예를 들면 간음을 하면 사회로부터 벌을 받게 된다고 규정되어 있는 것이다. 안정된 사회를 이루기 위해서는 안정된 결혼 생활이 뒷받침되어야 하므로 사회적인 제재가 필요했다. 그러나 이러한 사회적 압력이 서약의 개인적 측면을 약화시키지도 않을 뿐더러, 서약에 어떤 것을 부가한다고 해서 서약이 약화되는 것도 아니다.

이러한 개인적이고 사회적인 측면 외에, 예수께서는 서약에 세 번째 차원인 신적인 재가를 덧붙이셨다. "하나님이 짝지어 주신 것을 사람이 나누지 못할지니라"(마 19:6). 하나님은 당신의 서약에 증인으로 참여하신다. 그분이 결혼 질서를 창조하셨다. 두 사람이 결혼할 때, 그것은 마치 하나님 자신께서 그들과 연합하는 것과 같다. 이는 인간적 약속을 하나님께서 결재하여 허가하셨기 때문이다. 그렇기 때문에 예수께서는 "사람이 나누지 못할지니라" 하고 경계하신 것이다. 이러한 영적인 요인을 제해 버린다면 결혼의 의미는 약화된다.

하지만 오늘날 세상에서는 하나님이 무시될 뿐만 아니라 인간의 결정과 계약도 영원한 중요성을 지니지 못하고 있다. 이러한 현대인들을 가리켜 대중 작가 존 포웰(John Powel)은 "서약 불구자"라고 불렀다. 기독교인들은 "네가 땅에서 무엇이든지 매면 하늘에서도 매일 것이요"라고 하신 말씀을 기억해야 할 것이다.

그러나 이러한 사실이 우리를 심하게 압박하는 것은 아니다. 우리는 성경에서 이혼이나 결혼의 무효화가 극한 상황에만 허락된다는 것을 알 수 있다. 오히려 하나님께서 두 사람을 "짝지어 주셨다"는 사실을 깨달으면 당신에게 결혼은 영원하다는 의미를 갖게 될 것이다. 그리고 이로 인해, 당신은 완전한 서약을 할 수 있을 뿐 아니라, 배우자가 당신을 향해 완전한 서약을 했다는 사실도 확신하게 될 것이다.

당신은 큰 근심거리를 덜게 된 것이다. 매일 아침 당신의 배우자가 아직도 당신과 같이 살기를 원하는가를 의심하며 일어나야 한다면 얼마나 불안한 일이겠는가?

결혼은 이러한 서약의 기반 위에 세워진다. 내 아내 진저(Ginger)가 언젠가 내게 결혼 서약의 사회적, 개인적, 그리고 신적 국면이 어떻게 결혼의 토대로서 조화를 이루는가에 관해 말한 적이 있다. 결혼한 지 6년이 지난 후에 그녀는 나와 헤어지는 것에 대해 심각하게 고려해 본 적이 있었다고 솔직히 털어놓았다. 결혼 초기 몇 년 동안, 그녀는 진심으로 나와 헤어지기를 원했었다. 하지만 나는 우리의 문제가 결코 그렇게 심각한 것은 아니라고 생각한데다가 "누가 과연 나 같은 사람과 헤어지려 하겠는가"라고 생각하고 있었으므로 아내가 나를 떠나고 싶어했다는 사실에 충격을 받았다. 아내는 이렇게 말을 이었다. "그러나 나는 당신을 떠나지 않았어요. 왜냐하면 나는 이혼을 인정하지 않거든요. 하나님도 이혼을 인정하지 않으세요. 그리고 내 숙모 비이(Vea)도 이혼을 받아들이지 않았어요." 그녀의 십대에 함께 지냈던 이 훌륭한 여인이 아내에게 결혼 관계를 끝까지 지탱해야 한다는 가치를 심어 준 것이었다. 진저는 그대로 했고, 20년 이상이 지난 오늘날, 우리는 어떤 엄청난 것들이 우리의 결혼 생활에 여전히 계속되고 있음을 경험한다. 그것은 우리가 서로 쉽게 조화를 이룰 수 있었기 때문이 아니라, 오히려 우리가 서로에게 헌신했기 때문이다.

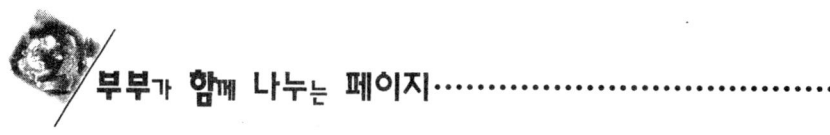 부부가 함께 나누는 페이지

의견의 일치-불일치

이것은 당신들 두 사람이 이번 장에서 말한 결혼관에 대해 서로의 생각을 교환하는 흥미로운 방법이다.

다음에 열거된 각각의 의견들을 소리내어 읽고 동의하는지, 동의하지 않는지를 결정하라. 그리고 나서 서로 정확히 같은 순간에 각자의 답을 나누기 위해 다음과 같은 방법을 사용하라. 우선 셋을 세는데, 셋을 세는 순간에 각자가 그 내용에 동의한다면 한 손가락을, 반대로 동의하지 않는다면 두 손가락을 펼쳐서 보여 주라.

만일 두 사람의 답이 서로 다르다면, 서로를 더욱 잘 이해하고 서로의 입장을 나눌 수 있는 좋은 기회가 될 것이다. 또한 두 사람의 답이 같다 할지라도 그 의견에 대한 서로의 생각을 교환함으로써 유익을 얻을 수 있을 것이다.

- 내가 보아 온 대부분의 결혼 관계는 서약이 아닌 낭만적 사랑에 기초한다.
- 낭만적 사랑은 당신이 어떻게 할 수 없는 감정이다.
- 출발할 때 서로에게 강하고도 열렬한 느낌이 없었다면 장기적인 관계를 유지할 수 있는 토대가 없는 것이다.
- 나는 성숙한 사랑에 대한 올바른 개념을 노래한 대중 가요를 많이 알고 있다.
- 나는 결혼한 두 사람이 어떤 이유로도 이혼할 수 없다고 믿는다.
- 나는 여러 가지 형태의 사랑이 우리의 관계에 존재한다고 생각한다.

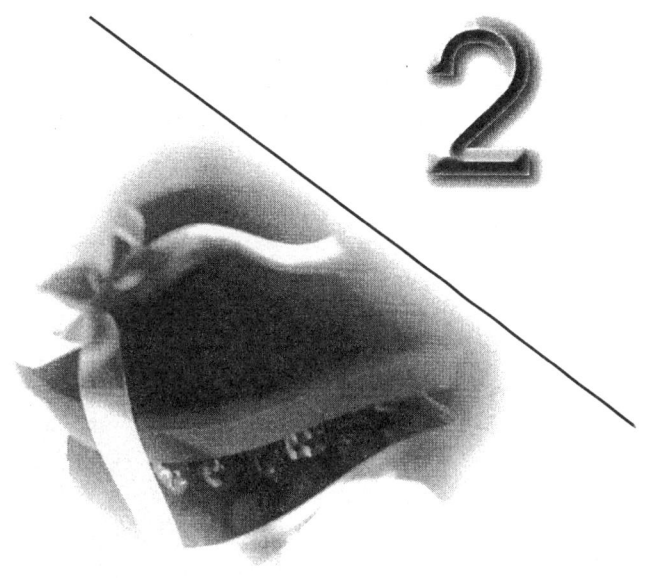

2

하나의 끈으로 묶이되 얽매이지는 마십시오
무엇이 결혼을 지속시키는가

좋은 결혼 생활이 저절로 이루어질 것이라는 생각은
대다수의 부부들이 신혼 살림과
함께 들고 오는 위험한 짐꾸러미이다.

2. 하나의 끈으로 묶이되 얽매이지는 마십시오

무엇이 결혼을 지속시키는가

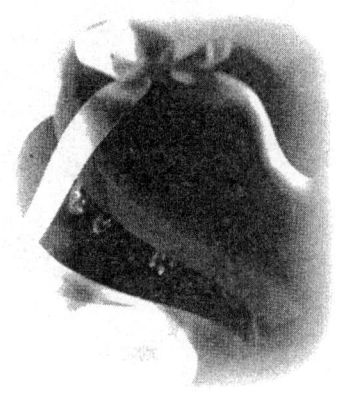

잘 알려진 여성 상담가, 앤 랜더스(Ann Landers)의 정기 기고란에 "앤은 대답이 없다."라는 이상한 제목이 붙었다. 그녀는 다음과 같이 털어놓았다.

믿을 수 없이 슬픈 사실이지만, 줄리스(Jules)와 나는 36년간의 결혼 생활을 청산하고 이혼하려고 한다. 이 글을 쓰는 지금 이 순간에도, 나는 독자로부터 온 편지를 소개하고 있는 것 같다는 착각이 든다. 내가 지금 나 자신의 결혼에 대해서 쓰고 있다는 것이 믿어지지 않는다. 우리가 이제 헤어져 각자의 길을 가려고 하는 것은 인생의 아이러니다. 어째서 그토록 좋았던 우리의 관계가 영원히 지속될 수 없었을까? 모든 문제에 대한 해답을 가지고 있던 여자인 내게 이 한 가지 사실에 대한 해답이 없다. 적어도 나는 이 사실로 한 가지 교훈을 얻을 수 있었다. 결코 "그런 일들은 우리에게 일어나지 않을 거야"라고 말하지 말라.[1]

앤은 결혼한 모든 사람들의 내부에 숨겨져 있던 근심의 버튼을 눌렀다. 우리는 마음속으로 "우리의 관계가 영원히 지속될 수 있을까?" 하고 자문한다. 정말 어느 누구도 많은 사람들이 당하고 있는 이별의 아픔과 고통을 당하고 싶지 않을 것이다.

진실한 그리스도인과 결혼한 사람은 이 점에서 유리한 입장에 서 있다. 그리스도인은 자신의 결혼을 진지한 서약 위에 세운다. 그리스도인은 자신의 결혼을 모래나 아이스크림 같은 것에 바탕을 두는 것이 아니라 예수께서 가르쳐 주신 반석 위에 세우기를 원한다. 이러한 서약에는 상대를 향한 헌신이 뒤따른다.

그러나 완전한 헌신만이 두 그리스도인 사이를 잇는 유일한 끈이 되는 것은 아니다. 결혼이 '약속'이라는 말은 결혼을 차갑고 냉정한 협정처럼 들리게 할지도 모른다. 그러나 성경의 관점에서 본다면 결혼은 협정 이상으로 중요한 것이다. 결혼은 사업상의 거래보다 훨씬 중요한 '사랑'의 문제이기 때문이다.

결혼은 사랑에의 서약이다. 이것이 1장에서 밝힌 대로 사랑의 첫 번째 관계(띠)이다. 결혼 상담자 웨인 오티즈(Wayne Oates)는 이것을 "책임 있는 사랑의 언약"이라 부른다. 그러나 결혼의 안정에 대한 염려는 우리로 하여금 사랑이 무엇인지 매우 조심스럽게 생각하게 한다.

성경에서 결혼은 두 가지 형태의 사랑 위에 세워지는데, 이것이 앞서 말한 기독교적인 결혼의 나머지 두 가지 관계이다.

그리스도처럼 사랑하라

하나님께서는 남편에게 아내를 사랑하라고, 아내들에게 남편을 사모하라고 명하시면서 그리스도를 닮은 사랑에 대해 말씀하셨다. "남편들아 아내 사랑하기를 그리스도께서 교회를 사랑하시고 위하여 자신을 주심같이 하라."

이런 사랑은 우리가 앞에서 살펴본 낭만적 사랑과는 다르다. 낭만적 사랑은 이상적이지만 그리스도를 닮은 사랑은 실제적이다. 하나님께서는 우리에 대해서 정말 철저하게 아시지만 그럼에도 불구하고 우리를 사랑하신다. 우리의 허물과 죄에도 불구하고 우리를 사랑하시는 것이다. 낭만적 사랑은 감정에 의존하지만 그리스도를 닮은 사랑은 이처럼 기본적으로 의지에 의존한다.

"하나님이 세상을 이처럼 사랑하사"라는 말씀을 읽으면서, 우리는 하나님께서 순간적인 충격으로 눈앞에 별이 보이는 것 같이 멍한 상태에서 장황하게 말씀하시거나 더듬더듬 말씀하시는 모습을 상상하지는 않는다. 하나님께서는 자신의 의지로 우리를 사랑하시기로 선택하셨다. 물론 그리스도를 닮은 사랑에도 감정이 없는 것은 아니지만, 감정에 얽매이지는 않는다. 거기엔 선택이 있는 것이다.

또한 그리스도를 닮은 사랑은 아직 우리가 언급하지 않은 다른 한 가지 관계로 볼 때 낭만적 사랑과는 주목할 만하게 다르다. 그분의 사랑은 헌신적이다. "그는 교회를 사랑하시고 교회를 위하여 자신을 주셨다." 그것은 일방적인 행위이다. 그는 돌려받지 못할지도 모르는데도 아낌없이 주셨으며, 거기에 어떠한 조건도 덧붙이지 않으셨다. 결혼 생활을 하면서, 우리는 종종 이런 모습으로 상대를 사랑하도록 요청 받는다. 어렵고 아픈 시기에는, 어느 한쪽이 다른 한쪽보다 더 도움이 필요하기 마련이다. 그러한 힘든 시기를 극복하기 위해서는 헌신적인 사랑이 필요할 것이다.

이러한 '헌신적 사랑'이란 거창한 용어는 좀 관념적으로 느껴지고 한줌의 순두부를 부서지지 않게 움켜쥐는 것같이 어려워 보인다. 그러나 사실 '그리스도를 닮은 사랑'은 내가 알고 있는 사랑에 대한 개념 중 가장 현실적인 것의 하나이다. 사도 바울은 고린도전서 13장에서 이것을 아주 실제적인 묘사로 우리에게 전달한다. 그의 말을 결혼 생활에 적용한다면 당신은 현실감을 피부 깊숙이 느끼게 될 것이다.

사랑은 오래 참는다. 배우자가 당신을 화나게 할 때, 당신은 참고 기다렸다가 나중에 조용히 해결한다. 뿐만 아니라 상대가 성숙하거나 변화하기를 재촉하지 않는다. 마치 정원사와 같이 상대방의 성숙과 개화를 오래 참음으로 지켜본다.

사랑은 온유(친절)하다. 인내가 불쾌한 반응을 보이지 않는 소극적인 것이라면, 온유는 적극적이고 긍정적인 반응이다. 온유는 심지어 상대가 도움을 받을 자격이 없는 것처럼 보일 때도 도움의 손을 내미는 것이다. 어니스트 헤밍웨이(Ernest Hemingway)는 모든 남자들에

게 아내가 친절을 받을 만한 자격이 없다고 생각되는 바로 그 때 친절하라고 충고했다. 왜냐하면 그 때가 바로 그녀가 친절을 가장 필요로 하는 때이기 때문이다. 이것은 여자들이 그들의 남편을 대할 때에도 역시 좋은 충고가 될 것이다.

사랑은 투기하지 않는다. 상대가 성공할 때 그것에 대해 정신적인 어려움을 겪지 않는다. 사랑은 내가 가질 수 없는 어떤 경험을 상대가 갖게 된다고 해서 화를 내지 않는 것이다.

사랑은 자랑하지 아니하며, 교만하지 않는다. 교만한 사람과 같이 사는 것은 힘든 일이다. 사랑은 "당신 내가 누군지 모르는 모양인데, 나는 이따위 대접을 받을 사람이 아니야"라는 식으로 말하지 않는다.

사랑은 무례히 행치 않는다. 이 부분에 해당하는 그리스어(Greek)를 우리말로 정확히 번역하기는 어렵지만 아마도 우리말 성경이 말하는 그대로 "사랑은 무례히 행치 아니하며"를 의미한다고 할 수 있다. 흔히 우리는 가족이 아닌 사람들에게는 예의를 지키지만 우리와 가까운 사람들에게는 심하게 할 수 있는 자유라도 있는 것처럼 생각한다. 그러나 사도 바울은 그렇게 말하지 않았다.

사랑은 자기의 유익을 구하지 않는다. 우리는 결혼을 통해 무언가를 얻고자 할 수도 있기는 하지만 자신의 유익을 구하지 않는 헌신적인 태도가 우리를 지배해야 할 것이다.

사랑은 쉽게 성내지 않는다. 만일 이 말을 "자제심을 잃지 않는다."로 번역한다면 우리는 더 쉽게 이해할 수 있을 것이다. 화를 내는 것이 언제나 잘못은 아니지만, 사랑은 통제를 잃지 않는 것이다. 전에 내가 아들에게 매우 화가 나서 칼같이 무정한 말을 한 적이 있었다. 그 때 내 마음속에서 작은 음성이 들려왔다. "칙(Chick), 너는 지금 그 애를 사랑하고 있지 않아." 그 말이 옳았다. 그 다음 날 나는 아들에게 사과했다.

사랑은 악한 것을 생각지 아니한다 (나쁜 기억을 계속해서 간직하지 않는다 — 역자 주). 원한을 품고 복수를 하는 것은 파괴적인 일이다. 베드로는 "사랑은 허다한 죄를 덮느니라"라고 말한다. 만일 당신이 계속해서 악한 감정을 품고 되새긴다면 쌓아둔 감정의 가스(gas)로 인해 당신은 어느 날 부서진 용광로처럼 폭발할지도 모른다.

사랑은 불의를 기뻐하지 아니하며 진리와 함께 기뻐한다. 대부분의 사람들은 신혼의 단잠에서 깨어나면 "당신은 정말 완벽해요"라는 말 대신에 "당신은 정말 문제투성이군요"라고 말한다. 비난은 사람에게 상처를 준다. 그러므로 사랑은 이러한 행위를 하지 않는다.

사랑은 모든 것을 참는다. 하나님과 우리의 관계에서 순종이 아닌 용서가 중요한 것처럼 결혼의 중요한 요소는 완벽이 아닌 인내이다. 하나님이 우리를 참으시듯이 우리도 서로를 참아야 한다. 한 여인이 다음과 같이 말했다면 그녀는 바람직한 생각을 한 것이다. "잭(Jack)은 자기 속옷과 양말을 아무렇게나 벗어놓지만, 다른 많은 방면에서

참으로 훌륭한 남편이야. 이 정도 어질러 놓은 것쯤은 내가 참아야지."

사랑은 모든 것을 믿는다. 만일 당신이 누군가를 의심한다면 당신은 그를 사랑하지 않는 것이다. 사랑은 신뢰하는 것이다. "저는 당신을 믿어요.", "저는 당신을 신뢰해요"라고 말하는 것은 사랑하는 사람을 격려할 수 있는 가장 좋은 방법 중의 하나이다.

사랑은 모든 것을 바란다. 때때로 두 사람 중의 한 사람이 절망에 빠질 수도 있다. 우울증은 모든 일을 어둡게 만든다. 그 때 당신이 사랑하는 이가 "우리에겐 희망이 있어요 - 미래는 당신이 생각하는 것보다 훨씬 더 밝을 거예요"라고 말한다면 그 사람은 큰 힘을 얻을 것이다.

사랑은 모든 것을 견딘다. 견뎌낸다는 말이 결혼 생활에서 발생하는 문제들에 대한 해결책을 찾지 않는다는 의미는 아니다. 우리는 우리의 관계를 향상시키고 회복시키기 위해 상담을 받도록 권유해야 할지도 모른다. 그러나 참는 것 외에는 아무것도 할 수 없는 경우도 있다. 사랑은 모든 것을 견딘다. 예수께서는 십자가를 견뎌내셨다. 여기에 가장 훌륭한 사랑이 있다.

사랑은 결코 실패하지 않는다. 이 말은 사랑이 항상 성공한다는 말이 아니라, 사랑이 언제까지나 계속될 것이라는 의미이다. 사랑은 이 세상 불변의 생필품 중의 하나이다. 사랑은 실존하는 것의 중심에 있다. "그런즉 믿음, 소망, 사랑, 이 세 가지는 항상 있을 것인데 그 중에 제일은 사랑이라."

머리가 아닌 몸으로 행하는 사랑

바울은 사랑을 "당신이 행하기로 선택하는 것"이라고 말함으로써 그리스도를 닮은 사랑이 무엇인지 요약하고 있다. 사랑은 행위이지, 단순히 감정은 아니다. 온유하고, 오래 참고, 신뢰하기로 결심하는 것이며 무례히 행하거나, 이기적이거나, 시기 또는 교만하지 않기로 결단하는 것이다. 이렇게 사랑은 기본적으로 '행하는 것'이라는 특징을 가진다. 사랑은 우리가 생각하는 것처럼 감정적이지는 않다.

그리스도와 같은 사랑은 행하기로 결심하는 것을 말한다. 어떤 사람에게 사랑으로 대하는 것이다. 심지어 그들을 사랑한다고 느낄 수 없을 때에도 사랑으로 대하는 것이다. 당신이 좋아하지 않는 어떤 이를 사랑하는 것은 불가능한 일이 아니다. 그것이 사랑의 본질이다. 심지어 당신의 적일지라도 그에게 긍정적으로 행할 수 있는 것이다.

당신의 배우자가 때때로 당신의 적이 될 수도 있다. '적'까지는 아니더라도 그(또는 그녀)에게 당신이 싫어하는 점들이 있을 때도 있다. 심리학자들은 이것을 가리켜 이중 의식(같은 대상에 대해 사랑과 증오와 같은 두 가지 상반된 감정을 느끼는 것-역자 주)이라고 말하는데, 그것은 우리가 평소에 눈을 깜빡이는 일 만큼이나 정상적인 것이다.

우리는 사랑하는 사람을 증오하는 경향이 있다. 사랑하기 때문에 증오하는 것이다. 마치 보석 수집가가 자신이 소중히 여기는 진주에서 흠을 발견하게 되는 것과 같다. 그러나 그 진주를 참으로 아끼기 때문에 그 흠을 무시할 수 있다. 심지어 아주 작은 것이라 할지라도, 당신이 배우자의 결점들을 싫어하는 것은 그(또는 그녀)를 매우 귀하게 여기기 때문이다. 사실 우리는 모두 우표 크기만한 실수들을 게시판만한 크기로 확대할 수 있는 이상한 능력을 가지고 있다.

만일 이러한 사소한 일들 — 마루 바닥에 아무렇게나 양말을 벗어 놓는 것, 불을 켜 놓는 것, 가스 탱크가 바닥난 것, 찬장 문이 열린 것 등 — 을 올바르게 다루지 않으면, 그 사소한 일로 인해 큰 상처를 받을 수도 있다. 마치 조그만 딱정벌레들이 참나무를 껍질로부터 나무 중심까지 갉아먹어 가듯이, 이런 사소한 일들이 우리의 관계를 갉아먹을 수 있는 것이다. 그러므로 두 사람이 얼마나 무리 없이 상대와 조화를 이룰 수 있는가와는 상관없이, 그리스도를 닮은 사랑에서 우러나온 인내와 용서는 어떠한 결혼 생활에서든지 필요하다.

받는 것보다 주는 것이 행복하다

지금 당신은 내가 꽤 지루한 결혼관을 가지고 있다고 생각하고 있을지도 모르겠다. 나는 낭만적 사랑을 깎아내리고, 서약에 의한 사랑과 헌신에 의한 사랑을 받는 것이 아니라 주는 것이라는 측면에서 둘 다 높이 평가하였다. 이 말은 마치 끝까지 견디는 부부들에게 상을 주는 "고통의 마라톤" 경기처럼 들린다. 그러나 나는 결혼이 '폭시의 순교자들의 책(Foxe's Book of Martyrs)에 당신의 이름을 올릴 수 있는 최고의 기회다' 라는 식으로 말하고 있는 것은 아니다.

성경을 보면 결혼은 끊임없이 주는 것 그 이상이며, 그것을 통해 많은 것을 얻을 수 있다는 점을 확인할 수 있다. 두 사람을 둘러싸고 있는 보이지 않는 결속(bonds)은 단지 당신들의 관계를 유지하기 위해서만 존재하는 것이 아니다. 그것 자체가 당신들의 관계에서 얻을 수 있는 보상이기도 하다. 이 시점까지 나는 어떤 지속적인 보상도 헌신적인 사랑이 없이는 있을 수 없다는 것을 분명히 하기 위해 애써 왔다.

실제로 있었던 일이라고 믿지는 않지만, 전에 내가 들은 다음 이야기는 이 사실을 잘 설명해 준다. 이 이야기는 "사실이라고 믿기에는 너무나 이상적인, 꿈 같은" 이야기이다. 이 이야기가 사실인지는 의심스럽지만 이 이야기가 지닌 교훈은 믿을 만하다.

한 남자가 자기 아내를 너무너무 증오한 나머지 그 결혼 생활에서 벗어나야겠다고 결심했다. 그래서 그는 이혼 전문 변호사에게 그 상황을 설명했다. "그렇게도 부인을 미워하십니까?"라고 변호사가 물었다. "예." 그 남자는 아내를 경멸하는 자신의 마음을 굳혔다. "당신 부인께서 이혼에 동의할까요?" 변호사가 물었다. "물론이죠, 그 점은 걱정 마십시오. 그녀도 원하고 있는 일이거든요." 아내를 증오하면서 남편이 말했다.

그러자 변호사는 "그렇다면 지금 그녀와 이혼하는 것은 지혜로운 일이 아니군요."라고 충고하면서 그를 설득했다. 그리고 이어서 이런 계획을 소개했다. 만일 정말 당신이 아내를 그렇게도 증오한다면, 이혼은 복수의 좋은 방법이 아니다. 이혼이 그녀를 행복하게 만들 것이기 때문이다. 집으로 돌아가 할 수 있는 한 모든 방법을 다 동원해 당신의 아내가 당신을 사랑하게 만들어야 한다. 완벽한 남편이 되라. 이렇게 설명한 뒤에 "그리고 나서, 부인이 열정적으로 당신에게 빠졌을 때, 이혼 수속을 하십시오."라고 덧붙였다. 그 계획을 들은 남편은 마음속에 원한에 사무친 증오가 부글부글 끓어오르고 있음에도 불구하고, 부인을 괴롭힐 수 있다는 기쁨에 신바람이 났다. 그는 침착하고 단호하게 결심하고 그것을 즉각 실행에 옮기기 위해 변호사 사무실을 나섰다.

당신은 그 이야기의 끝을 쉽게 짐작할 수 있을 것이다. 그의 아내가 남편의 너그럽고 사려 깊은 행동에 대해서 사랑으로 반응했다면 그는 자기 아내와 이혼할 마음이 없어졌을 것이다. 그리고 그 이후 그들은 내내 행복하게 살았을 것이다.

당신이 이 이야기가 사실이라고 믿기를 기대하지는 않는다.

그러나 이 이야기가 주는 교훈은 정말 힘이 있다. 당신이 베푼 사랑의 다만 얼마라도 다시 돌려받지 못한다면, 당신은 진정 참사랑을 발산하기 힘들다. 결혼은 놀랍도록 상호적인 관계이다. 예수 자신도 결혼이 모든 친밀한 관계 중의 하나라고 단언하셨다. 그래서 "그 둘이 한 몸이 될지니라."라고 말씀하신 것이다. 이러한 하나됨은 놀랄 만큼 만족스러운 경험이다. 결혼의 가장 튼튼한 결속을 이루어내는 사랑은 근본적으로 결혼 이후에야 형성된다. 그리고 그러한 사랑의 성격은 그리스도를 본받는 것이어야 한다. 만일 당신들의 하나됨(Oneness)을 이런 방법으로 가꾸어 나간다면, 당신들의 결속 관계는 점점 더 풍성하고 강해질 것이다.

두 사람을 묶어주는 밧줄

성경은 그저 우연히 발생하는 낭만적 사랑을 인정하기는 하지만, 성장하는 데에 시간과 경험이 필요한 성숙한 사랑에 우선권을 부여한다. 이것이 세 번째인 성경적 사랑의 관계이다. 성경은 이삭의 결혼을 말할 때, "이삭이 리브가를 인도하여 모친 사라의 장막으로 들이고 그를 취하여 아내를 삼고 사랑하였으니"라고 말씀한다(창 24:67). 따라서 그의 사랑은 결혼 이후에 생겨난 것이다.

이러한 지속적인 사랑은 "한 몸"을 이루는 경험에서 자라난다. 하나 됨을 두 사람을 묶어 주는 밧줄로 간주해 보자. 밧줄처럼 그것은 많은 가닥(줄)으로 구성되어 있다. 여기에는 성 생활이 포함되는데, 이것은 많은 부부들에게 있어 강력한 끈이기도 하다. 밧줄을 이루는 끈 중에서 가장 중요한 가닥이 되는 것이다.

인류학자 데스먼드 모리스(Desmond Morris)는 남편과 아내의 성적인 관계는 그들 사이의 강력하고 합법적인 연결 고리라고 설명한다. 동물들에게는 이러한 연결 고리가 없다. 어떠한 동물의 암컷도 여성들과 같은 성욕을 지니고 있지 않다. 암컷들은 단지 새끼를 밸 수 있을 때에만 자극을 받는 것이다. 하나님의 창조물들 중, 오로지 남성과 여성만이 아무 때나 성을 즐길 수 있는 능력을 지닌다. 모리스는 자연주의적인 관점에 입각하여, 인간이 성으로부터 그렇게 상당한 즐거움을 얻는 데에는 이유가 있다고 결론을 짓는다. 그는 진화론이 인간이 자신들의 새끼들을 보호해야 할 동안 짝지어 지내왔음을 밝혔다고 주장한다.

모리스가 순전히 세속적인 시각으로 내린 결론이지만 우리는 그것에 성경적인 근거가 있다고 인정할 수 있다. 남자들은 "그 아내와 연합"하고자 하는 엄청난 욕구를 가지고 있으며, 여자들도 그 남편들을 향해 강한 욕구를 지닌다. 이러한 남녀간의 성적 충동은 하나님께서 우리에게 허락하신 창조적 충동으로서, 우리를 외로움으로부터 지켜준다. 그러므로 부부들은 이러한 감각적인 결속으로 그들의 관계가 단단하게 유지되는 것을 자연스럽게 두어야 할 것이다. 결혼 생활에 있어서 이런 성적인 측면은 매우 중요한 것이고 부부가 함께 있고자 하는 마음을 불러일으키는 것이므로 부끄럽게 여긴다거나 당황해서는 안될 것이다. 본래 인간은 그렇게 지음받았다.

육체적인 하나됨은 "한 몸"을 이루는 밧줄의 단지 한 가닥에 불과하다. 사실, 성적인 결합은 더 넓은 의미의 연합을 상징한다. 성경 전체를 통해서 우리는 결혼 관계가 얼마나 풍부한 것인지를 알 수 있다.

아가서는 결혼을 철저하게 개인적이고, 감각적이고, 그리고 감정적인 것으로 묘사하고 있다. 그에게 있어서 그녀는 "사랑하는 자, 어여쁜 자"요, 그녀의 "소리는 부드럽고" 그녀의 얼굴은 아름다웠다. 그녀의 눈에 그는 훌륭하고 사랑스러우며, 그녀의 "사랑하는 자"요, 그녀의 "친구"이다(아 2:14; 5:16).

구약의 예언자들은 하나님의 사랑을 남편의 사랑에 비유했다. 그것은 그들이 결혼 관계의 위대함을 어떻게 인식하고 있는지를 보여 준다. 이스라엘의 남편으로서 하나님께서 말씀하셨다. "산들은 떠나며 작은 산들은 옮길지라도 나의 인자는 네게서 떠나지 아니하며"(사 54:10). 사도 바울은 이 사상을 신약으로 옮겨서, 그리스도와 교회의 연합을 남편과 아내의 관계에 비유하였다(엡 5:22-23).

이렇게 결혼은 두 사람의 연합이다. 그들의 육체와 삶이 인간 경험의 가장 위대한 것 중의 하나인 독특한 방법으로 연결되는 것이다.

결혼 만들기

결혼은 당신이 만들어야 한다. 한 몸이 되는 일은 함께 처음으로 침대에 눕는 순간 저절로 생기는 것이 아니다. 당신은 중단하지 않을 결혼을 건축하는 일을 과제로 가지고 있다. 다음 표현을 너그럽게 이해하길 바란다. 결혼은 작업해야 하는 '일'이다. 미국 내에서 잘 알려진 한 행정관이, "모든 계획은 실행할 수 있도록 구체화되어야 한다"고 말한 것과 같다.

좋은 결혼 생활이 저절로 이루어질 것이라는 생각은 대다수의 부부들이 신혼 살림과 함께 들고 오는 위험한 짐꾸러미이다. 이 시대의 보편적인 그릇된 인식이다.

바바라 스펜스(Barbara Spence)는, 그녀의 솔직한 글, "어느 결혼의 죽음"에서, 그녀와 그녀의 남편이 이러한 관념에 사로잡혔었다고 인정했다.

> 내 어머니와 아버지는 이상적인 결혼 생활을 하신다. 서로를 향한 그들의 사랑은 너무나도 강해서, 나는 결혼 생활이란 모두다 그런 것일 거라고 생각했다. 나는 한 번도 그들이 결혼을 지속시키기 위해 어떤 노력을 하는 것을 본 적이 없었다. 그래서 내 눈에 그것은 그냥 저절로 존재하는 것처럼 보였다. 나는 내 결혼도 그럴 것이라고 기대했다. 우리가 이혼하기 바로 직전에 남편이 내게 말했다. "결혼은 노동이 되어선 안 되오. 사랑에 빠져서 결혼하는 것이고, 그리고 그게 전부라고 생각하오." 그의 말은 부분적으로는 옳았다. 결혼하고 나면 그뿐이다. 그러나 이제 나는 결혼하는 순간이 바로 행함(노력)이 시작되는 때라는 사실을 안다.[2]

'서약한 사랑(committed love)'이 결혼 생활의 본질이다. 그것은 하나됨을 이루는 데 함께 노력하기로 약속하는 것을 포함한다. 나는 북미의 무수히 많은 지역을 다니며 이러한 사실을 전해 왔다. 내가 이런 이야기를 전하고 나면 늘 한 쌍 이상의 부부가 내게 와서 "계속 이 진리들을 전해 주십시오."라고 말하곤 했다. 그들은 주로 나이가 든 부부들이었는데, 다음과 같은 말을 덧붙였다. "우리는 지금 아주 멋진 관계를 누리고 있습니다. 그러나 선생님께서 말씀하신 대로 이것은 쉽게 이루어지는 것이 아니었습니다."

이 사람들은 그 동안 그들의 결혼 생활에서 신의를 저버린 적이 없다. 한 사람이 배우자가 아닌 다른 사람과 성적인 관계를 결코 맺지 않았다 하더라도 결혼 생활에 있어서는 불성실할 수 있다. 신의를 지키지 않는다는 말이 단순히 결혼 생활 밖에서 어떤 행위를 범하는 것을 의미하는 것은 아니다. 당신이 결혼 생활 속에서 해야 할 일을 행하지 않는 것 역시 신의를 지키지 않는 일이다.

신의를 지키는 것은 단지 배우자 아닌 다른 사람과의 부정한 관계를 피하는 데서 그치는 것이 아니라 당신의 배우자와 함께 친밀한 관계를 가꾸어 가는 것이다. 그리고 이 책은 당신이 그런 관계를 이루도록 돕기 위해서 쓰여진 것이다.

 부부가 함께 나누는 페이지 ·····················

그리스도를 본받은 사랑에 대해 이야기 나누기

다음에 나열한 단어들은 성경에서 말하는 헌신적인 사랑의 의미를 설명하기 위해 쓰인 것들이다. 우리는 사랑이 지닌 여러 의미를 이번 장에서 살펴보았다. 다음 목록 뒤에 나오는 제안들을 따라서 그리스도를 닮은 사랑하는 자들로서 서로를 인정해 주고 후원해 주라.

사랑은

오래 참고
온유하며
투기하는 자가 되지 아니하며
자랑하지 아니하며, 교만하지 아니하며
무례히 행치 아니하며
자기의 유익을 구치 아니하며
성내지 아니하며
악한 것을 생각지 아니하며
불의를 기뻐하지 아니하며, 진리와 함께 기뻐하고
모든 것을 참으며
모든 것을 믿으며
모든 것을 바라며
모든 것을 견디며
언제까지든지 떨어지지 아니한다.

부부가 함께 나누는 페이지

나누기

• 앞의 사랑의 특징 중에 당신의 배우자에게서 가장 많이 볼 수 있다고 생각되는 것 두 가지에 대해 이야기를 나누라.

• 앞의 사랑의 특징 중에서 당신이 자신의 삶 속에서 더 절실히 원하는 두 가지를 고르라.

하나님께서 당신에게 주신 사랑에 대해 감사의 기도를 드리라. 그리고 나서 당신이 서로의 삶에서 사랑이 가장 필요하다고 생각하는 영역에 그분께서 역사하시도록 간구하라.

당신의 사랑을 이해하기

남녀간의 사랑을 묘사하기 위해 무수히 많은 시도가 있었으며, 그 중 어떤 것은 시적으로 그리고 어떤 것은 과학적으로 표현되었다. 다음 목록은 십대 후반의 청소년들과 일한 경험이 많은 한 저자가 작성한 것이다.[3] 그는 또한 이 주제를 가지고 저술하기도 했다.

이 목록을 이용하여 서로를 향한 사랑의 질(quality)에 관해 대화하라. 그렇게 하는 동안, 다음 사항을 명심하라.

• 이 목록은 이상적인 것이며, 이 요소들을 모두 사람들이 경험하는 것은 아니다.
• 이 목록은 "교제 기간의 사랑"을 다루고 있다. 특히 관계를 시작할 때 느끼게 되

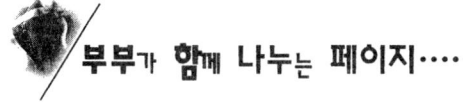
부부가 함께 나누는 페이지

는 참사랑의 경험을 묘사한다. 그러나 이러한 사랑은 오랜 세월을 함께 지낸 부부도 가질 수 있다.

- 이 목록은 실제적이다. 당신의 사랑이 가야 할 방향을 설정하는 데 이 목록을 사용할 수 있다. 저자 허버트 마일즈(Herbert Miles)는 부부가 이런 사랑의 유형 안에서 성장할 수 있다는 사실을 우리에게 상기시킨다. "이러한 상태는 순간적으로 혹은 맹목적인 사건에 의해 일어나는 것이 아니다. 그것은 이성적으로 교제하고, 생각하고, 계획하고, 대화하고, 기도하며, 주님의 인도를 구하는 신중한 과정 속에서 얻어지는 결과이다."[4]

1. 당신은 당신의 외모(복장과 몸단장)와 개인적 품행에 대해 신경을 쓸 것이다. 한 소년은 내게 "그녀와 함께 있을 때 그녀는 언제나 내가 더 멋진 사람이 되도록 격려한다"고 말했다.
2. 당신은 그 사람을 향한 믿음과 신뢰를 가질 것이다.
3. 당신은 다른 사람과 사귀고 싶은 욕구 따위는 조금도 생기지 않을 것이다. 당신이 전에 사랑한다고 생각했던 사람들은 뒷전으로 밀려 대수롭지 않은 인물처럼 느껴질 것이다. 결혼에 필요한 사랑은 순수하고, 확신이 있고, 철저하고, 전체적이고 완전해야 한다.
4. 당신은 이 사람의 부모, 형제, 자매, 친척, 그리고 친구들을 보고, 만나고, 알고 싶을 것이며, 그들을 기쁘게 하고 싶을 것이다. 당신은 사랑하는 사람과 가깝고 그에게 소중한 사람들의 행복에 관심을 가지게 될 것이다.
5. 당신은 사랑하는 사람의 개인적 성취를 기뻐할 것이며, 그의 업적에 대해 시기하지 않을 것이다.
6. 당신은 사랑하는 사람을 존경하며, 그 사람의 신념, 가치, 도덕적 기준, 권리, 그

리고 필요를 존중하게 될 것이다. 또한 당신은 그 사람을 한 인간으로서 전인격적으로 존경하게 될 것이다.

7. 당신은 그를 사랑한 결과로 내적인 안정감을 가질 것이다. 당신은 심지어 중요한 개인적, 사회적, 경제적 문제에 직면해서도 자기 확신과 마음의 편안함과 행복을 느낄 것이다.

8. 서로 헤어져 있어야 할 수밖에 없는 상황이 되면 당신은 외로울 것이며, 사랑하는 이를 떠나 당신의 생각과 꿈을 유지하는 일이 매우 어렵게 느껴질 것이다. 그리고 당신은 다시 함께할 수 있는 그 날과 그 시간을 손꼽아 기다릴 것이다.

9. 당신은 여러 가지 방법으로 사랑하는 사람을 위해 헌신할 것이다.…… 사랑은 무언가를 초월하는 것이다. 사랑 없이도 누군가에게 무엇을 베풀 수는 있지만, 아무것도 베풀지 않으면서 사랑할 수는 없다!

10. 사랑하는 사람이 상처를 입거나 비난을 당한다면 당신 역시 상처를 입게 될 것이고, 당신은 사랑하는 사람을 변호하는 일에 뛰어들 것이다.

11. 당신은 이 사람이 결혼 생활 속에서, 당신 자녀의 아버지 또는 어머니가 되기를 원할 것이다.

12. 이 사람에 대한 당신의 관심은 육체적 매력이나, 성적 관심이라기보다는 오히려 삶의 모든 면들을 포함하는, 완전한 인격으로서의 전인간에 있다고 정직하게 말할 수 있다. 물론 한 사람을 사랑하게 된다는 것은 육체적 매력과 결혼 생활에서의 성적인 관심을 포함한다. 이것은 결혼의 주요한 측면이다. ……그러나 성은 진정한 사랑의 일부분이기는 하지만, 다른 모든 개인적인 것과 인격 관계에 예속된다.

13. 다른 사람들은 당신이 사랑하고 있다는 사실을 알게 될 것이다. 사랑에 빠진 사람이 그 사실을 비밀로 하는 것은 불가능한 일이다.

하나 더하기 하나는 하나
결혼 후에 더 가까워지는 부부

친밀감을 당신이 억지로 생겨나도록 할 수는 없다.
그것은 마치 화초와 같아서
적절한 공기와 조건하에서 잘 자란다.

3. 하나 더하기 하나는 하나

결혼 후에 더 가까워지는 부부

만일 당신의 남은 생애를 아주 작은 오두막 속에서 지내야 한다면, 당신은 누군가에게 수많은 질문들을 퍼부을 것이다. "그 집은 얼마나 큰가요? 통풍 장치는 어떻지요? 창문은 있나요?"

그러나 사람들은 보통 결혼할 때는 "결혼이 무엇인가?" 하는 아주 기본적인 질문조차도 하지 않고 그 상자 속으로 들어간다.

물론 결혼은 당신이 만들어 가는 것이요, 당신들 두 사람을 위한 것이다. 그러나 결혼에 대한 당신의 생각이 당신이 건축하는 결혼의 종류를 결정할 것이다. 결혼에 대하여 당신이 어떻게 생각하고 있는가를 아는 것은 결혼이라는 건물을 건축하는 데 매우 중요하다. 두 사람이 함께 건축하고 있는 것에 대해 서로 다른, 또는 막연한 생각들을 가지고 있다면 많은 문제들을 일으킬 것이기 때문이다. 한 집을 세우는 두 명의 목수가 서로 전혀 다른 청사진을 가지고 있다고 상상해 보라. 결국 혼란 속에 빠질 것이며, 집도 지을 수 없을 것이다.

"도대체 '결혼'이란 게 뭐지?"

결혼에 대해 동일한 청사진을 가지고 있는 부부를 찾을 가능성은 상당히 희박하다. 그 이유는 어떤 면에서 볼 때 우리가 좀처럼 이러한 문제들에 대해 논의하지 않기 때문이라고 할 수 있다. 대답이 너무나 명백해 보여서 우리는 서로에게, "결혼이 무엇인가?"를 묻지 않는다. 주변에 우리가 볼 수 있는 결혼의 사례들이 무수히 많지 않은가? 장성한 사람들은 뻔한 것에 대해 물어 보고 다니지 않는다. 만일 다 큰 어른이 다른 사람에게, "탁자는 무엇입니까? 명확한 정의를 내려봅시다"라고 말한다면, 당신은 그가 정신 착란을 일으키고 있다고 생각하거나, 혹은 철학자, 혹은 둘 다라는 결론을 내릴 것이다.

결혼이란 단어를 누구나 다 알기 때문에 우리는 그것을 정의하기 위해 주의를 기울이지 않는다. 우리의 잘못은 모든 사람이 결혼에 대해 똑같이 생각한다고 믿는 데서 비롯된다. 누가, "저와 결혼해 주시겠어요?"라고 말할 때, 상대방이 "뭘 하자구요?" 하며 예민한 반응을 보이지는 않을 것이라고 믿는다. 흔히 질문을 하는 사람과 대답을 하는 사람이 모두 자기들이 같은 생각을 하고 있다고 믿는데, 그것이 바로 문제이다. 결혼의 분쟁은 대개 부부가 이제까지 가져온 서로 다른 생각들이 서로 충돌할 때 시작된다.

예를 들면, 아내는 결혼이란 긴긴 밤들을 부부가 함께 이야기 나누고 웃으며 친밀한 관계를 나누는 것이라고 생각했다. 그러나 남편에게는 결혼이 친밀함을 나누는 관계가 아니라 성교를 하고 집과 아이들을 가지고, 맛있는 음식을 먹는 것 등 모든 것을 소유하는 것이라고 생각했다. 그는 이 모든 것을 얻었기 때문에 자신이 훌륭한 결혼 생활을 하고 있다고 생각했다. 그러나 아내는 친밀한 대화와 밀접한 관계를 얻지 못했기 때문에 자신이 형편없는 결혼 생활을 한다고 느낀다.

이처럼 의견의 일치가 없다면 상대방에 대해 욕구 불만을 일으키고 한쪽 또는 양쪽 모두가 결혼 생활에서 자신이 그리던 꿈을 이루는 것을 포기하게 될 것이다. 이런 일을 겪고 나서 둘 다 극히 평범한 관계에 만족하게 되는 일은 아주 흔하다. 그들은 마치 숙달된 사수가 되기 위해 몹시 노력하던 농부와 같다. 몇 주 동안 과녁의 복판을 맞추려고 시도하고 실패하다가, 마침내는 화살을 창고에 처박아 놓고 주위에서 다른 목표를 정한다.

너무나 많은 부부들이 자신의 꿈을 포기한다. 그들은 더 많은 것을 성취하려는 시도들이 모두 가치없다고 생각해서 더 작은 것에 안주하고 만다. 몇 년 동안의 결혼 생활 후에, 그들은 마침내 이런 일에 익숙해지고, 실망과 슬픔과 싸우다가 자포자기한 채 이렇게 말한다. "그래, 이런 게 바로 결혼이지!"

눈먼 여인과 귀머거리 남자의 결혼?

결혼을 정의하는 과정이 그토록 복잡한 이유는 대부분의 현대인들이 무의식적으로 결혼이 진짜 항간에 떠도는 말과 같지는 않을 것이라고 생각하기 때문이다. 결혼하는 것이 그렇게 행복한 일이요, 신랑과 신부가 그토록 기대에 부풀어 있음에도 불구하고 결혼에 대한 의심은 지속된다. 마치 결혼식 제단 아래나 웨딩케이크가 올려져 있는 레이스가 드리워진 탁자 밑에 숨어 있는 악마와 같이, 어둡고 음침한 느낌이 그들 속에서 일어난다. 그러다가 그들은 결국 결혼의 나라가 실제로는 디즈니랜드가 아니라는 것을 발견하기 시작하는 것이다.

역사적으로 서구 문화에는 계속 비관적인 결혼관이 전해내려왔다. 나는 이 사실을 최근 내 아들의 결혼식 때 할 짧은 연설을 준비하면서 발견했다. 내 아들 래리(Larry)는 대학에서 매우 전망이 밝은 영어 전공자였으므로, 문학 작품 속의 위인들이 결혼에 대해서 한 말들을 인용해서 나의 짧은 메시지를 빛내기를 원했던 것이다. 그런데 나는 인용문을 모아 놓은 책에서 결혼에 관한 좋은 말을 찾는 것이 조간 신문에서 좋은 소식을 찾는 것만큼이나 어렵다는 사실을 알았다.

대신 다음과 같은 재미있는 말들을 많이 발견했다. 당신은 이런 말을 한 사람이 누군지 혹시 아는가? "내가 생각하기에 최상의 결혼은 눈먼 여인과 귀머거리 남자의 결혼이다." 나는 또 결혼 상태에 대한 몇몇 아주 침울한 말들도 발견했다. 그러나 서양의 위대한 작품으로부터 뽑은 세 권의 방대한 인용서적에서 결혼에 대해 쓸 만한 긍정적인 말은 단 세 마디도 찾을 수 없었다. 결혼은 수 세기 동안 나쁜 평을 받아오고 있었다. 이런 비관적인 생각은 그리스인들로부터 시작된다. 그리스 시인 팰러다스(Palladas)는 이렇게 말했다. "결혼은 남자에게 단지 행복한 날을 이틀 가져다 줄 뿐이다. 하루는 자신의 신부를 침실로 맞아들이는 날, 그리고 다른 하루는 그녀를 무덤 속에 누이는 날이다."[1)]

결혼은, 그것이 무엇이든, 우리가 억지로 웃으며 참는 법을 배워야 하는 것이라는 의혹이 결혼에 대한 우리의 일반적인 호감 뒤에 사악하게 숨어 있다.

하나님께서 만드신 제도, 결혼

우리가 이미 보아온 대로, 성경에는 매우 숭고한 결혼관이 나타나 있다. 사도 바울은 결혼을 하나님께서 만드셨으므로 선한 것이라고 선포한다(딤전 4:3-4). 그리고 바울은 결혼을 나쁘게 말하는 사람들은 거짓 선지자들이라고 주장한다.

성경 말씀 중 결혼에 대한 정의로 가장 가까운 것은 "이러므로 남자가 부모를 떠나 그 아내와 연합하여 둘이 한 몸을 이룰지로다"라는 창세기 2:24 말씀인데, 예수께서도 인용하신 적이 있었다.

한 몸이 된다는 말은 명백하게 성적인 결합을 상징한다. 남자와 여자는 성적으로 연합하려는 강력한 충동을 느끼는데 이것은 하나님께서 주신 것이다. 그렇지만, 나는 한번도 신학자가 "한 몸"이란 말을 오로지 감각적인 용어로서만 정의한 것을 읽어 본 적이 없다. 성적인 하나됨(결합)이 결혼의 독특한 특징 중의 하나지만 유일한 특징은 아니다.

"한 몸"이란 말의 중요성은 그 말이 쓰여지는 문맥 속에서 잘 드러난다. 창세기 2장은 여자를 창조하신 상황을 묘사한다. 성경은 이브의 창조를 일종의 깜짝쇼처럼 연출하고 있다. "여호와 하나님이 흙으로 각종 들짐승과 공중의 각종 새를 지으시고 아담이 어떻게 이름을 짓나 보시려고 그것들을 그에게로 이끌어 이르시니 아담이 각 생물을 일컫는 바가 곧 그 이름이라"(창 2:19-20).

이미 창조하신 피조물 중 어느 것도 "돕는 배필"이 될 수 없다는 것을 아시고, 하나님께서는 아담의 갈빗대 하나를 취하셔서 남자를 도울 만한 적당한 사람을 지으셨다. "여호와 하나님이 아담을 깊이 잠들게 하시니 잠들매 그가 그 갈빗대 하나를 취하고 살로 대신 채우시고 여호와 하나님이 아담에게서 취하신 그 갈빗대로 여자를 만드시고 그를 아담에게로 이끌어 오시니"(창 2:21-22).

마지막 구절인 "그를 아담에게로 이끌어 오시니"라는 부분은 매우 극적이다. 인류 최초의 여성에게 남자의 눈이 처음으로 주목하는 순간이었다. 이 시점에서 성경은 벌거벗은 이브가 아담의 관심을 사로잡은 것만큼이나 확실하게 우리의 관심을 사로잡았다. 우리의 열렬한 호기심은 "아담이 가로되…"(창 2:23 상)에서 고조된다.

만일 이 부분에서 당신의 상상력이 솟구치도록 내버려둔다면, 흥미를 만끽할 수 있을 것이다. 예를 들어 아담이 어떻게 반응했을까를 한번 상상해 보자. "아담이 이브를 향해 말했다. '당신은 이 세상에서 나를 위해 존재하는 유일한 여자요.'"

이 이야기는 아담이 이브를 바라보며 반응한 말에 크게 강조를 두는 기법으로 전개된다.

"이는 내 뼈 중의 뼈요,
살 중의 살이라

이것을 남자에게서 취하였은즉,
여자라 칭하리라"(창 2:23).

그리고 나서 창세기의 저자 모세는 이런 결론을 이끌어 낸다. "이러므로 남자가 부모를 떠나 그 아내와 연합하여 둘이 한 몸을 이룰지로다 아담과 그 아내 두 사람이 벌거벗었으나 부끄러워 아니하니라"(창 2:24, 25). 이브는 부부의 결합을 통해 아담과 "한 몸"을 이루도록 창조되었다.

이브 창조의 전적인 의의는 이브를 창조하게 된 이유를 거슬러 올라가서 살펴봄으로써 찾을 수 있다. 일찍이 여호와께서 말씀하셨다, "사람의 독처하는 것이 좋지 못하니 내가 그를 위하여 돕는 배필을 지으리라"(창 2:18).

성과 결혼이라는 제도는 남자가 자신의 외로움을 극복할 수 있도록 하기 위하여 여자와 함께 창조된 것이다. 사람은 하나님과의 교제 속에 있음에도 불구하고, 자신과 닮은 다른 사람들과의 교제가 필요하다. 하나님과 교제하고 있다고 해서 다른 사람들과의 교제가 필요없는 것은 아니다.

교회 역사를 통하여 볼 때, 하나님과의 교제만 있으면 충분하다고 생각한 사람들이 있었다. 수도승들과 은자들은 하나님과의 교제를 깊게 하기 위해서 고립 생활을 했다. 경건주의자들은 결혼과 성이 자기 안에 계신 그리스도와의 즐거운 교제를 방해한다고 주장해 왔다. 루이스 스메드(Lewis Smede)가 한 말은 이 사실을 잘 설명하고 있다. "어떤 기독교인들은 그들의 성이 그리스도를 향한 자신들의 충성을 방해하는 자연의 가장 강력한 경쟁자라고 느낀다. 그리고 '당신은 하나님과 성을 같이 사랑할 수 없다'고 말한다."

그러나 결혼 생활에서 이루어지는 교제가 하나님과의 교제에 방해물이 되지는 않는다. 사람은 인간적인 교제와 하나님과의 교제 둘 다 필요하다. 만약 낙원에 있었던 아담이 혼자 살 수 있었다면 크고, 현대적이고, 비인격화된 생존 양식을 지닌 현대의 우리야말로 훨씬 더 수월하게 혼자 살 수 있지 않겠는가? (그러나 알다시피 혼자 사는 것은 불가능하다.)

'결혼'은 서로 섞이는 믹서(mixer)

결혼은 '하나가 된다'는 말로 가장 잘 묘사할 수 있다. 그것은 독특한 육체적 하나됨, 즉 육체의 연합이다. 더욱이 그것은 인간끼리의 독특한 혼합이다. 이 혼합은 아주 개인적이면서도 상호적인 교제이며, 이것은 성경에 명백하게 드러나 있는 사실이다. "두 사람이 벌거벗었으나 부끄러워 아니하니라"라는 말씀은 아담과 이브가 감정적으로 가까웠다는 것을 보여 준다. 어떠한 두려움이나 어색함 그리고 수치도 그들이 상대의 친밀한 시선, 음성, 접촉을 즐기는 것을 방해하지 않았다. 우리가 벌거벗은 몸과 성적 반응, 그리고 개인의 내적 자아를 나누면서 흔히 느끼는 두려움과 수치는 하나님께서 창조하신 영역이 아니다. 그것은 죄가 우리를 서로에게서 격리시킨 이후에 온 것이다.

결혼 생활 속에서 두 사람은 부끄럼없이 서로를 배운다. 그래서 히브리인들은 성적인 관계를 이야기할 때 "안다"란 말을 사용했다. 이것은 공개적으로 그리고 어린아이들 앞에서 성에 대해 가르치면서 사용하기에 적당한 단어는 아니다. 이러한 포괄적인 단어는 구약 시대의 사람들이 결혼을 전적으로 두 사람만의 상호적인 경험으로 보았다는 것을 의미한다.

또한 히브리 단어 "몸"은 결혼이 단지 육체의 연합만을 의미하는 것은 아니라는 생각을 뒷받침한다. 이 말은 전인격에 대해 이야기할 때에도 사용되는 단어이다. 이것으로 우리는 "한 몸"이라는 말이 두 사람의 전인적인 연합을 의미한다는 것을 알 수 있다.

이러한 결혼의 동반자 의식(companionship)은 아담의 아내를 묘사하는 말에서도 발견된다. 그녀는 "돕는 배필"이라고 불린다. 이 구절은 그가 외로움을 극복할 수 있도록 그녀가 도우리라는 사실을 언급하는 것이다. 또한 이 말은 그녀가 아담이 자신의 생애의 의무와 경험들과 맞서도록 도울 것이라는 뜻이기도 하다. 그들은 삶을 함께 나눌 것이다.

그러므로 결혼은 친밀한 공유 — 육체, 자아, 경험의 나눔으로 생각될 수 있다. 그러한 나눔은 외적인 자아뿐만 아니라 내적 세계의 교류도 포함하기 때문에 부부는 친밀해야 한다.

결혼이라는 '믹서'의 브랜드명은 "친밀함"

성경적인 눈으로 보면 결혼은 결코 단순히 같은 잠자리 또는 같은 집을 공유하는 것 정도로 의미가 약화될 수 없다. 두 사람이 같은 방에 살고, 같은 욕실을 사용하고, 성적 관계를 가진다 하더라도 하나님께서 본래 의도하신 것과 같은 인간관계를 갖는 것은 부족할 수도 있다.

두려움, 이기심, 그리고 수치가 그들의 친밀한 개인적 연합을 막을 수도 있다. 심지어 결혼을 했는데도 불구하고, 그들은 여전히 홀로이며 단지 부분적으로만 결합되어 있을 뿐일 수도 있다.

결혼에 대한 고대의 성경적 인식을 보면 놀랍게도 우리 현대인들이 여전히 그것을 추구하고 있음을 알 수 있다. 성에 대해 이 시대가 어떻게 생각하고 있는가 하는 것은 친밀함에 대한 관심으로 추적해 볼 수 있다.

「맥콜」지(McCall's magazine)가 여성들을 대상으로 "현재 당신에게 가장 중요한 것이 무엇입니까?"라는 질문을 했을 때, 20,000명 중의 61%가 "누군가와 가깝다는 느낌"이라고 대답했다. 조사자인 다니엘 앵커로우비치(Daniel Yankelovich)는 「플레이보이」지(Playboy magazine)가 대부분의 남성들도 여성들과 동일한 생각을 한다는 사실을 발견하고는 놀라워했다고 말했다. 질문에 응한 대다수의 남자가 선정한 이상적인 연인은 "내가 전적으로 마음을 열고 정직할 수 있는 사람"이었다. 침대에서 이루어지는 성적인 흥미를 돋우는 행위, 육체적 쾌락, 그리고 성의 대가(大家)로서의 수행은 친밀감을 얻기 위해 행해지는 부수적인 것들이었다.

이렇게 결혼을 친밀감으로 보는 생각은 이 책의 중요한 주제이다. 그러므로 이 책의 나머지 부분들은 이러한 친밀한 삶의 역학을 다룰 것이다. 그러나 당신이 친밀감에 관하여 이해해야 할 점이 몇 가지 있다. 이것들은 당신이 친밀감을 성취하는 데 매우 중요하다.

친밀감은 깊고도 넓은 것이다. 우선 자신의 내적 자아를 나누도록 요구한다는 면에서 깊다고 할 수 있다. 이것은 다른 사람이 자신의 내적 자아의 동굴을 탐험하도록 허용하는 것이다. 성교에서 육체의 개인적이고 사적인 부분들과 반응들을 나누는 것은 바로 이것을 상징한다. 부부의 친밀감은 자신의 개인적인 생각과 감정을 노출할 때 성적인 교감을 넘어선다.

친밀감은 또한 넓다. 그 탐험은 다음과 같은 것을 포함한다.

육체적인 것: 서로의 몸을 접하는 것, 그녀의 눈의 색깔, 그의 목소리, 육체적 가까움이 주는 따스함

감정적인 것: 서로를 웃게 하기, 한 사람이 울 때 옆에 있어 주기, 상대가 성낼 때 참아 주기, 함께 지루해 하거나 우울해 하기

지적인 것: 각자 읽은 책의 내용을 가지고 토론하기, 하나님에 대한 개념에 대해 이야기 나누기, 정치적 입장에 대해 논의하기, 새로운 생각에 대해 토론하기

사회적인 것: 같은 사람과 어울리는 것, 다른 부부와 오랜 시간 대화하기, 소그룹 모임 시간을 나누기, 파티에 가기

영적인 것: 우리의 가장 고상한 열망을 나누기, 우리 자신을 확실한 가치에 헌신하기, 교회에서 그리고 부부끼리 예배드리기, 상대가 같이 있을 때에도 개인적 문제에 대해 기도하기.

'친밀함'으로 상대방에게 말하기

친밀감은 당신의 의사 전달 방법과 교제 방법 모두를 발전시킨다. 친밀감이란 단지 함께 이야기하는 것을 말하는 것은 아니다. 친밀감은 함께 행하는 것을 포함한다. 말과 행함은 서로를 강화시키는 작용을 한다. 부부가 서로 아무 말도 주고받지 않더라도, 호숫가를 조용히 산

책하는 동안 깊은 친밀감을 즐길 수 있다.

그러므로 친밀감은 다음과 같은 삶의 영역들을 발전시키는 것이다.

오락(Recreation): 시합을 하거나 보면서 승리의 기쁨과 패배의 아픔을 나누기, 같은 취미를 즐기며 휴식하기

창작(Creation): 침실을 새로 꾸미기, 의자의 표면을 다시 손질하기, 같이 무언가 만들기, 주일학교의 한 반을 함께 가르치기, 자금 경영을 위해 일하기, 대도시의 중심 지역 사역을 자원하기, 어떤 정치 후보를 당선시키기 위해 일하기.

함께 이야기함으로써 가까워지기

위와 같은 일들을 같이 하면 당신은 친밀한 경험을 하는 데 상당한 도움을 얻을 것이다. 이것은 어느 정도 타당한 이야기이다. 친밀감을 얻으려면 시간이 필요한데 그 시간을 제공해 주기 때문이다. 함께 일하는 것은 당신들을 같이 있게 하고 함께 이야기하게 할 것이다.

진저와 나는 이 사실을 매주 화요일 밤에 정기적으로 외출하는 일을 통하여 익혀 왔다. 몇 년 동안 우리는 화요일 밤을 우리 둘만을 위한 시간으로 정해 놓았다. 네 명의 자녀들이 모두 우리 집 주변에 살고 있기 때문에, 우리가 방해받지 않고 함께 보낼 수 있는 시간을 가지려는 것은 복잡한 냉장고 속에서 탄산 음료 캔 하나를 찾으려고 애쓰는 것과 같았다. 그 해결책으로 우리는 한 주에 하루 저녁씩을 비워 두기로 하였다.

그리고 우리 두 사람은 즐겁게 우리의 특별한 화요일 저녁을 기다린다. 한 주 내내 나는 진저와 의논하고 싶은 것들을 오래도록 생각한다. 나는 우리의 특별한 시간 동안에 일어나는 일들이 놀라웠다.

우리는 둘만의 시간을 보내기 위해 차를 타고 레스토랑, 공원, 또는 그 외의 다른 장소를 찾아가기도 하며, 묘한 침묵이 우리 사이에 흐르는 것을 발견하기도 한다. 처음에는 우리 두 사람 중 누구도 입을 열지 않다가 마침내 이야기를 나누기 시작한다. 샐러드를 다 먹을 때까지 아이들, 청구서, 그리고 여러 가지에 대하여 몇 마디를 나누다가 디저트를 먹을 때쯤 되어서야 비로소 좀더 중요한 개인적인 대화가 진행된다. 대개 그 저녁 시간의 끝 무렵에 가서야 우리는 각자의 생각과 느낌을 의미 있는 방법으로 드러낼 수 있었다. 그래서 우리는 이러한 경험으로 서로가 가까워지기 위해서는 시간이 필요하다는 것을 배웠다.

　결혼 생활은 마치 각자가 독립적으로 성장한 후에 다시 서로에게 다가서는 것과 같다. 폴 투르니에(Paul Tournier)는 중요한 이야기를 꺼내기 전에 먼저 일상적인 대화가 오고 가야 한다고 말했다. 일상적인 대화는 삶의 영역(활동 범위)들을 함께 공유함으로써 생겨나는 것이다. 함께하는 시간이 거의 없는 부부들은 친밀감 게임을 하는 데 있어서 불리하다. 시간의 도움이 없이는 결혼을 건축할 수 없다

함께 활동함으로써 가까워지기

　함께 활동함으로써 우리는 서로를 더 잘 들여다 볼 수 있고 우리가 서로에 관해 이해하는 것이 옳은지 확인할 수 있는 기회를 가진다. 그러한 확인은 성공적인 친밀감을 갖는 데 필수적인 요소이다. 우리는 상대에게 우리의 자아의 일부만을 드러내면서 그들이 그것을 용납하기를 원한다. 활동 영역을 함께 공유할 때, 우리는 서로를 용납하게 되고 그것이 우리를 매우 가깝게 만든다.

　나는 전에 진저에게 내가 가 보았던 아름다운 장소를 보여주면서

이 사실을 느낀 적이 있다. 우리가 시카고로 이사했을 때, 사람들은 우리가 사는 지역 가까이에 있는 대학과 신학교들을 방문하라고 권하곤 했었다. 몇 개월 동안 세인트 메리 오브 더 레이크(St. Mary of the Lake)라고 불리는 이 대학 캠퍼스 옆을 차로 지나다닌 후에야, 나는 그들의 충고를 떠올렸고 차를 몰고 그 출입구를 통과해 보았다. 과연 그곳의 풍경은 사람들이 말한 그대로였다. 식민지 시대 건축 양식의 오래된 벽돌 건물들이 깊은 숲과 아름답게 가꾸어진 꽃과 관목의 지대에 둘러싸여 있었으며, 고요한 청색 호숫가에 있는 나무숲을 따라 꼬불꼬불하게 나 있는 몇 마일이 되는 오솔길을 토끼와 다람쥐들이 깡충깡충 뛰어다니고 있었다. 그 광경은 내게 매우 인상적이었다.

나는 이곳에서 여러 가지를 느꼈는데 그 중에는 이 아름다움을 내 아내 진저와 함께 나누고 싶다는 바람이 있었다. 그 후 오래지 않아, 어느 나른한 일요일 오후에 기회가 생겼다. 함께 차를 타고 그 학교 교정을 들어서면서 나는 그녀의 반응을 주시했다. 그녀는 평소에 사용하던 자신의 열정적인 레퍼토리를 내뱉기 시작했다. "정말 아름다워요." "저 환상적인 나무들 좀 보세요." "여긴 정말 기가 막히게 멋진 곳이에요." 우리가 그 놀라우리만치 화려하고 아름다운 곳을 차로 천천히 드라이브할 때 그녀는 계속해서 이러한 감탄사를 연발했다.

그녀의 이러한 말들은 나의 가슴을 뛰게 만들었으며, 우리가 함께 느낀 기쁨은 우리로 하여금 서로에게 더욱 더 가까이 가도록 만들었다. 그녀는 그곳의 아름다움을 확인하고 있었을 뿐만 아니라, 나와 같은 느낌들을 가지고 있다는 사실을 증명하고 있었다.

당신이 정반대의 반응을 생각해 본다면 이 점이 좀더 선명해질 것이다. 그녀가 다음과 같이 반응했다고 가정해 보라. "그래요, 이 곳은 좋군요, 하지만 나는 이곳과는 비교가 되지 않을 정도로 더 아름답고 좋은 곳을 많이 가 보았어요." 그 장소에 대한 그녀의 거부는 나를 거절하고, 나의 취향과 느낌을 거절하는 것과 같을 것이다.

그러므로 아내가 "나는 당신이 왜 물 속으로 뛰어드는 것을 좋아하는지 도무지 이해할 수가 없어요. 이것은 참으로 어리석은 짓이에요."라고 말하거나 남편이 "당신은 어떻게 그따위 교향악을 듣고 있을 수 있지?"라고 말한다면 그들은 자신들의 관계를 손상시키고 있는 것이다. 친밀감은 서로가 느끼고 경험하는 것들을 이해하려고 노력하는 데서 생겨난다.

우리는 두 사람 모두를 즐겁게 하는 활동들을 발견해야 한다. 그리고 서로를 알고 확인하는 기회로 그것들을 활용할 수 있어야 한다.

한 여성이 내게 어떻게 자신의 결혼 생활을 지켜냈는지 이야기한 적이 있다. 그녀의 남편은 그녀가 즐기는 것을 함께하고 싶어하지 않았다. 대신 그는 낡은 차를 수리하는 데 정신을 빼앗기고 있었다. 그가 자기 시간의 대부분을 차고에서 보내고 있기 때문에 부부 관계는 점점 멀어져 가고 있었으며, 그러한 사실이 명백해지자 그녀는 결정을 내렸다. 그리고 작업복을 입고 차고로 들어가, 자동차 밑에 있는 남편 옆으로 기어 들어가서, 그가 일하는 것을 가리키며 물었다. "저게 뭔가요?" 그는 아내에게 변속 장치에 대해 설명해 주었다. 그리고 결국 그녀의 남편은 그녀를 자신과 같은 자동차광으로 만들어버렸다. 차고에서 낡은 차를 수리하며 함께 보내는 그 끝없는 시간이 그들의 관계를 되살렸던 것이다.

하루아침에 가까워질 수는 없다

친밀감을 이해하는 데에 있어서 중요한 점이 또 하나 있는데, 그것은 친밀감이 쉽게 얻을 수 있는 것이 아니라는 사실을 깨닫는 것이다. 친밀감이 쉽게 얻어질 수 있다고 생각한다면 그것은 큰 오산이다.

두 명의 젊은이가 만난 지 몇 시간만에 자신들이 "순간적인 친밀감"을 이루었다고 믿은 나머지 서로 잠자리를 같이하기로 하고 어느 낭만적인 호숫가에서 그들의 벗은 몸을 나누려고 침낭 속으로 기어들어간다. 사실상 서로의 몸을 드러내는 것은 서로의 참 자아(참 모습)를 열어 보이는 것보다 훨씬 쉬운 일이다. 이 방면의 전문가인 앤드류 그릴리(Andrew Greeley)는 이 점을 강력하게 주장했다. 그는 "그러므로 친밀감이란 늘 어려운 법이다. 어렵지 않다면, 그것은 친밀감이 될 수 없다"고 말했다.[2]

우리가 서로 가까워지기 어려운 것은 우리의 죄성 때문이다. 죄는 우리를 하나님으로부터 격리시켰을 뿐만 아니라, 서로에게서도 떨어뜨려 놓았다. 그것은 불신, 수치심, 죄책감, 분노, 그리고 거부의 근원이며, 이 모든 것들이 친밀해지는 것을 어렵게 만든다.

친밀감은 성취하기가 어렵기 때문에 서로가 친밀해지는 생활에 익숙해지면 익숙해질수록 더욱 더 많은 인내가 결혼 생활에 필요하다. 에릭 에릭슨(Erik Erikson)은 친밀감의 역학을 배우는 것은 20대와 40대 사이에 있는 사람들의 주요 과제 중의 하나라고 주장한다.

강요하거나 엄격하게 요구하지 말고 당신의 결혼 생활에 친밀감의 장이 펼쳐지도록 허용하라. 상대가 자기 자신을 드러내는 일을 꺼려한다고 해서 그를 비난한다면 그는 자신을 열어보이기 더 어려워할 것이다. 친밀감은 비판적이 아니라 용납하는 태도 속에서 성장한다. 그것이 성적이든, 감정적이든, 지적이든, 다른 어떤 종류의 친밀감이든지 간에, 당신이 억지로 생겨나도록 할 수는 없는 것이다. 친밀감은 마치 화초와 같아서 적절한 공기와 조건하에서 잘 자란다.

따로 또 같이

부부의 친밀감에 있어서 한 가지 더 깊이 이해해야 할 아주 중요한 사실이 있다. 그것은 친밀감이 당신의 개성을 파괴해서는 안 된다는 것이다. 남자와 여자가 한 몸을 이룬다고 하더라도 그들 각자는 한 개인으로서 존재한다. 당신들이 부부로서 함께 성장할 때, 다른 한편으로는 한 개인으로서 성장할 수 있는 자유가 있어야 한다. 건설적인 친밀감은 아무리 많이 얻는다 하더라도 지나치지 않지만 당신은 친밀감 때문에 상대방을 억압하고 상대의 자유를 부인할 수도 있다.

앤드류 그릴리는 다음과 같이 부부가 너무 가까워지는 것에 대해 경고하고 있다.

"결혼 생활을 하면서 숨이 막힐 정도의 친밀감 속에 갇혀 있을 수도 있다. 그것은 축축하고 습한 여름날이나 심한 겨울의 혹한을 꼼짝없이 견뎌야만 하는 상태와 같을지도 모른다. 그것은 솔직히 말하자면 사로잡혀 있는 것과 마찬가지여서 당신은 그것을 즐길 수도 없고, 피해 도망칠 수도 없다. 그 관계는 복잡하게 얽히고 설키고, 미묘하고, 강력하며, 많은 것을 요구한다. 물론 경우에 따라

보답이 있을 수도 있다."[3]

그러므로 당신은 친밀감을 추구하면서 한편으로는 서로 각자 성장하는 데 필요한 개인적 자유를 지켜 줄 필요가 있다. 그리고 당신 개인의 삶을 잘 가꾸어 간다면, 그것으로 인해 삶을 나눌 때마다 서로에게 풍요로움을 안겨다 줄 수 있을 것이다. 친밀함은 억압이 아니라, 연합에 의해서 생겨난다. 친밀감이 지나치게 억압적이라면 당신은 좀더 강렬하게 휘말려들기 전에 조금 뒤로 물러설 필요가 있다.

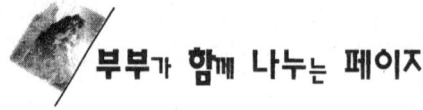 부부가 함께 나누는 페이지 ·······················

우리의 친밀한 경험 살피기

다음에 나오는 질문들을 읽고 먼저 당신이 생각하는 답을 고른 뒤에 그것에 관해 함께 토론하라.

주의: 이것은 당신이 이번 장을 얼마나 이해했는지 알아보는 시험이 아니다. 내가 비록 이것에 대해 가르치고 있기는 하지만 당신을 테스트 할 마음은 없다. 대신에 이것은 친밀감에 관한 당신 자신의 태도와 생각을 나눌 수 있는 기회가 될 것이다.

1. 성경이 결혼을 "한 몸"의 관계로서 이야기할 때, 나는 대개 _____을(를) 생각한다.
   a. 성적인 관계
   b. 아이를 가지는 것
   c. 매우 친밀한 관계
   d. 영구적인 관계

2. 내가 친밀감에 대해 생각할 때, 나는 _____을(를) 생각한다(세 가지를 고르시오).
   a. 숲 속을 함께 걷는 것
   b. 서로 비밀을 나누는 것
   c. 육체적 접촉
   d. 다른 사람을 함께 섬기는 것
   e. 오랜 대화

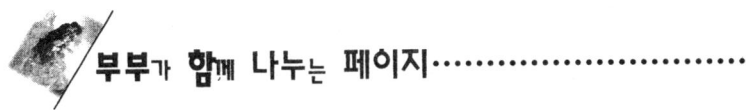
부부가 함께 나누는 페이지

    f. 함께 경기하는 것
    g. 상대가 말하기 전에 그가 생각하고 있는 것을 아는 것

3. 친밀해지기 어려운 이유들은 다음과 같다.
    a. 당신이 받아들여질지 두렵다
    b. 사람들은 너무나 바쁘다
    c. 사람들이 정말 그것을 원하지는 않는다
    d. 사람들은 자신이 성장해 온 방식 때문에 그들 자신을 알리는 것을 어려워한다
    e. 우리의 독립적인 태도
    f. 우리 자신의 본질을 잃어버릴 것 같아서 두렵다
    g. 어떤 이에 의해 지배당할 것 같아서 두렵다

4. 내가 만일 우리 자신의 의사 소통 친밀감(communication intimacy)에 있어서 발전하기 원하는 영역들을 고른다면, 다음과 같을 것이다.
    a. 우리가 기분이 좋을 때 우리의 느낌이 어떠한지 나누는 것
    b. 우리가 기분이 언짢거나 혼란스러울 때 우리의 느낌이 어떠한지 나누는 것
    c. 생각을 나누는 것
    d. 내면적인 생각을 나누는 것
    e. 어떠한 것에 관해서든지 어쨌든 많이 이야기하는 것
    f. 낭만적인 말을 나누는 것
    g. 영적인 것에 관해 이야기 나누는 것

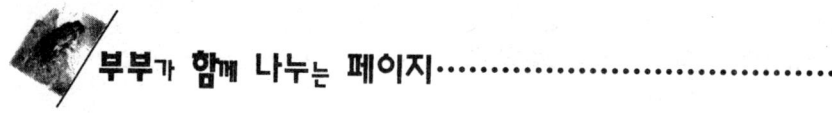

h. 우리의 과거에 일어났던 것에 대해 이야기하는 것

5. 내가 만일 우리의 교제의 친밀감에서 성장하기를 원하는 영역들을 고른다면, 다음과 같을 것이다(두 가지를 고르시오).
   a. 함께 경기하기
   b. 육체적 접촉
   c. 함께 다른 사람들/하나님을 섬기기
   d. 어떠한 것을 함께 창작하기(예를 들면, 취미 생활)
   f. 함께 일하기
   g. 음악, 예술, 또는 다른 아름다운 것들을 함께 감사함으로 나누기

두 개의 반쪽으로 완전한 하나를 이루기
우리가 서로 다르기 때문에 얻을 수 있는 유익함

마치 자물쇠가 열쇠를 필요로 하듯
부부는 그 모습 그대로의 상대방이 필요하다.

4. 두 개의 반쪽으로 완전한 하나를 이루기

우리가 서로 다르기 때문에 얻을 수 있는 유익함

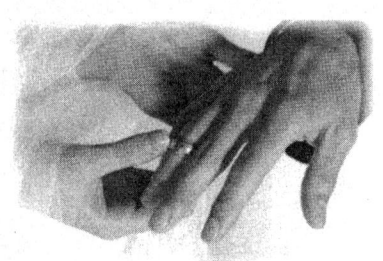

우리는 서로 너무나 다르면서도 잘 어울리는 것을 흔히 볼 수 있다. 복숭아와 크림, 바이올린과 활, 말과 마차처럼 말이다. 이러한 것 중에 어떤 것들, 특히 자물쇠와 열쇠, 그리고 바이올린과 바이올린의 활 등은 결혼을 상징하는 예로서 사용되어져 왔다.

성경은 결혼 생활의 하나됨이 정반대의 사람들이 연합함으로써 생겨나는 것이라는 사실을 명백히 밝히고 있다. 결혼은 두 개의 반쪽이 만나 하나의 전체를 이루는 것이다. 그리고 그 반쪽들의 일부분이 서로 다르기 때문에 함께 완전한 하나를 이룰 수 있다. 하나님께서 아담을 위하여 여자를 창조하셨을 때에 아담이 "내 뼈 중의 뼈요 살 중의 살이라"라고 말한 것과 같이 그녀의 일부분은 그와 같았다. 그러나 또한 그녀는 그와 달랐기 때문에 "돕는(적합한) 배필"이 될 자격이 있었다. "적합하다(suitable)"는 말은 그녀가 그와는 정반대였다는 의미이다. 아담의 반대 성(性)인 여성이었으므로, 그녀는 남성인 아담과 짝을 이룰 수 있었던 것이었다.

흥미롭게도, 하나님께서는 아담이 그의 외로움을 극복하도록 돕는 자를 만드셨을 때, 또 다른 남자를 만들려고 하시지 않으셨다. 의심할 여지없이 그 주요 원인은 생물학적인 것이었다. 하나님께서는 이 땅에 인류를 번성시킬 첫 쌍(부부)을 원하셨다. 그러나 남성과 여성이 구분되는 데에는 생물학적인 요인 외에 다른 어떤 것이 있다.

인류가 온전한 인간이 되기 위해서는 반드시 두 가지 성이 있어야 하기 때문에 하나님께서는 남성을 위한 여성을 만드신 것이다. 그래서 저명한 신학자인 칼 바르트(Karl Barth)는 심지어 사람이 하나님의 형상이 되기 위해서는 남성과 여성 두 가지 성이 모두 되어야 할 필요가 있다는 결론을 내리기까지 했다. 그는 창세기 1:27 말씀을 언급했는데, 이 말씀에는 하나님의 형상에 대한 사상이 남성적인 것과 여성적인 것 모두에 관련되어 있다. "하나님이 자기 형상 곧 하나님의 형상대로 사람을 창조하시되 남자와 여자를 창조하시고."

그러나 바르트의 견해는 아마도 틀린 것 같다. 왜냐하면 어떠한 사람이든지 한 쌍이 아니라 개인으로서 하나님의 형상대로 존재하기 때문이다. 그러나 생식의 목적을 떠나서 하나님께서 남성과 여성을 구분하신 데에는 어떤 이유가 있다고 여겨진다. 남자와 여자, 그리고 그 둘의 차이점은 인류를 온전히 인식하는 데 도움을 준다. 남자와 여자가 하나가 될 수 있는 이유도 바로 이러한 차이점들 때문이다. 그러므로 결혼은 서로 다른 두 사람의 조화이다.

그는 '이상한 사람'이 아니라 나와 다른 사람일 뿐이다

이러한 결혼관은 각자가 상대방의 다른 점들을 받아들이는 법을 배워야 한다는 점을 알려준다. 나 자신과 다른 한 사람을 완전히 받아들이고 안다는 것은 결혼의 큰 기쁨 중의 하나이다.

서로 닮지 않은 모습 때문에 멀어지는 일은 너무나 흔한데, 이는 부부 중 한 사람이 상대방을 그 자신의 모습 그대로 존재하도록 허용하지 않기 때문이다. 한 사람이 지배하기 시작할 때, 다른 한 사람은 위협을 느끼고 압도당하게 된다. 다음의 오래된 농담이 묘사하는 것처럼 이런 일은 자주 일어난다. "결혼식을 끝낸 부부가 새 출발의 행진을 할 때, 누군가 말한다. '그들은 지금 하나야. 그렇지만 그들이 어느 쪽 사람이 되었는지 아는 것은 시간 문제지.'" 그러나 진정한 하나됨은 두 사람의 결합이지, 어느 한 사람이 소멸되는 것이 아니다.

우리는 상대방의 다른 점들을 거부하기 쉽다. 쉽게 서로와 합칠 수는 있지만, 상대방이 가지고 있는 장점이 우리 두 사람 모두를 위한 장점이라는 사실을 인식하는 데는 실패하는 것이다.

때때로 부부들은 두 사람 중 누가 일상의 세세한 일들을 잘 기억하는지에 대해 말싸움을 벌이기도 한다. "그건 목요일에 일어났었던 일이에요." 아내가 말한다. "나는 그게 당신 생일 이후였다는 것을 분명히 기억하는데 당신 생일은 수요일이었잖아요." 그러면 남편은 "아니야."라며 반론한다. "그 날은 금요일이었어. 그건 내가 프레드(Fred)와 골프하러 가기 바로 전날이었다구." 경쟁은 우호적일 때도 있지만, 흔히 비판적이고 파괴적인 것이 되기 쉽다.

당신은 이런 차이점들이 당신을 거슬리지 않고 오히려 이롭게 작용하게 만들 수 있다. 우리가 결혼한 지 얼마 되지 않았을 때 나는 일상 속에서 일어나는 사소한 일들에 대한 기억력이 진저가 나보다 훨씬 뛰어나다는 것을 알았다. 결혼하고 처음 몇 해 동안은 경쟁해 보기도 했지만, 나는 곧 그것이 별 의미없는 일이라는 것을 알았다. 백에 구십 팔 번은 그녀가 옳았기 때문이다. 이제 나는 그녀의 이러한 장점들을 높이 평가하고 있다. 예를 들어, 우리가 소파를 집밖으로 운반해야 할 일이 있다면 언제든지 나는 그녀에게 도움을 요청한다. 그녀는 대개 어느 문으로 그것을 운반했었는지, 그리고 심지어는 어떻게 우리가 그것을 돌려 출입구를 통과했었는지까지 기억한다.

나는 우리가 서로 다르다는 사실에 적절하게 대처한다면, 그것들을 통하여 우리의 결혼 생활을 더욱 더 훌륭하게 만들 수 있다는 것을 배웠다.

나와 다르기 때문에 사랑한다

우리의 다른 점들은 서로를 사랑하고 보살필 수 있는 기회들을 많이 제공한다. 서로를 위해서 할 수 있는 가장 상냥한 일 중의 하나가 바로 서로를 남자와 여자로서 이해하는 것이다.

진저는 내게 그녀가 가진 여성적인 특징들 때문에 결혼 초기에 얼마나 힘들었는지 이야기해 준 적이 있었다. 처음에 그녀는 매달 찾아오는 월경 주기 때문에 생기는 자신의 정기적인 우울증을 내가 이해하지 못할 것이라고 생각하여 두려워했었다. 그녀는 그 기간 동안 나를 피하면서 자신의 침울한 상태를 감추려고 노력했다. 그렇지만 마음속으로는 나에게 자신의 상태를 설명하고 싶어했으며 내가 그녀를 편안히 해 주기를 갈망했었다. 그러나 그녀는 거절을 두려워했고 나를 두려워한다는 사실을 드러내게 될까 봐 내면적인 침울함을 혼자서 간직하고 있었다.

그러던 어느 날 그녀는 용기를 내서 그녀가 어떻게 느끼고 있는지에 대해 나와 이야기를 나누었다. 나는 그녀에게 거칠게 대하는 대신에, 그녀를 이해한다고 말해 주었다. 이제 그녀는 나에게 이렇게 도움을 요청하는 것이 얼마나 위안이 되는지 말한다. "정말 기분이 우울해요. 당신 어깨에 기대어 울어도 될까요?" 나는 이러한 선택들이 그녀에게 내 사랑을 보여 줄 수 있는 기회라고 생각한다 — 다시 말하자면, 우리는 서로 다르지만 내가 그녀의 다른 점을 용납한다는 것을 보여줄 수 있는 것이다.

서로 다른 점들이 만나 진정한 하나를 이룬다

서로 다른 두 존재가 하나가 된다는 것은 또한 자기 자신을 주장하는 것을 두려워해서는 안 된다는 것을 의미한다. 완전한 하나를 이루려면 두 부분이 각각 자신의 모습 그대로 존재해야만 한다. 마치 자물쇠가 열쇠를 필요로 하듯 각자는 그 모습 그대로의 상대방이 필요하다. 이것은 특히 남자의 성이 여성의 성적 반응에 의존하고, 그리고 여성도 남성에게 의존한다는 성적인 차원에서 볼 때 사실이다.

한 사람에게 다른 한 사람이 필요하다는 것은 그 밖의 다른 여러 가지 차원에서도 사실이다. 그러므로 한 신학자는 결혼에 대해 다음과 같이 말한다. "하나 더하기 하나는 셋이다." 각자가 결혼할 때 자신의 장점을 가지고 오기 때문에 당신이 자기 자신을 주장한다면 당신은 전체를 강화하는 것이 된다. 그러나 만일 당신이 당신 자신을 주장하기 주저한다면, 두 사람의 결혼 생활에 있어서 중요한 부분들을 놓치게 될 수도 있다.

때때로 우리는 충돌을 두려워해서 또는 거절당할까 봐 자신을 주장하지 못한다. 아니면 종종 우리는 자신의 몫을 감당하는 데에 다소 지친 나머지 그것을 주저한다. 우리는 상대방이 지나치게 의존적인 사람이 아니기를 바란다. 또 어떤 경우에는 자신의 책임을 회피할 때도 있는데 이것이 큰 문제를 야기하기도 한다. 왜냐하면 두 사람이 처음에 서로의 다른 점들에 이끌려 사랑에 빠지기 때문이다.

우리는 사람들이 종종 심리적으로 자신과 정반대의 사람하고 결혼한다는 것을 알고 있다. 사교적인 사람들은 종종 사회적으로 조용한 사람들과 결혼하고, 아주 잘 훈련된 남자나 여자는 제대로 훈련되지 않은 사람과 결혼할 때가 많다. 그 이유는 명백하다. 한 쪽이 다른 한 쪽을 도와주게 되기 때문이다.

예를 들어, 여자가 우울한 성향이 있고 남자가 쾌활한 사람이라면, 그는 그녀가 침체된 분위기를 극복하도록 도울 것이다. 그녀에게 우울증이 찾아왔을 때에, 그녀는 기숙사 방에 앉아서 어떻게 이 우울한 밤을 견뎌낼 수 있을까 생각한다. 그러다가 그녀는 그가 콧노래를 부르며 걸어 내려오는 소리를 듣고 슬픈 마음이 사라지기 시작한다.

문 앞에서 그를 만났을 때, 그녀는 "오늘밤 나는 정말 우울해요" 하고 말한다. 하지만 그렇다고 그가 당황하지는 않았다. 그는 그녀에게 춤을 추자고 청하고, 그들은 유쾌한 밤을 보내기 위해 나갔으며, 그 덕분에 그녀는 웃으면서 기숙사로 돌아올 수 있었다. 그녀가 얼마나 그런 그를 사랑하겠는가. 그녀에게 있어서 그와 같은 사람은 없을 것이며, 그는 그녀의 삶에 행복을 안겨다 주었다.

그들 간의 상호 작용의 패턴은 다음과 같다.

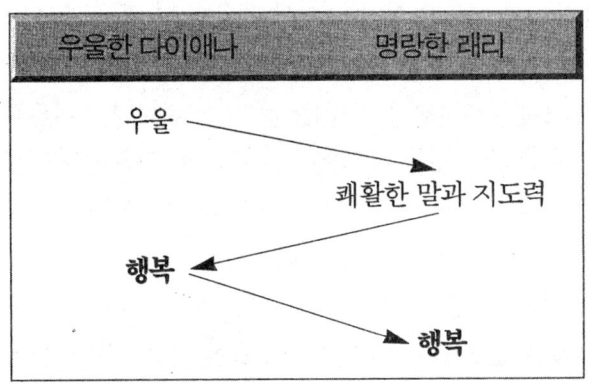

그런데 슬프게도 결혼은 개개인이 가진 반대 성향이 서로를 자극하도록 바꾸어 버릴 수도 있다. 상대방의 특징에 대한 응답과 반응이 변한다. 상대방이 여전히 자신의 모습을 가지고 있는 것을 보고 분개하기 시작하는 것이다. 다시 말해 상대방을 사랑하게 만들었던 요소들이 이제는 거꾸로 우리를 화나게 만드는 것이다.

다이애나와 래리의 예를 들어보자. 결혼 후에 래리는 귀가 후에 이

번 주 들어 벌써 네 번이나 우울한 상태에 빠져있는 다이애나를 발견한다. 이제 래리는 그녀를 그런 상태에서 구출하는 데 지쳐 있다. 그래서 이번에는 적대감을 가지고 다이애나에게 반응한다.

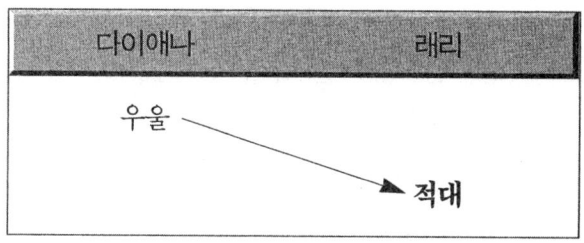

이제 다이애나는 자신이 결혼했던 남자가 아닌, 너무도 달라진 남편에게 반응한다. 물론 이전에도 남편이 그녀의 우울에 대해 적대감을 표현할 가능성이 있었지만 전에는 결코 그런 식으로 반응한 적이 없었다. 그래서 그녀는 적대적인 사람에게 자신의 방식으로 반응한다. 혼자 물러나서 욕실에 들어가 문을 잠그는 것이다.

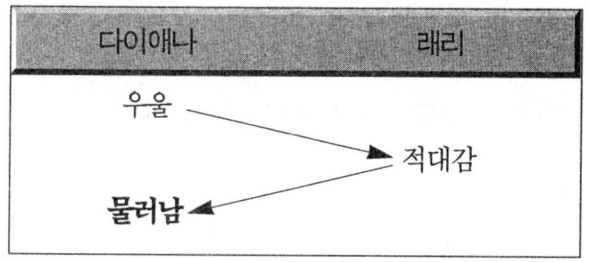

이제 래리가 반응할 차례이다. 사람들이 그를 피할 때, 그는 상대방에게 똑같이 해 주는 사람이다. 그는 밖으로 나가 오토바이를 타고 두 시간 동안 돌아다닌다.

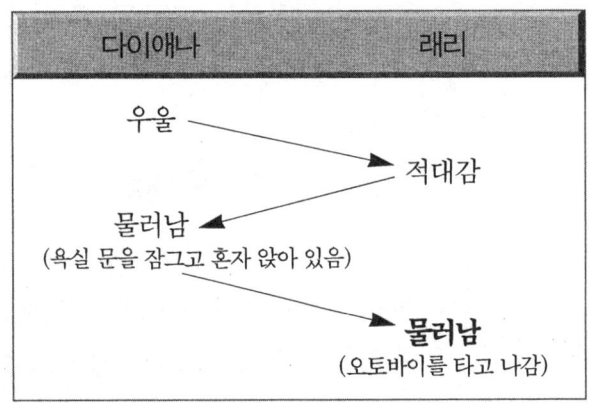

사람들이 그녀를 피해서 갈 때, 다이애나는 그들의 마음을 돌리기 위해 기를 쓰고 노력하는 사람이다. 그래서 그녀는 계속해서 관계를 회복시키고 멀어진 남편을 자신의 영역 안으로 끌어들이려고 안간힘을 쓴다. 그렇게 수 개월 동안 노력했지만 결국 그녀는 좌절한다. 좌절감에 빠졌을 때 그녀는 그것을 많이 먹는 것으로 해소했고, 결국 그녀는 체중이 불어나게 된다. 이제 반응 양식은 다음과 같이 되었다.

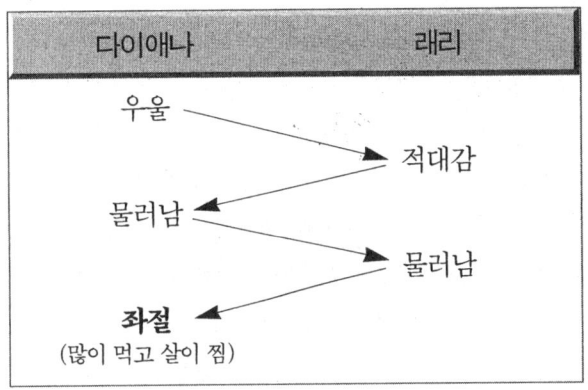

이제 쾌활한 성격의 소유자였던 래리가 반응을 보일 것이다. 그는 그녀의 살찐 모습을 보고 삶의 기쁨을 잃고 우울한 상태에 놓인다.

이리하여,

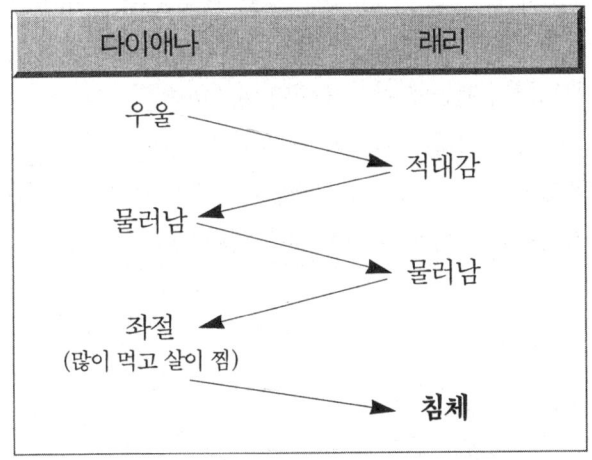

그리고 래리가 침체되어 있는 것을 본 다이애나 역시 우울해진다. 마침내, 이 반응 양식은 우울한 관계 속에 있는 우울한 두 사람과 함께 끝이 난다.

이런 경우를 당할 때 래리는 자신이 우울증으로 고통당하고 있는 아내와 계속해서 함께 살아가야 한다는 사실을 인식해야 한다. 그녀를 돕는 대신 적대감으로 아내의 반응의 방향을 바꾸어 버린 것이 그들의 관계를 얼마나 손상시켰는가. 그는 아내와 자신의 차이점들을 용납하고 자신의 쾌활한 기질을 드러낼 필요가 있다. 물론 다이애나가 자신의 침울한 기분을 극복하기 위해 래리에게만 의존해서도 안 되지만, 그녀에게는 래리의 적대적인 반응이 아니라 계속적인 이해와 기쁨을 주는 모습이 필요하다.

이런 모습으로 서로 반응하는 부부는 너무도 흔하다. 결혼 전에는 당연하게 용납했던 차이점들이 결혼 후에는 더 이상 참을 수 없는 것으로 변해 버렸기 때문에 이런 문제가 발생하는 것이다.

그러나 결혼은 서로 구별되는 두 사람의 연합을 기초로 세워진 것이다. 결혼해서 산다는 것은 다행스럽게도 그리고 때로는 고통스럽게도 우리 자신과는 다른 이와 사는 것을 의미한다.

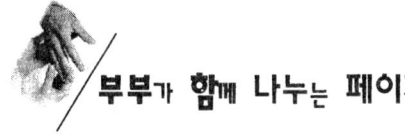 부부가 함께 나누는 페이지

우리의 다른 점과 그것들이 빚어내는 차이를 토론하기

"와! 당신은 뭔가 다르군요"라는 말의 교환:

1. 당신과 배우자가 다른 점 중에 당신이 정말로 좋아하는 것 다섯 가지를 찾아 목록을 만들라.

   (1)_____
   _____
   _____

   (2)_____
   _____
   _____

   (3)_____
   _____
   _____

   (4)_____
   _____
   _____

   (5)_____
   _____
   _____

2. 각자가 한번에 하나씩 서로와 이야기 나누라.

부부가 함께 나누는 페이지..................................

남성-여성의 다른 점들

1. 당신은 자신이 남성이기 때문에 또는 여성이기 때문에 상대가 자기와는 다르다고 여기는 몇 가지 사항들이 있을 것이다. 당신은 신체적인 차이(남녀가 신체적으로 다르다는 것은 멋진 일이지만)는 제외하고, 남녀간에 많은 다른 점들이 있다는 것을 인정하지 않을지도 모른다. 그러나 중요한 것은 서로를 도와 서로가 어떤 사람인지 좀더 알게 하는 일이다. 예를 들어, 여성으로서 당신이 매달 찾아오는 생리기간 동안 특별히 우울함을 느낀다면, 당신의 감정 상태가 어떻고 왜 그런지 남편이 이해해 주기를 원할 것이다.
2. 각자가 한번에 하나씩 서로와 이야기하라.

기질적인 통일:

다음에 설명해 놓은 각각의 기질들을 살펴보고 이 특징 속에서 당신들 두 사람 사이의 차이점을 찾을 수 있는가 살펴보라. 그리고 나서 그 다른 점이 그 분야에서 서로의 성격을 조화시키는지 또는 화의 근원이 되는지를 토론하라.

명랑하고 즐거운 태도를 지녔다.
침울하고 우울해지는 경향이 있다.
잘 훈련되어 있다.
다소 태평한 성격이며, 자신을 통제하는 데에 어려움을 느낀다.
다른 사람들에 대해 잘 참아 준다.

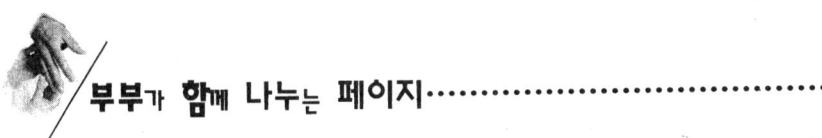 부부가 함께 나누는 페이지

사교적이어서 많은 시간을 다른 사람들과 보내기 좋아한다.
소극적인 편이어서, 혼자서 좋은 책을 읽거나 그밖에 다른 것을 하는 것을 좋아한다.
자신의 생각과 감정을 아주 잘 표현한다.
자신의 느낌과 내면의 생각을 나누는 것을 좀 꺼리는 편이다.
일을 완수하는 데에 매우 적극적이다 — 지도자 형.
다소 느긋한 편이고, 일을 끝마치려고 서두르지 않는다 — 추종자 형.

5

결혼, 현실인가 환상인가
자신의 참모습을 드러내기

많은 관계들이 가짜이다. 우리는
자신이 어떤 사람인지 드러내기 두려워하며
자신의 참 자아를 숨긴다.

5. 결혼, 현실인가 환상인가

자신의 참모습을 드러내기

눈을 감으면, 나는 지금도 생생하게 그녀의 얼굴이 떠오르고 그녀의 말이 귓가에 들린다. 내 앞에 서 있던 그 젊은 여대생은 그 때 막 자신의 아버지가 갑자기 돌아가셨다는 말을 전해 들었었다. 우리는 로스앤젤레스 근교의 산에서 열린 여름 캠프 중이었다. 나는 캠프의 그 주간 강사였는데, 전화를 통해 전해진 그 좋지 않은 소식을 전하려고 그녀를 만났던 목사와 함께 가 달라는 요청을 받았었다. 그녀가 슬픔에 잠겨 우는 동안 우리는 곁에 서 있었다. 잠시 후 그녀는 마음의 평정을 되찾았다. 그리고 이제까지 그녀의 마음 깊은 곳에 자리하고 있던 후회를 말로 표현했다. "아버지, 우리 아버지! 저는 아버지를 제대로 안 적이 한 번도 없었어요."

얼마나 비극적인 일인가. 딸은 당연히 자신의 아버지를 알 권리가 있다. 그러나 많은 경우에 사람들은 서로에게 자신을 숨긴다―가정 생활 속에서 그리고 결혼 생활 속에서.

"아놀드(Arnold), 당신은 정말로 훌륭한 남편이에요." 어떤 아내가 말했다. "그렇지만 나는 당신이 정말로 어떤 사람일까를 생각하지 않을 수 없어요."

많은 관계들이 가짜이다. 우리는 자신이 어떤 사람인지 드러내기를 두려워하며, 자신의 참 자아를 숨긴다.

대부분의 사람들이 자신들에게는 결혼이 다를 것이라고 믿으며 결혼 생활로 들어간다. 어쨌든 그들의 의사소통은 드라마틱했기 때문이다. 내가 가르치는 학생 중의 하나가 약혼을 했는데, 그는 자신이 최근에 발전시킨 관계를 두고 불가사의하다고 말했다. "사실 저는 그녀의 마음을 읽을 수 있어요. 그녀는 내 앞에 가만히 앉아서 내가 무언가 말하면 너무나 놀라면서 이렇게 말할 거예요 '저도 바로 그렇게 생각했어요.' 라고 말이죠."

그렇지만 비록 깊이 사랑에 빠진 사람들이라 하더라도 제대로 의사소통하기는 쉽지 않다. "나는 한 섬에 살고 있다. 그리고 그는 또 다른 한 섬에 살고 있다. 그런데 우리 중 어느 누구도 수영을 할 수 없다." 어떤 사람이 많은 사람들이 느끼는 좌절감을 표현하며 이렇게 빈정거렸다.

이것은 우리가 친밀해지는 것을 두려워하는 데에 부분적인 원인이 있다. 우리는 자기 자신을 드러내는 것이 매우 귀찮기 때문에 그렇게 하기를 겁낸다. 또 자신이 거절당할 것이라 생각하고 두려워한다. 그렇지 않으면 언젠가 우리가 말하거나 고백한 것으로 인해 곤경에 빠지게 될까 봐 걱정한다.

자기를 드러낸다는 것은…

자신을 드러내는 일은 부부가 일생의 반려자로서 함께 살아가는 데 있어서 기본적인 일이다. 우리는 자신의 두려움을 극복하는 것과 동시에 서로가 자신을 표현하고 자신의 모습 그대로 존재하는 것을 편안하게 생각해야 한다.

자기를 드러낸다는 것: 폐에서 혀로의 무조건 반사가 아니다

자기 표출(자기개방)이란 말은 오늘날 닳아빠진 말처럼 여겨지기 때문에 나는 그 의미를 조심스럽게 사용하고자 한다. 내가 사용하는 자기 표출이란 말은 충동적인 것을 의미하지는 않는다. 때때로 부부들은 결혼 생활에서 어떤 것이든지 마음에 떠오르는 모든 생각들을 입밖에 내야 한다고 생각하는데, 그런 사람들은 자연스러운 것을 충동적인 것과 혼동하는 것이다.

어떤 사람들은 자신의 충동적인 행동을 정당화하려고 정직의 개념을 이용한다. 그 예로 존 맥켄로우(John McEnroe)가 1981년에 윔블던(Wimbledon) 경기에서 한 일을 들 수 있다. 그가 자신의 입장(admission) 문제 때문에 테니스 코트에서 속이 뒤집힐 수는 있었을 것이다. 그렇지만 「뉴스위크」지(Newsweek)와 다수의 리포터들은 그가 격렬하게 화를 내고 뭐라고 변명할 수 없을 정도로 무례하게 행동한 것에 대해 비판했다. 나중에 자신이 저지른 행동에 대한 질문을 받았을 때, 그는 자신이 솔직한 사람이기 때문이라고 변명했다. "나는 위선자가 아닙니다. 사람들은 내가 당한 상황에 대해 압니다. 나는 우리가 서로 겉치레를 벗어버리고 정직해야 한다고 믿습니다."

그렇지만 그는 자신의 감정을 통제하지 못하고 폭발시켰기 때문에 벌금을 물었으며 혹독한 비난을 받았다. 그는 한 심판에게 심판 자격이 없는 바보라고 했으며, 또 다른 심판에게는 인종적 편견을 가지고 있다고 비난했다. 그러한 모욕적인 언사로 울분을 푸는 행위가 솔직하다는 말로 정당화되어서는 안될 것이다. 진실(authenticity)이라는 담요는 폭력적인 말과 충동적인 행위를 덮는 데 사용될 수 없다.

삶에 대해 진정으로 그리고 열정적으로 반응할 때 일어나는 느낌과 생각들을 자유롭게 나눌 줄 아는 사람, 즉 자연스럽게 자기를 표현하는 사람과 함께하는 것은 즐거운 일이다. 그렇지만 그런 사람이라 할지라도 자신의 말을 제어하는 법을 배워야 한다. 야고보 사도는, 혀를 다스리는 것은 성숙한 그리스도인의 표시라고 하였다. 그리고 바울 사도는 우리에게 다른 이들에게 덕을 세우는 데 합당한 말을 하라고 주의를 준다(엡 4:29).

사회과학자들의 이론에 따르면, 자기 표출이란 명목하에 "폐에서 혀로" 충동적으로 말을 내뱉는 사람은 대개 친구가 별로 없다고 한다. 당신은 정직한 결혼 생활을 원하겠지만, 충동적인 투명함(솔직함)이 언제나 사랑스러운 것은 아니라는 것을 알게 될 것이다. 로렌스 크랩(Lawrence Crabb)은 이것에 대해 다음과 같이 경고하고 있다.

만일 사람들에게 친밀한 관계가 무엇인지 정의하라고 하면, 감각적인 것에 비중을 두고 있는 문화 속에 사는 우리들 대부분은 '자신들이 생각하는 모든 것을 나눌 수 있는 관계'라고 대답할 것이다. ……그러나 상호 협력으로 이루어진 관계라 할지라도 어느 한쪽이 자신의 생각을 나누지 않겠다고 결정하는 때도 있을 것이다. ……왜냐하면 자신의 생각이나 느낌을 간직하고 있는 편이 하나님의 목적을 이루는 일이라고 생각하기 때문이다. ……침체 상태에 빠진 남편이라도 자신의 아내가 세 아이와 지저분한 집 때문에 중압감을 느끼고 속을 끓이고 있다면 자신의 침울한 기분을 뒷전으로 미루어야만 할 것이다.[1]

자기를 드러낸다는 것: 완전한 벌거숭이가 아니다

나 역시 자기 표출을 "심리적인 벌거숭이 상태"로 정의하고 싶지 않다. 우리 자신과 우리가 생각하는 것을 무엇이든지 전부 말해야 한다는 의도는 좋지만, 너무 과하게 또는 너무 급속도로 진행되어서는 안 될 것이다. 충동적으로 자신을 드러낸다면, 즉 나누고자 하는 충동이 고독에 빠질까 봐 걱정하는 것에 바탕을 둔 것이라면 그러한 자기 표출은 지나친 것이다.

우리 모두는 비록 다른 사람과 나눌 수 없는 어떤 지식, 생각들, 그리고 경험들을 가지고 있다 하더라도 내적인 평안을 누리는 법을 배워야 한다. 죽음은 다른 어떤 경험보다도 개인적인 것이다. 어떠한 반려자도 그런 사건을 전적으로 함께 나눌 수는 없다(하지만 그러한 때에도 하나님께서는 우리와 함께하고 계심을 감사하라).

우리는 사랑하는 사람과 나눌 수 없는 것들이 있을 수 있다는 사실을 받아들여야 한다. 그러나 이 말을 우리가 나눌 수 있고 나눠야 하는 모든 것들까지도 나눠서는 안 된다는 의미로는 해석하지 말라.

일찍이 내가 들었던 아름다운 사랑 이야기 중의 하나는 찰리 쉐드(Charlie Shedd)가 들려 준 이야기이다. 몇 시간 동안 그는 회상할 수 있는 모든 경험, 모든 생각, 모든 느낌들이 포함된 긴 자서전을 썼다.

그 후에 기차 여행을 하게 되었을 때 그는 자기 아내 옆에 앉아서, 자신이 가진 용기를 모두 불러모아 자신의 옷가방에서 그 종이뭉치를 꺼내어 그녀에게 건네 주었다. 그것을 한 장 한 장 읽어 내려가는 그녀의 눈에 그 동안 결코 다른 사람에게는 드러나지 않았던 그의 모습이 비쳤다. 모든 가면, 기만, 인간의 허식을 벗은 그의 모습이 노출되는 동안 그는 조용히 그녀의 옆에 앉아 있었다. 그녀는 마지막 장을 다 읽자, 온화하고 너그러운 눈빛으로 그를 바라보며 말했다. "찰리, 사랑해요."

많은 부부들이 이렇게 드물고 철저한 자기 표출의 길을 선택하려고 하지는 않는다. 뿐만 아니라 이렇게 철저한 자기 표출을 극복할 수 있는 부부 관계도 많지 않다. 다만 나는 쉐드가 이 이야기를 통해 결혼 생활의 중요한 목표가 무엇인지를 말하고 있다는 것을 알 수 있다. 그것은 자신이 어떤 사람인지 계속적으로 드러내는 것이다.

자기를 드러내는 것은 '독특한 당신'을 나누는 것이다

결혼 생활에서 자기를 드러내는 것은 당신의 은밀한 감정, 내면의 생각, 그리고 희망을 나누는 것을 의미한다. 간단히 말해, '독특한 당신'을 나누는 것이다. 커뮤니케이션 전문가인 존 포웰(John Powell)은 만일 당신이 자신의 내적인 감정의 세계를 나누지 않는다면 진짜 당신 자신을 나누는 것이 아니라고 말한다.

만일 당신이 "나는 전쟁을 반대해요"라는 의견을 낸다면 그 말 자체에는 독특함이 전혀 없다. 그렇지만 전쟁에 대한 당신의 생각이 어떠한지와 당신으로 하여금 그런 입장을 취하도록 만든 삶의 계기들을 이야기한다면, 그것은 당신의 독특한 것을 나누고 있는 것이다.

예를 들어, 나는 당신에게 내 아내 진저를 사랑한다고 말할 수 있다. 그 말은 소풍가서 먹는 삶은 달걀처럼 신선한 것이다. 그리고 나서 내가 내적 자아로부터 어떤 느낌을 한 국자 퍼 올려 나눈다면, 좀더 내 자신을 나누는 것이 될 것이다.

나는 그녀에 대한 나의 느낌을 색깔에 비유해 설명할 수 있다. 나는 때때로 그녀를 생각할 때나 그녀 주변에 있을 때 노란색을 바라보고 있는 것과 비슷한 느낌이 든다. 그녀는 밝고 명랑하며 낙천주의자이고 밝은 면을 바라본다. 그녀와 함께 있을 때, 나는 햇살이 가득 비치는 방에 있는 것 같은 느낌을 받을 때도 있다. 나는 또한 그녀를 짙은 청색 또는 심지어 오렌지색으로 느끼기도 한다. 이러한 색조들은 내가 그녀와 함께 어둠침침한 방에 은밀히 거할 때, 즉 그녀가 내 것이 되고 내가 그녀의 것이 될 때 느끼는 감정의 색깔들이다.

우리는 때때로 둘만의 은밀한 시간을 보내는데, 강력한 자석 같은 힘이 우리를 서로에게로 끌어당기는 것을 느낀다. 이로 인해 나는 왜 시인들과 작사가들이 사랑을 묘사할 때 자석과 자기력 같은 말을 비유어로 사용했는지 이해할 수 있다. 나는 그처럼, 초자연적이고 영적인 사랑의 힘이 우리를 둘러싸고 서로가 서로에게로 넘쳐흐르게 되는 극도로 친밀한 순간에 더할 나위 없는 행복을 맛본다.

지금까지 진저에 대해 내가 가지는 느낌과 우리의 관계를 부분적으로 묘사하였다. 알다시피 이러한 말과 감정들은 독특한 것은 아니지만 나의 것들이며, 그것들은 나의 내면의 세계로 가까이 접근하고 있다.

성경에 나오는 사랑가인 아가서에는 내면의 깊숙한 감정을 표현하는 무수한 말들이 있다. 아가서의 저자는 자신의 사모하는 여인을 다음과 같은 말로 묘사한다. "나의 누이 나의 신부야 네가 내 마음을 빼앗았구나 네 눈으로 한 번 보는 것과 네 목의 구슬 한 꿰미로 내 마음을 빼앗았구나"(아 4:9). 구약 성경의 기자들은 종종 그들의 느낌을 비유로 표현한다. 솔로몬이 "네 머리털은 길르앗산 기슭에 누운 무리 염소 같구나"라고 말할 때(아 4:1 하반절), 그는 그녀의 머리결을 묘사하는 것뿐만 아니라 자신의 느낌을 함께 묘사하고 있는 것이다. 그는 자신의 연인과 함께 야외에서 즐기면서 자신의 느낌을 이렇게 묘사하고 있다. "당신의 머리카락을 보고 있노라면 해질녘 쉬는 때에 내 양떼 중 하나를 보는 것과 같이 기분이 상쾌하고 행복하다."

자기 표출은 친밀감과 사랑을 얻는 데 필수 조건이다

이러한 나눔은 친밀감의 본질이다. 라틴어에서 '내부' 또는 '가장 깊숙한 부분'이라는 말에 해당하는 단어는 '친밀하다'는 말의 어원이 된다(intimate<intimus). 이와 같이 친밀해진다는 것은 어떤 이의 내면적인 실체를 파악하는 것을 포함하며, 친밀감을 추구한다는 것은 그 사람의 가슴 깊숙이 자리잡고 있는 속성을 추구하는 것이다.

에리히 프롬(Erich Fromm)은 "사랑은 상대방에게로의 적극적인 침투이다"라고 말했다. 결혼은 깊은 단계에서의 융합이다. 존 포웰에 따르면 우리는 사랑의 행위로서 우리 자신들을 나누고 있는 것이다. 당신이 어떤 이에게 자신을 주고 그들이 당신을 받아들인다면 언제든지,

사랑은 주는 것과 받는 것 모든 면에서 완전하다. 이렇게 사랑의 아름다움은 값없이 주는 것에 있으며, 그것은 돈이 드는 일이 아니다. 세상에서 가장 가난한 사람도 이런 사랑을 소유할 수 있다.

이러한 내적인 나눔의 행위는 처음 사랑에 빠지는 데에 필수적인 요소이다. 새로운 관계가 형성되는 초기의 몇 주 또는 몇 달 동안은 서로를 발견하는 일에 집중하게 된다. 서로가 개인적으로 친밀한 관계를 맺으면 맺을수록 그 관계는 더욱 더 흥미로워질 것이다.

그렇지만 이런 발견의 행위가 종종 중단되기도 한다. 몇 년이 지난 뒤에, 부부들은 종종 이제 서로를 다 안다고 생각하는 실수를 범하게 된다. "나는 마치 책을 읽듯이 내 아내(또는 남편)의 마음을 읽을 수 있지"라고 단정지을 때, 서로를 발견하는 탐험은 끝이 나 버리고, 그로 인해 그 흥미도 사라져 버리고 말 것이다.

친밀감에 관하여 글을 쓴 앤드류 그릴리(Andrew Greeley)는 내가 아주 좋아하는 작가인데, 그는 그 문제를 다음과 같이 지적한다.

"아마도 오늘날 젊은이들의 결혼 준비에서 가장 부족한 것은 어느 누구도 그들에게 삶을 함께하는 것의 경이로움들, 서로를 발견하려는 노력들, 갑작스럽게 그리고 번뜩이며 터져나오는 서로에 대한 이해와 자기 노출과 또, 그렇게 되어야 한다는 사실을 말해 주지 않는 것일 것이다. 새로운 수수께끼들, 애매모호한 것들, 비밀들은 우리가 탐색하고, 탐험하고, 그리고 이해하도록 항상 존재할 것이다. 자신이 아닌 다른 누군가의 인성의 깊숙한 곳을 탐험하는 것은 인간의 행위 중에서 가장 흥분되는 일이며, 그 탐험이 성적인 행위에 의해 강화되고 촉진된다면 사랑만들기는 대모험에서 경험하는 에피소드가 될 것이며, 다른 방도로는 얻을 수 없는 강렬한 기쁨을 맛보게 할 것이다."[2]

혹시 당신은 확신에 찬 목소리로 자신의 배우자를 완벽하게 안다고 말하는 부부들을 보고 우습다고 느낀 적이 있는가? 그들의 확신에 찬 말과는 달리 대개 그들 주변에 있는 모든 사람들은 그들이 서로를 잘 모른다고 느낄 것이다. 그런 말을 하는 사람들은 각자가 수수께끼이며, 결혼이 실타래를 풀듯이 전 인생에 걸쳐 그 사람에 대한 비밀들을 하나씩 하나씩 풀어 나가는 것이라는 것을 깨닫지 못한 사람들이다.

나는 내 아내 진저를 광대한 숲이라고 생각한다. 나는 탐험가이다. 내가 그녀에 대해 발견하면 할수록, 점점 더 나는 그녀가 지닌 영토의 아름다움과 복잡미묘함에 기쁨을 누리게 된다.

자기를 드러내는 기술

자, 그렇다면 당신은 어떻게 더 많은 자기 표출의 기회를 얻을 수 있겠는가?

이미지 문제를 생각하라

어떤 이들, 특히 남성들에게 있어서 감정을 나눈다는 것은 연약함의 표시이다. 사회는 남성에게 자신의 감정을 속으로만 간직하라고 가르친다. 그리고 씩씩한 카우보이와 플레이보이의 이미지를 찬미한다. 존 웨인(John Wayne)은 힘과 침묵 두 가지를 다 갖춘 남성의 상징이었다. 그는 영화 속에서 늘 이렇게 말한다. "저 인디언들은 정말로 나를 우울하게 만들어." 현대의 플레이보이들도 역시 침묵형이다. 그는 여자들을 이용하지만 결코 지나치게 가까이하지 않으며, 여자를 자신의 아파트로 쾌히 받아들이면서도 영혼의 깊숙한 성역까지는 받아들이지 않는다.

거칠고 강한 남성은 자신을 숨기는 방법을 배운다. "울지 마, 남자는 우는 게 아니야, 큰 사람이 되어야지." 하는 말들이 그의 과거로부터 마음속에 메아리쳐 온다. TV에서 죽음의 장면이 나오면 그는 자신의 슬픈 감정을 익살스런 말로 숨긴다. "저 사람이 울고 있는 이유는 자기가 병원비를 물어내야 하기 때문이지."

그러나 인간 예수는, 카우보이나 플레이보이와는 달리, 그의 감정을 나타내시고 표현하시면서, "내 마음이 심히 고민하여 죽게 되었으니"라고 말씀하셨다(마 26:38).

대부분의 남성들은 결혼 생활을 통해 대개 아내의 도움으로 이러한 잘못된 남성상을 극복한다. 그들은 여성이 힘을 원하지만 침묵을 원하는 것은 아니라는 사실을 발견한다. 그녀는 용기를 원하지만 고백을 환영한다. 그녀는 누군가 의지할 사람을 필요로 하지만, 그와 동시에 그녀에게 의지하는 사람을 원한다.

아마도 남성들보다는 여성들이 연약한 사람을 사랑하는 것 같다. 남자가 자신의 약함을 내어 보인다면 그는 그녀가 자신의 인생으로 들어설 수 있도록 문을 열어 주고 있는 것이다. 그러면 그 때 그녀는 들어가 격려하고 위로할 공간을 발견하게 된다. 그렇지만 그것은 일방적인 것이 아닌 양쪽 모두를 위한 일이다. 즉 우리는 서로를 돕기 위해 그리고 좀더 진정한 하나가 되기 위해 서로를 안으로 끌어들일 필요가 있다.

두려움을 극복하라

우리는 대부분 자신을 열어 보이는 것을 무의식적으로 두려워한다. 때때로 우리는 아주 깊숙한 생각을 나누려고 하다가도, 주저하고 뒤로 물러나 버린다. 그것은 참 어려운 일이다. 만일 당신이 그러한 두려움을 표면으로 드러낸다면, 그 두려움이 어떤 것인지 살펴볼 수 있을 것이다. 두려움은 당신 자신의 비밀을 지키려는 데서 비롯되기도 한다. 만일 당신이 자신의 모든 것을 나누면, 자기 자신, 즉 당신의 개성을 잃게 될까 봐 무의식적으로 두려워하고 있는 것이다. 그렇지만 친밀감이 그것을 요구하지 않는다는 사실을 이해한다면 당신은 좀더 쉽게 자신을 열어 보일 수 있을 것이다.

호워드와 샤롯테 클라인벨(Howard and Charlotte Clinebell)은 친밀감의 연합이 언제나 부분적인 것일 뿐이라고 설명한다. 즉 두 사람이 깊이 연합하고자 하는 공유의식이 필요하지만 그것은 그들의 개성이 유지되는 교제를 전제한다는 것이다. 창조적인 친밀감은 개인의 자유, 곧 자기 자신과 상대의 자유를 누릴 권리를 절대적으로 존중한다.

당신은 이 점을 염두에 두고 상대방을 도와야 한다. 우리는 서로에게 지나치게 솔직하기를 요구하거나 상대를 심하게 몰아붙이지 않도록 주의해야 한다. 우리는 마음을 나눌 수 있는 분위기, 자유로운 분위기를 마련해야 한다. 지나친 요구는 마음의 부담을 가중시켜서 자신을 나누는 것을 어렵게 만든다.

자신을 열어 보이는 것의 또 다른 장애물은 개인적인 이야기를 털어놓는 것이 당신에게 불리하게 이용될지도 모른다는 두려움이다. 이것은 내가 결혼 세미나에서 자기 표출의 두려움에 대해 물어 볼 때마다 거의 항상 나오는 이야기이다. 만일 배우자가 당신의 내적인 이야기를 이용해 당신을 공격할 것이라는 두려움을 느낀다면, 당신의 관계는 너무나도 경쟁적인 것이다. 결혼은 사랑의 맺어짐이지 상금이 붙은 시합이 아니다. 그런 방식으로 싸우는 부부가 있다면 그들은 용서하고, 용납하고, 자신의 이익을 구하지 않는 온유한 그리스도를 본받아야 한다. 감정을 나누는 것은 단지 해결해야 하는 문제라기보다는 오히려 결혼 생활에 있어서 존경과 협력에의 기본적 필요인 것이다.

말하는 것에 관해 이야기하라

감정을 나누는 일은 당신들 두 사람 모두를 위한 것이며, 함께 해야 할 일이다. 친밀한 의사소통을 이루는 방법 중 가장 바람직한 일은 그것에 대해 서로 어떻게 생각하고 있는지를 나누는 것이다. 어떤 방식으로 당신의 감정을 나누기를 원하는지, 그리고 왜 당신이 자신을 표출하는 것을 꺼리게 되는지를 토론하라. 그리고 나서 어떻게 지금 상태에서 당신이 발전할 수 있을 것인지에 대해 이야기하라.

당신의 태도에 대해 이야기한다면 도움이 될 것이다. 이야기를 많이 나누게 되느냐 그렇지 않느냐 하는 것은 서로에 대한 태도에 달려 있다. 예를 들면, 자신이 원하는 일을 이야기하는 것은 어렵게 느껴진다. 그러한 이야기들이 종종 배우자로부터 좋지 않은 반응을 불러일으키기 때문이다. "언제 시골에 집을 하나 마련하고 싶어요."라고 자기 생각을 말하는 것이 아마도 아내에게는 어려울 것이다. 이는 그녀가 그런 생각을 나누고 싶지 않아서가 아니라, 그것을 감히 말할 용기가 없기 때문이다. 그녀의 남편은 그 집을 마련할 능력이 없으므로 마음이 상할 수도 있고 또는 그런 말을 하는 것이 그로 하여금 다른 직업을 찾으라는 간접적인 강요처럼 보일 수도 있기 때문이다.

진저와 나의 경우에는 진열장의 물건을 구경하며 다니는 일이 늘 문제가 되었다. 진열장 앞에 서면, 그녀는 "저걸 우리 복도에 놓으면 멋지겠지요." 하고 말하곤 한다. 그러면 나는 가격이 비싸서 그 물건은 결코 우리 복도에 어울리지 않을 것이라는 생각 때문에 냉담한 반응을 보이며 등을 돌렸다. 몇 번이나 나는 이런 반응을 보이며 그녀에게 말했다. "여보, 우리는 그걸 살 여유가 없어요." 그런데 오랜 시간이 지난 후에야 나는 그녀의 말이 그것을 사달라는 요구가 아니라는 것을 알게 되었다. 그녀는 단지 우리 집을 장식하는 상상을 즐기는 것 뿐이었다. 이제 나는 꿈을 나누는 것이 친밀감이 가져다 주는 기쁨 중 하나라는 것을 알고 있으므로, 이 진열장 쇼핑(window shopping) 게임을 하는 일을 함께 즐긴다.

또 다른 경우에서도 역시 자신의 욕구를 밝히는 일은 어렵게 여겨진다. 남편은 자신의 아내가 거절할까 봐 두려워서 그녀에게 관계를 요청하는 것을 꺼릴 수 있다. 또 아내는 남편이 생활비 문제를 들고 나올까 걱정이 되어, 밖에서 저녁을 사먹고 싶다고 말하기를 주저할 것이다.

우리는 서로 의사 소통과 관련된 이러한 종류의 어려움을 해결하기 위해서 노력해야 한다. 우리는 자신의 욕구를 표현하는 것이 옳은지 그렇지 않은지를 함께 의논해야 하며, 서로의 욕구를 어떤 방식으로 거절해야 하는가에 대해서도 함께 이야기해야 할 것이다.

간단히 말하자면, 대화와 관련해서 우리가 가진 문제들과, 우리가 어떻게 진보할 수 있는지에 대해 함께 이야기해야 한다는 것이다.

나누는 데 시간을 들여라

"매일 시간을 들여 기도하라"라는 가사를 지닌 짧은 합창곡이 있다. 우리는 하나님과 규칙적인 대화를 해야 하며, 그 대화 속에는 핵심을 찌르는 내용이 있어야 한다는 것을 안다. 그리고 거기엔 시간이 든다. 이와 마찬가지로 서로의 따뜻한 관계를 유지하기 위해서는 시간과 노력이 든다. 그런데 일상 생활은 우리로 하여금 피상적인 것만을 이야기하게 하는 경향이 있다.

세 명의 아이를 가진 동료 교수 하나가 자기 아내와의 관계에서 깊은 대화가 사라져 버렸다고 불평했다. 결혼하기 전에 그들은 자신들이 가진 생각과 신념과 감정을 이야기했다. 그러나 이제 그들은 골칫거리들, 음식, 그리고 돈에 대해 이야기한다. 전에 그들은 꿈을 이야기했지만 이제는 기저귀에 대해 이야기한다. 전에 그들은 어떻게 세상을 변화시킬 것인가에 관해 이야기하곤 했지만, 이제는 어떻게 매달 경제적 어려움이 없이 살아나갈 것인가를 의논한다.

좀더 개인적이고 은밀한 나눔을 갖기 위해서는, 알맞은 분위기가 조성되어야 한다. 그리고 이러한 분위기를 만들기 위해, 당신은 주의를 산만하게 하는 일상의 것들로부터 탈피해 서로에게만 집중할 수 있는 장소를 일부러 마련할 필요가 있다.

나누는 데 필요한 몇 가지 특별한 기술들을 이용하라

당신은 통신 혁명의 이점들을 이용하여 자기 표출을 추구할 수도 있다. 우리들 대부분은 이미 그 혁명의 일부분을 누리고 있다. 먼 거리까지 교통할 수 있는 통신 매체가 발달되어 있는 것이다. 우리는 지구의 반대편에서 벌어지는 테니스 경기를 보면서 그것을 볼 수 있다는 사실에 놀라지 않는다. 오늘날 통신의 발달은 인간 관계와 같은 단거리 분야에도 역시 접근했으며, 상당한 연구의 결과가 맺어져서 개인간의 의사 소통의 장애들을 풀 수 있게 되었다.

의사 소통 훈련을 위한 자료들이 무수히 많이 시중에 나와 있다. 그것은 이 책의 각 장에서 제시하고 있는 것들과 유사하다. 나는 모든 연령층의 부부들에게 그러한 훈련 자료들을 이용하라고 권해 왔는데, 그 결과는 아주 극적인 경우가 많았다. 가정 생활 사역에 관한 내 과목을 들은 목사들은 내게 그들의 결혼 생활이 완전히 재구성되었다고 말해 왔다. 또한 나는 "결혼한지 25년이 지났지만 우리는 서로를 더욱 잘 이해한다"라는 말들을 자주 듣는다.

이러한 훈련 자료들 중 어떤 것들은 다른 것보다 심혈을 기울여 만들어졌지만, 대중적인 결혼 운동에서 제시한 자료는 상대적으로 단순하다. '텐-텐(ten-ten)'의 접근 방법은 십 분 동안 글로 적은 다음 십 분 동안 이야기 나누는 것이다. 하루 전에 한 가지 관심 분야를 정하고, 각자가 그 특별한 주제에 관련된 하나 또는 두 개의 질문에 짧은 연애 편지 형식으로 대답을 적는다.

질문들은 다양한 인간 경험들을 반영하고 있다. "나는 내 어린 시절에 대해 어떻게 느끼는가?", "죽음에 대해 생각할 때 어떤 느낌이 있는가?", "내가 자존감을 갖는 이유들은 무엇인가, 내가 내 자신을 좋아하기 어려운 이유는 무엇인가?", "미래에 대한 나의 느낌은 어떠한가?" "좋은 우정이란 내게 무엇을 의미하는가?", "누가 나를 모욕하거나 잘못 대한다면, 나는 ……을 느낀다.", "대인 관계에서 가장 어려움을 느끼는 것 중 하나는 ……이다."

이 텐-텐 방법을 사용한 많은 부부들은 그것 덕분에 자신들의 결혼 생활이 바뀌었다고 말한다. 심지어 어떤 사람들은 새 출발을 기념하기 위해 새로 결혼식 악단들을 부르기도 했다. 전에는 서로 이방인처럼 느껴졌지만 이제는 서로를 발견하고 계속적으로 서로를 발견하는 데에 흥미를 느낀다. 전에 그들은 육체적으로만 결합되어 있었지만, 지금은 감정적으로 연합이 되었다. 그들은 외적인 교제로부터 내적인 관계로 움직여 가는 하나됨을 발견했다. 그들은 친밀감이 어떤 것인지 알게 되었다. 그리고 그 친밀감은 '결혼'이 약속했던 바로 그것이다. 그것을 얻기 위해 애쓰라.

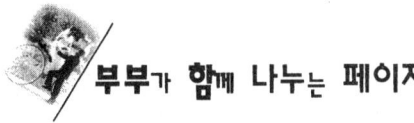
부부가 함께 나누는 페이지

감정을 나누기

다음 중 당신이 자신의 배우자와 나누겠다고 결심할 사항을 다섯 가지 고르는데, 자진하여 해야 한다.

1. 굉장히 당황했을 때의 감정
2. 누군가 나를 무시할 때 느끼는 감정
3. 아주 큰 도시에 있을 때에 느끼는 감정
4. 깊은 숲속에 있을 때, 바다나 호숫가에 있을 때, 산이나 강가에 서 있을 때 등등 자연 환경에 접할 때 느끼는 감정
5. 다른 사람에게는 거의 이야기한 적이 없지만 당신에게 말하고 싶은 것
6. 자신의 감정을 나누려고 노력할 때 내가 가지는 두려움들
7. 나누기 매우 어려운 감정
8. 의논하기에 난처하거나 불편한 주제
9. 우리가 사는 세상에 관한 것 중 나를 불안하게 하는 것
10. 하나님의 은혜를 생각할 때 느끼는 감정
11. 어린 시절을 생각할 때 느끼는 감정

우리의 감정을 나눈 것을 평가하기

당신이 방금 나눔에 대해 토론한 것을 다음에 나오는 각각의 항목에 비추어 보았을 때 얼마나 잘 했는지 평가하라.

부부가 함께 나누는 페이지

| 매우 만족스럽다 | | | 향상될 필요가 있다 |
| 1 | 2 | 3 | 4 | 5 |

___ 위의 목록에서 항목들을 선택하기 쉬웠는가?
___ 서로의 말을 주의 깊게 들었는가?
___ 서로를 나누고 있는 동안 서로를 용납하는 마음이 전달되었는가?
___ 선택된 항목에 대해 얼마나 깊이 나누었는가?
___ 나눌 때에 편안함을 느꼈는가?

각 항목마다 당신이 평가한 것을 나누고 왜 그렇게 평가했는지를 토론하라. 그리고 나서 당신의 의사 전달 방법을 어떻게 향상시킬 수 있을지 의논하라.

이해하십니까, 오해하십니까?
주의깊게 듣는 법을 배우기

하나의 훌륭한 결혼을 만들어 내기 위해서는
두 명의 훌륭한 경청자가 있어야 한다.

6. 이해하십니까, 오해하십니까?

주의깊게 듣는 법을 배우기

　　　신이 텍사스에 가 본다면 별들이 더 가깝고, 더 크고, 더 밝게 보인다는 사실을 알게 될 것이다. 그 이유 하나만으로도 진저와 나는 그곳에서 보낸 봄과 여름의 밤 동안에 좋은 추억들을 만들 수 있었다. 그렇지만 굳이 그런 반짝이는 하늘의 빛들을 화젯거리로 들추어내지 않는다 하더라도, 그 날은 우리에게 잊을 수 없는 밤이었다.

　우리가 집 앞 잔디에 앉아서 이야기할 때, 갑자기 진저가 우리의 대화의 흐름을 중단시켜 나를 놀라게 하였다. "칙(Chick)!" 큰 소리로 나를 부르는 그녀의 목소리 때문에 놀라서, 별을 보던 나의 눈길은 자동적으로 그녀의 얼굴로 향했다. 내가 "무슨 일이오?" 하고 묻자, 그녀는 "당신이 내 말을 듣고 있군요. 그래요, 당신이 정말로 내 이야기를 듣고 있어요."라고 말했다.

그 당시에는 미처 깨닫지 못했지만 내가 그녀를 향해 고개를 돌렸다는 것은 우리의 결혼 생활에 있어서 전환을 알리는 신호였다. 나에게 있어서 의사 소통이 중단되는 경우는 내 의사를 전달할 때보다는 남의 말을 수용할 때 더 많이 생긴다. 칠 년간의 결혼 생활 후에 진저가 내게 했던 이 말은 바로 내가 상대의 말을 듣는 데 얼마나 심각한 문제를 안고 있었는지 보여주는 것이었다.

이해하기 위해 잘 들으라

그럼에도 불구하고 나는 대부분의 사람들이 나처럼 듣는 일에 서툴다고 하는 폴 투르니에(Paul Tournier)의 주장에 위로를 얻는다. 그는 다음과 같이 말하였다. "누구나 우선 자기 자신의 생각을 나타내기 위하여 말을 한다. …… 극히 적은 수만이 진정으로 다른 사람을 이해하려는 마음을 나타낼 뿐이다."[1]

하나의 훌륭한 결혼을 만들어 내기 위해서는 두 명의 훌륭한 경청자가 있어야 한다. 문제가 많은 열 두 쌍의 부부들과 문제가 없는 열 두 쌍의 부부들을 비교한 연구 결과는 이 점을 분명히 해 준다. 관계에 어려움을 겪고 있는 부부들은 그렇지 않은 부부보다 자주 서로를 오해했고, 또 자신들이 오해를 받는다고 느꼈다. 연구자들을 가장 놀라게 한 것은 그들이 오해가 발생하는 구체적인 문제를 정확하게 파악하지

못한다는 사실이었다.[2]

다시 말하면 연구자들을 곤란하게 만든 것은 오해가 많다는 사실이 아니라, 오해 그 자체였던 것이다. 그렇지만 문제 부부들의 의사 소통이 단절되었다고 해서 함께 살 수 없는 것은 아니다.

이해는 만족스러운 관계에 있어서 아주 핵심적인 것이다. 우리는 이해받을 때 사랑받는다고 느낀다. 저슨 스위하트(Judson Swihart)는 그러한 사실을 아주 잘 말해 주고 있다. "사실상 사람은 이해 받는다고 느낄 때마다, 즉 배우자가 자신의 감정적 필요를 이해한다고 느낄 때마다, 또한 사랑받는다고 느낄 것이다."[3]

오해는 상대방을 거부하는 것

상대로부터 이해를 받는 일이 기분 좋은 일인만큼 오해를 받는 것은 기분을 상하게 하는 일이다. 배우자가 당신의 의사를 왜곡하거나, 받아들이지 않는다면 언제든지 마음에 상처를 입을 것이다.

샌디라는 이름의 한 부인은 자신의 처지를 이렇게 설명하였다. "저는 단지 남편이 제 말에 반응하기를 바랄 뿐이에요." 그녀의 남편 톰은 샌디의 감정적 필요에 어떻게 대응해야 할지 몰라서 그저 냉담한 표정을 짓거나 무시하였다. 그녀가 자신의 감정을 표현했을 때, 톰은 아무 말도 하지 않았다. 그가 아내의 말에 반응을 보이지 않은 것은 "어떻게 당신을 도와야 할지 모르겠소."라는 의미이지만, 그녀에게는 그러한 태도가 "나는 당신이 마음 아픈 것에는 관심이 없소." 하는 말로 들린다. 자신이 지닌 상처에다가 샌디는 이제 톰이 자신에게 관심

이 없다는 생각을 가지고 있었기 때문에, 그러한 상황은 그녀에게 무척 힘이 들었다.[4]

이해하는 것이 상대방을 사랑하는 것과 관련이 있기 때문에, 오해는 상대를 거부하는 것과 다를 바 없다. 그것은 참으로 비극적인 일이다. 한 커뮤니케이션 전문가는 이렇게 말한다. "이 세상에서 가장 외로운 사람들은 자주 오해받는 사람들이다. 어느 누구도 자신의 생각과 감정과 의도를 알아주지 않는다고 생각하는 데서 오는 고통은 참으로 끔찍한 것이다."[5]

사도 베드로가 남편들에게 첫 마디에 "이와 같이 지식을 따라 너희 아내와 동거"(벧전 3:7)하라고 말한 근본적인 이유를 이 말에서 찾을 수 있을 것이다. 야고보 역시 그 중요성을 강조했다. "사람마다 듣기는 속히 하고 말하기는 더디 하며 성내기도 더디 하라"(약 1:19). 잠언은 이해하는 데 실패하는 것은 어리석음의 극치라고 표현하고 있다. "미련한 자는 명철을 기뻐하지 아니하고 자기의 의사를 드러내기만 기뻐하느니라"(잠 18:2). 구약 성경에서는 미련한 자를 어리석을 뿐만 아니라 악하다고 말한다.

우리의 악한 인간성은 오해 위에서 번성한다. 하나님께서는 서로간의 충돌과 거부가 우리의 죄성에 깊이 뿌리 박혀 있는 것이라고 분명히 말씀하신다(약 4:1-2). 그러므로 다른 이의 생각과 감정 속으로 들어가려고 애쓰는 것은 매우 헌신적인 행위이다.

사도 바울은 그리스도인들에게 "이러므로 그리스도께서 우리를 받아 하나님께 영광을 돌리심과 같이 너희도 서로 받으라"(롬 15:7)고 강권했다. "받다(accept)"로 번역된 헬라어는 잔치에서 음식을 먹는 사람들을 언급할 때 사용되는 말과 같은 것이다.

나는 두 사람이 자신들이 좋아하는 파이 한 쪽에 손을 뻗치듯이 열정적으로 서로의 생각과 감정에 도달하려고 한다면, 더할 나위 없이 환상적인 결혼을 이루게 될 것이라고 생각한다. "이해받기보다는 이해하게 하소서"라는 성 프랜시스의 기도를 하면 도움이 될 것이다.

오해를 만드는 여러 가지 태도

오해의 본질을 들여다보는 것은 매우 중요하다. 오해는 단순히 듣지 않는다는 행위 이상의 것을 의미한다. 우리는 자주 의사 소통의 단절을 경험한다. 남편은 네 시에 오븐을 끄지 않아서 쿠키를 숯덩어리로 만들어 놓고서 "깜빡했어"라고 말한다. 늘 그렇듯이 그는 처음부터 제대로 아내의 말을 듣지 못했던 것이다. 그렇지만, 의사 소통의 손실은 새까맣게 타버린 빵보다 더욱 심각한 결과들을 초래하기 시작한다.

듣지 않아서 생기는 고립

한쪽 배우자가 이해받고 싶어하는 다른쪽 배우자의 간청에 계속 귀 기울이지 않는다면 오해는 심각해진다. 저녁에 아내가, "오늘은 정말 우울하군요." 하고 말하는데 남편은 "미식 축구 경기가 오늘밤 TV에 중계될지 모르겠어."라는 엉뚱한 반응을 보인다면 두 사람은 비록 같은 방에 있더라도, 그녀는 고립되어 있는 것 같은 느낌이 들며 왜 그럴까 생각할 것이다.

상대의 말을 듣는 데에 무감각한 사람에게는 배우자가 속깊은 이야기를 하기 어렵다. 한 남편이 용기를 내서 서른 살에 가까워지는 것에 대한 두려움을 표현했다. "오늘 우리 회사에서 동료 중 한 사람의 생일 파티가 있었어. 그는 이제 스물 일곱이 되었지. 나는 이제 곧 스물 아홉이 될텐데 정말 징그럽게 늙은 것 같이 느껴진단 말야."

그의 마음속에 어떤 일이 벌어지고 있는지 모르는 채, 그의 아내는 이렇게 말한다. "당신도 생일날 직장에서 그런 작은 축하 파티를 하면 좋겠네요." 그녀는 남편의 말을 제대로 듣지 못했다. "생일"이란 말은 들었지만 "징그럽게 늙었다"는 말이 전달하는 의미는 듣지 못했다. 그녀는 남편이 그녀를 필요로 하는 바로 그 때에 주의를 기울이는 데 실패했다. 그는 그런 말을 하기 위해 상당한 용기를 냈는데, 이제 그는 자신이 두려워한다는 사실이 너무도 어리석게 느껴져 다시는 자신의 생각을 나눌 수 없을 것이다. 비록 그 일에 대해서 언급하지는 않지만 그의 마음은 쓸쓸하다. 그녀는 그의 마음으로 들어가는 열린 문을 보지 못했던 것이다.

고무 도장의 거절

거절은 듣지 않는 것이나 잘못 듣는 것보다 훨씬 더 부정적이다. 특히 이해하려고 노력하지 않고 먼저 판단부터 하는 것은 냉혹한 일이다.

어떤 일 때문에 마음이 어지러운 한 아내가 자신을 괴롭히는 일에 관해 이야기하고 싶어한다. 그녀는 다른 식구들의 필요를 고려해 볼 때, 자신이 옷값으로 지출해야 하는 돈이 어느 정도가 되어야 할지를 자문해 본다. 그리고 그녀는 이 문제를 남편과 의논하고자 "나는 우리가 그렇게 비싼 드레스를 사야 하는가에 대해 다시 생각하고 있어요."라고 말한다. 그러나 남편은 퉁명스럽고 무심하게 반응한다. "사야 한다고 생각해." 만일 아내가 그 말에 반발한다면, 그들의 대화는 싸움으로 끝이 날 것이기 때문에 그녀는 한 발짝 뒤로 물러선다.

만일 그가 퉁명스럽게 대답하는 대신에 "그렇게 생각하는 이유가 무엇이지?"라고 이야기했으면 훨씬 더 좋았을 것이다. 그랬다면 자신의 마음을 그녀에게 열 수 있었을 것이고, 그녀의 공명판이 되어서 그녀가 삶의 어려운 문제들을 잘 숙고하여 자신의 생각을 정리할 수 있도록 돕는 친구가 될 수 있었을 것이다. 그러나 그는 그 대신에 법정의 판사가 되어, 판결봉을 땅땅 내리치며 심판을 했다.

우리는 모두 이러한 '존경하는 재판장님'의 역할을 수행하려는 경향을 가지고 있는 것 같다. 우리 속에 자리잡은 어떤 것이 우리로 하여금 다른 사람의 말을 인정하거나 또는 인정하고 싶지 않도록 만든다. 우리는 상대의 말을 평가하지 않으면 안될 것 같은 책임감을 느낀다. 나는 이러한 느낌을 "고무 도장의 근심"이라 부른다.

누군가 어떤 말을 할 때마다, 우리는 우리 자신의 입장에 서서 그 말에 대해 평가를 내리고자 하는 충동을 느낀다. 그러나 우리의 배우자가 원하는 도장은 무엇보다도 "당신을 이해해요"라는 한 마디일 것이다. 물론 그 후에는 우리의 견해를 전달할 수도 있을 것이다. 그러나 견해를 전달하는 것이 주의깊게 경청하는 것의 대용이 될 수는 없다.

상대의 감정을 헤아리지 못해 주는 상처

지나치게 빠른 판단은 대화를 중단시킬 뿐만 아니라 우리의 마음과는 달리 상대에게 상처를 입힐 수 있다. 다음에 제시한 예화는 부부간에 불화를 가져오는 경우에 대한 것들이다.

남편이 "그 과제를 다음 금요일까지 끝내야 하는데 정말 근심이야."

라고 말하자, 아내는 그 말이 끝나자마자 "당신, 근심해서야 되겠어요? 그리스도인들은 근심하지 말아야 하잖아요." 하고 말한다. 그런 그녀와 함께 이야기하는 것은 교통 경찰에게 당신이 왜 시속 35마일 속도 제한 표지를 보지 못했는가를 설명할 때의 느낌과 흡사할 것이다. 이런 오해가 생기는 부분적인 이유는 말의 선택에 있다. 그에게 "근심이야"라는 말을 들었을 때, 그녀는 즉시 '근심하는 것은 죄'라는 생각을 했다. 그가 "신경이 쓰여"라는 표현을 사용했으면, 그녀도 다르게 반응했을 것이다. 그렇지만 결정적인 잘못은 그녀에게 있었다. 무엇보다도 그녀는 남편이 그 말을 통해 무엇을 전달하고자 했는지 알아낼 필요가 있던 것이다.

이러한 예는 또한 사람들이 오해받는다고 느끼게 만드는 또 다른 과정을 설명한다. 그것은 말과는 상관이 없고, 대신에 그 말 뒤에 숨어 있는 감정이 중심이 된다. 앞서 본 예에서, 아내가 현명했더라면 스스로에게 이렇게 물었을 것이다. "왜 남편이 내게 자신의 근심을 이야기했을까?" 그가 자신의 내면의 걱정을 그녀에게 말하려고 했다는 사실은 명백하다. 그는 자기를 지지하고 용기를 북돋워 주기를 원했던 것이다. 그러므로 그녀는 남편의 감정에 반응해야 했지 남편이 한 말 자체에 반응해야 하는 것은 아니었다. 이 장 후반부에서, 나는 당신에게 이에 관한 어떤 훈련을 제시할 것이다.

말 속에 숨어있는 감정을 잘못 해석하는 것은 그것을 이해하지 못하는 것만큼 또는 그 이상 나쁘다. 예를 들면, "나는 정말로 오늘밤 그 파티에 가고 싶지 않아" 같은 말은 많은 분쟁을 일으켜 왔다. 만일 듣는 사람이 상대의 감정을 제대로 파악하지 못한다면 자기도 파티에 가고 싶지 않다고 느낄 것이다. 만일 아내가 남편은 자기와 함께 있는 것을 원치 않는다고 오해한다면, 남편에게 다음과 같은 비난을 하게 될 것이다. "당신은 절대 나와 함께 가는 것을 좋아하지 않아요." 그러나 아내의 오해와는 달리 남편이 오히려 아내와 함께 있고 싶어서 그런 말을 했다고 가정해 보라. 비열한 사탄은 바로 서로 오해하고 있는 두 사람을 보고 은밀한 파티를 벌일 것이다. 이러한 종류의 많은 오해들이 관계를 파괴하지 않을지는 몰라도, 자주 또는 중요한 시기에 발생한다면, 서로에게 상처를 입힐 수 있다.

또 다른 경우, 보다 더 민감한 사안이 있을 수도 있다. 남편이 경제적으로 차질을 빚은 것에 대해 아내가 다음과 같이 말하는 경우를 생각해보자. "나는 당신이 그 계약을 놓친 것에 대해서 정말로 실망했어요." 그는 그 말을 아내가 자기 때문에 화가 났다는 말로 받아들이고, 비꼬면서 대답한다. "그래, 내가 그 기회를 날려 버리려고 일부러 거기까지 내려간 거야, 안 그래?" 그런 경우에, 이해하지 않는 것은 오해하는 것과 같다. 그리고 오해를 받는 것은 우리로 하여금 상대의 관심과 사랑을 받지 못한다고 느끼게 한다.

이해하기 위하여 이렇게 하라

오해의 다양한 면들을 통하여 우리는 서로를 이해하는 것이 얼마나 어려운지 알게 되었다. 의사 소통에 대한 가장 큰 환상은 그것이 쉽게 성취된다고 생각하는 것이다.

습관을 고치기

우리의 성장과정에서 습관이 되어버린 '주의 깊게 듣지 않는 버릇'을 고치려면, 열심히 노력해야 한다. 우리는 다른 사람들에게 말할 기회를 주지 않으며, 여러 가지 일들로 바빠서 안절부절하지 못하거나 신경질적인 태도로써 무관심을 전달한다. 우리는 하던 일을 멈추고, 상대를 쳐다보면서 주의를 기울여 듣는 일을 하지 않는다.

또, 우리는 계속해서 화제를 바꾸고 다른 사람들이 한 말을 정정해서 그들로 하여금 자신이 바보가 된 것 같은 느낌을 가지게 한다. 우리는 이야기를 중단시키고, 잘난척하며 우리가 상대를 다 이해한다고 생각하기 때문에 그 또는 그녀가 말하고 있던 문장을 우리가 끝맺어 버린다. 그런가 하면 누군가 심각해지려고 할 때, 농담 따위로 막아버린다. 그렇듯 견고하게 자리잡은 파괴적인 습관이 하루아침에 바뀌지는 않을 것이기 때문에, 인내와 노력이 절대적으로 필요하다.

대체적으로 당신들은 서로 의존적인 관계라는 것에 가치를 두어야 할 것이다. 만일 당신들 중 어느 한편이 자신의 생각과 감정대로만 행동하는 것에 익숙하다면, 그 사람은 남을 이해하거나 남에게 이해받는 것에는 관심이 없을 것이며, 이로 인해 배우자의 삶을 어렵게 만들 것이다. 당신들 중 한 사람이 이해 받기를 원하는데 다른 한 쪽이 이해하려고 하지 않는다면 훨씬 더 큰 오해가 생겨난다.[6] 그러므로 당신은 먼저 이야기하는 것과 듣는 것에 대해 대화를 나눌 필요가 있다.

다음에 나오는 토론은 남의 말을 잘 듣는 데 좋은 지침이 될 뿐만 아니라, 당신들이 서로를 얼마나 잘 이해하고 있는가에 대해 토론하는 데 도약판으로 이용할 수 있을 것이다.

다음의 제안들은 상대의 말을 잘 들어주는 것이 부부 양쪽에 전부 영향을 미친다는 생각에 근거한다. 이해하는 것은 잘 들어주는 것 그 이상을 의미한다.

마음을 기울여 들으라

주의 깊게 듣는다는 것의 핵심은 특히 "당신의 배우자가 무엇을 생각하고 있는가, 그리고 어떠한 느낌을 가지고 있는가."라는 두 가지 사실에 관하여 사려 깊게 고려하는 것이라 할 수 있다. 이제 어떻게 당신의 배우자가 생각하고 있는 것을 들을 수 있을지에 초점을 맞추자.

당신의 배우자가 사용하는 말에서 당신은 말 뒤에 숨어있는 뜻을 찾을 수 있다. 만일 아내가 "여자는 정말로 하찮은 존재 같군요."라고 말한다면, 당신은 그 말에 대답하기 전에 그녀가 "하찮다"고 말할 때 마음에 담고 있는 것이 무엇인지 발견해 내어야 한다. 만일 남편이 "정말 괴로워"라고 말한다면, 당신이 그를 이해할 수 있기 위해서는 더 많은 정보가 필요할 것이다.

상대의 생각을 정확하게 알아내는 아주 효과적인 방법 중 한 가지는 질문을 하는 것이다. 무엇이, 언제, 어디서, 또는 어떻게 등의 말로 시작하는 질문들에 집중하라.

우리는 앞서 나온 예들을 가지고 좋은 질문을 함으로써 어떻게 그릇된 해석을 피할 수 있는지를 살펴볼 수 있을 것이다.

아내: "나는 우리가 그렇게 비싼 드레스를 사야 하는가에 대해 다시 생각하고 있어요."

남편: "무엇 때문에 그런 생각이 들게 된 거지? 왜 당신 마음을 바꾸었소?"

아내: "나는 며칠 전에 아프리카에 있는 새신자들을 훈련시킬 성경
　　　　　학교들을 운영하기 위한 자금이 필요하다는 소식을 들었어
　　　　　요. 그리고 그 이야기를 듣자 우리가 선교에 더 많이 투자할
　　　　　수 있었으면 하는 생각을 가지게 되었어요."
　　남편: "당신은 그 드레스를 사는 일이 우리가 선교에 더 많이 헌신
　　　　　하는 일을 방해한다고 생각하오?"
　　아내: "네, 그런 생각이 드네요. 당신은 어떻게 생각해요?"

　이제 그 부부는 그들의 삶에 변화를 가져오게 될 토론을 시작했다. 그것은 적어도 아내에게 그녀 자신의 생각을 점검할 기회를 주었다.

　다른 사람의 생각을 확실히 이해할 수 있는 또 다른 좋은 방법은 단순하게 상대가 한 말을 당신의 말로 다시 이야기해 보는 것이다. 그 말들을 바꾸어 말해 보는 것이다. 그것은 단순한 방법이기는 하지만 익숙해지기 위해서는 꾸준히 연습해야 한다.

　남편이 "다음주 금요일까지 그 연구 과제를 끝내야 하는데 정말로 근심이야." 하고 말했을 때, 아내는 그의 말을 이렇게 바꾸어 말해볼 수 있을 것이다. "여보, 당신이 그것을 끝마칠 시간이 있을지 없을지 걱정스럽다는 말인가요?" 이러한 아내의 반응은 남편으로 하여금 자신의 근심이 아직 해결되지는 않았지만 자기가 받아들여졌다는 느낌을 갖도록 할 것이 분명하다. 그는 그녀와 함께 그 문제에 대해 의논하는 것을 기뻐할 것이다.

　당신이 다른 사람을 이해하는 사람이 되기를 원한다면, 그 사람이 한 말의 의미 파악을 위해 주의 깊게 듣는 것 뿐만 아니라, 또한 그 말

뒤에 숨어있는 감정을 이해하기 위해 자신을 훈련시킬 필요도 있다. 특히 남편들이 이것을 위해 노력해야 한다. 왜냐하면 여성들은 남성들과는 다른 표현 방법을 사용하기 때문이다. 폴 투르니에는 이러한 차이점들에 대해 주의하고 있다.

> 말이라는 것 자체가 남성과 여성에게는 서로 다른 의미를 지닌다. 말을 통하여 남성들은 생각을 표현하고 정보를 전달하지만, 여성들은 감정과 느낌을 표현한다. 이 사실로 우리는 아내가 지나 온 과거를 남편보다 열 배나 더 많이 이야기하는 이유를 알 수 있다. 단순히 남편에게 어떤 사실을 알리려고 하는 말이 아님에도 불구하고, 남편은 그녀의 말을 날카롭게 자른다. "이미 알고 있소. 전에도 당신이 내게 말했었잖소." 그러나 그녀는 그녀의 마음에 아직도 쌓아두고 있는 감정적인 긴장을 벗어버리기 위해 다시 말할 필요가 있다.[7]

우리가 투르니에의 말에 전적으로 동의할 필요는 없다. 우리는 여성들이 자신들의 감정을 표현하기 위해 남성들보다 더 많은 말을 하는지 어떤지를 알아보려는 것이 아니다. 우리가 주목해야 하는 사실은 우리들 모두가 이렇게 말을 통하여 자신들의 감정을 표현한다는 것이다. 말을 통하여 우리의 감정을 표현할 때, 사랑하는 이들이 우리를 이해하고 감정적인 필요를 채워준다면, 그것은 우리에게 큰 힘이 될 것이다.

때때로 우리는 배우자의 감정적 상태를 그의 말로부터 쉽게 알아차릴 수 있다. "나는 그 판로를 잃어서 기분이 아주 좋지 않아" 라는 말은 그 나쁜 감정을 가슴으로부터 몰아 내고자 하는 시도임에 분명하다.

그렇지만 감정은 말 뒤에 숨어 있을 때가 많기 때문에 그렇게 쉽게 알아차릴 수 없다. 만일 그녀가 "내가 그 신발을 샀어야 했는데……"라고 말한다면 의복비에 대해 토론하려고 그 말을 한 것이 아닐 것이다. 그러므로 민감한 남편이라면, "당신이 한 결정에 대해 기분이 안 좋구먼, 안 그래?" 하고 말할 수 있을 것이다. 그리고 남편의 이러한 반응은 그녀가 자신의 낙심을 나누고 그 문제를 잘 해결하도록 도울 것이다.

당신이 신중하게 연습한다면 더욱 더 효과적으로 상대의 감정을 알아차릴 수 있을 것이다. 상대의 감정을 잘 이해한다면, 더욱 적절한 반응을 보일 수 있다. 다음에 나오는 말들 뒤에 어떠한 감정들이 숨어 있는지 살펴보라. 그리고 당신의 대답들을 뒤이어 나오는 대답들과 비교해 보라. 그리고 나서 당신 자신이 이런 상황을 겪는다면 어떤 반응을 취해야 할지 써 넣으라.

그가 이렇게 말한다면	그가 말할 때 느낄 수 있는 감정들	그가 나로부터 필요로 할 반응
1. 당신, 그녀의 집이 얼마나 깨끗한지 보았지? 그녀는 정말 빈틈이 없단 말이야. 2. 당신은 전처럼 나를 후원하지 않는 것 같군. 3. 당신이 잠시 휴식을 취할 동안 내가 아이들을 돌보면 어떻겠소. 4. 어째서 당신은 저녁 내내 그 옷을 꿰매느라 시간을 보내고 있지? 5. 아이구, 다음 달에 내가 연설을 두 번이나 해야 하는군.		

그녀가 이렇게 말한다면	그가 말할 때 느낄 수 있는 감정들	그녀가 나로부터 필요로 할 반응
1. 당신은 좀처럼 그렇게 기분 좋은 말들은 하지 않는군요. 2. 당신이 잠깐 동안만 내 목 뒤를 문질러 주면 좋겠어요. 3. 나는 제프가 그런 행동을 할 때는 정말 어쩔 줄을 모르겠어요. 4. 당신의 그 보도는 정말 훌륭했어요. 당신을 위해 특별한 음식이라도 마련하고 싶군요. 5. 당신 비서의 말에 따르면 당신들이 한 그 프로젝트에 대해 비판이 빗발치듯 했다던데요. 그 이야기는 집안을 치우는 것보다는 훨씬 더 흥미롭게 들리는군요.		

대답들:

그가 말할 때 느낄 수 있는 감정들	그녀가 말할 때 느낄 수 있는 감정들
1. 복수심, 좌절감 2. 부적격함, 무시당하는 느낌, 근심 3. 이해하는 마음, 공감하는 마음 4. 무시당하는 느낌, 사랑받지 못함, 외로움, 질투 5. 걱정스러움, 긴장감	1. 무시당하는 느낌, 좌절감 2. 외로움, 무시당하는 느낌, 다정함 3. 무력감, 좌절감, 복수심, 부적격함 4. 자랑스러움, 상대를 이해하는 마음, 만족감 5. 복수심, 버림받은 느낌, 혼자라는 느낌, 진저리가 남, 자기연민

바른 자세로 들으라

사람들에게 다른 사람들이 자신의 말을 들을 때 보이는 좋지 못한 습관 중에 어떤 것이 가장 괴로운지 물으면, 다음과 같은 것들을 제시할 것이다.

그는 계속 연필이나 종이, 또는 뭔가를 만지작거리며 안절부절못하고, 내 말을 듣는다기보다는 오히려 자신이 들고 있는 것들을 연구하기라도 하듯이 쳐다보고 시험해 본다.

그는 몸을 뒤틀고 계속 두리번거리며, 내가 얼른 말을 끝내고 자기가 말을 이어가기만을 기다린다.

그는 나를 보고도, 자기가 하던 일을 멈추고 내게 집중하는 일을 하지 않는다.

이러한 불평들 모두가 듣는 자세와 연관된다. 상대방의 말을 듣고 있는데도 듣는 자세가 바르지 못하면 그렇게 보이지 않을 수 있다. 그럴 때 말하는 사람은 무시당한다고 느끼거나 상처를 받는다.

남편들과 아내들의 공통적인 불평 중에 하나가 바로 이것이다. "그(그녀)는 내가 말할 때 하던 일을 멈추고 주의를 기울여 들으려 하지 않습니다." 이러한 문제를 극복하기 위해서, 결혼한 사람들은 상대의 말을 듣기 위해서는 자신이 하던 일을 멈추고 집중하지 않을 수 없다고 말한다. 듣는 사람들은 자신들의 몸짓을 통해서 말하는 사람에게, "흥미롭군요. 저는 당신의 말을 듣고 있어요. 저는 당신을 이해하고 싶어요"라는 의미를 확실히 전달하도록 해야 한다. 그러려면 대개 조용히 앉아서 말하는 사람을 쳐다보고, 몸을 약간 앞으로 숙이고, 고개를 끄덕이고, 그리고 긍정적인 반응을 전달하기 위해 말이 아닌 다른 몸짓들을 하는 것이 좋다.

그러나 이런 모습을 보이기는커녕 많은 사람들은 자신들이 얼마나 무관심해 보이는지 의식조차 하지 않을 때가 많다.

내가 지도하던 세미나에 참석했던 한 목사는 큰 충격을 받은 후에 깨달음을 얻었다. 세미나에 참가했던 이들이 점검 목록을 작성하여 듣는 이로서의 자신들을 평가하는 시간을 가진 후에, 그는 놀란 표정으로 턱을 손바닥에 괴고 앉아 있었다. 그런 그를 보고 "무슨 문제가 있나요?"라고 내가 물었다. 그는 자기 자신의 무지함에 대한 실망으로 머리를 흔들었다. 그는 그 목록 중에 한 항목이 자신을 돌아보게 했다고 말했다. 그의 아내가 그녀의 말을 들어주지 않는다고 계속해서 그를 비난해 왔음에도 불구하고, 그는 자신을 훌륭한 경청자라고 생각했기 때문에 그녀의 불평을 한번도 이해해 본 적이 없었던 것이다. 그러나 이제 그는 알게 되었다.

문제는 바로 아내가 이야기하기 위해 그를 찾아 왔을 때 그녀에게 취했던 태도에 있었던 것이다. 만일 연구 중에 아내가 아닌 다른 사람이 찾아 왔다면, 그는 하던 일을 멈추고 그들의 말에 주의를 기울였을 것이다. 그렇지만 아내가 불쑥 들어올 때면 그는 언제나 계속해서 우편물에 시선을 보내거나 글을 썼고, 자신의 일을 계속하면서 동시에 그녀의 말도 들을 수 있다고 생각했다. 그는 이제 자신의 듣는 자세 때문에 자신이 가장 관심을 갖고 있는 사람인 아내에게 전혀 관심이 없다고 말하고 있었다는 사실을 깨달았다.

이와 같이 듣는 것은 우리의 온 몸으로 해야 하는 일이기 때문에 매우 능동적인 과정이라 할 수 있다. 듣는 행위가 천장의 방음 타일처럼 단지 소리를 흡수하는 것만을 의미하지는 않는다. 듣는 것은 말에 의하지 않은 반응과 말로써 하는 반응 모두를 포함한다. 좋은 언어 반응을 기르는 것은 우리가 다음에서 살펴보아야 할 문제이다.

입으로 들으라

누군가가 우리와 생각이나 감정을 나눌 때 우리가 그들에게 해 줄 수 있는 반응 양식들은 놀랄 정도로 많다. 그러한 초기의 반응 중 어떤 것들은 너무나 부정적이어서 온종일 또는 심지어 결혼 생활 전체 분위기까지도 지배할 수 있다.

상대에게 상처를 주는 반응이 한 가지 있는데, 그것은 그 사람의 감정을 바꾸려고 하는 것이다. 자신의 슬픈 감정을 이야기한 사람에게 우리는 "그렇게 생각하지 마."라는 말로 위로하려 한다. 그것은 감정이 악령처럼 단지 몇 마디 말로 내쫓아 버릴 수 있는 것이라는 생각과 같다. 침울한 상태의 당신의 배우자는 아마도 하루 종일 당신이 한 말과 꼭 같은 말을 자기 자신에게 해 왔을 것이다. 그들이 원하는 것은 감정을 통제하라는 명령이 아니라 그 상태에 공감해 주는 것이다. 상대의 감정을 경험하는 행위와 이해하는 행위는 함께 어우러져 부정적인 감정에 대한 좋은 치료법이 된다. 비평이나 명령을 필요로 하는 사람이 있을 수 있겠지만, 그 때도 마찬가지로 이해가 선행되어야 한다.

비난과 경솔한 명령들이 결코 이해를 대신할 수는 없다. 우리는 대부분 "당신, 그렇게 생각해서는 안 돼"라는 말보다는 오히려 "당신이 어떤 생각을 가지고 있는지 말해 봐요"라는 말을 듣기를 원한다.

우리가 상대방의 말에 부적절하게 반응하게 되는 또 다른 원인은 배우자의 말 대신에 우리 자신의 감정에 반응하기 때문이다. 이것은 배우자의 감정 상태와 언어가 우리 속에 강렬한 감정을 불러일으키는 경향이 있기 때문에 생기는 것이다. 우리는 결국 아내나 남편의 말을 듣는 대신에 그러한 감정에 치우치게 된다.

만일 남편이 퇴근하자마자 아내에게 "나는 파티에 가고 싶지 않소"라는 말부터 한다면 어떤 일이 벌어질지 생각해 보라. 아마도 그녀는 남편이 이렇게 말할지도 모른다는 불안감을 어느 정도 가지고 있었고 온종일 그러한 느낌들과 씨름하고 있었을 것이다.

따라서 그의 말은 따뜻한 등에 끼얹은 한 잔의 얼음물과 같을 것이다. 그것은 그녀를 화나게 할 뿐만 아니라 외출하는 것에 대해 그녀가 가졌던 불안감에 다시금 빠져들게 한다. 그녀는 고개를 숙이고, 방을 뛰쳐나가며, 반쯤은 소리지르며 반응한다. "나도 별로 가고 싶지 않아요." 그 말을 들은 그는 비난을 당하고 오해를 받는다고 느낀다. 그는 그녀로부터 어떤 도움을 얻을 수도 있었지만 그의 말이 그녀의 감정을 자극했기 때문에 그는 자신의 말이나 감정이 아닌, 그녀의 감정에 바탕을 둔 반응을 얻게 된 것이다.

이런 종류의 반응은 부부가 어떤 긴장 상태에 있을 때는 특별히 더 큰 문제를 일으킬 수 있다. 만일 어떤 아내가 아프고 침울하다면, 그녀는 "나는 정말 너무 오랫동안 아파서 낙담이 돼요." 하고 말하며 위로를 구할 수 있을 것이다. 그러나 그녀의 남편 자신도 낙심 상태라면, 아내에게 도움이 될 수 없을 것이다. 그는 아내를 돌보기는커녕 "내 느낌은 어떻다고 생각해?" 하면서 자기 자신의 감정을 드러낼 것이다.

만일 당신이 다양한 종류의 반응들을 깨닫게 된다면, 당신은 곧 적절한 상황에서 적절하게 말하는 습관에 익숙해질 것이다. 잠언 15:23 말씀은 우리에게 이렇게 말씀하신다. "때에 맞은 말이 얼마나 아름다운고."

시기 적절한 반응에는 많은 형태가 있다.

해석하기. 제일 먼저 "당신의 말은 이런 의미이군요." 식의 반응이 있다. 이 경우에, 듣는 이는 상대방이 자신의 생각과 느낌을 해석하도록 돕는다. 그런 반응의 예는 다음과 같다. "내 생각에는 당신이 그에게보다는 당신 자신에게 더 화가 난 것 같군요." 이 대답은 듣는 이를 판사가 아닌, 친구처럼 느끼게 한다.

탐험하기. 또 다른 도움형의 대답은 "좀더 깊이 생각해 봅시다"라는 말이다. 이것은 당신의 배우자에게 당신이 그(그녀)로 하여금 더 많은 정보를 찾고 이제까지 말한 것을 더 한층 깊이 파헤치도록 도우려 한다는 것을 보여 준다. 이런 형의 대답은 다음과 같다. "지금 일어나고 있는 일이 그 경우라고 생각하게 된 이유가 무엇인가요?" "전에도 이렇게 생각한 적이 있었나요? 그리고 그때 당신은 어떻게 했죠?" 이러한 말로써 듣는 이는 "당신이 잠시 멈추고, 그 일에 관해 생각하고, 문제를 정확하게 볼 수 있도록 돕고 싶소"라고 말하게 한다.

이해하기. "나는 당신의 말이 이런 의미라고 생각해요"라는 반응은 언제나 이치에 맞다. 이러한 응답은 말하는 이에게 듣는 이가 무엇보다도 그를 이해하려고 한다는 것을 보여 준다. 이런 반응을 보이려면 상대방이 말한 것을 다시 말하거나 알기 쉽게 바꾸어 말하는 방법 등의 행동을 취하면 된다.

후원하기. 또 다른 훌륭한 대답은 "저는 당신과 같은 입장이에요"

형이다. 이러한 말들은 "나는 당신이 하는 말을 이해해요. 그리고 당신이 그렇게 반응하는 것이 당연하며 당신의 생각이 맞다는 것을 확인시켜 주고 싶군요"라고 말하는 것과 같다. 사실상 당신은 그를 후원하려고 움직이고 있으며, 당신이 만들어내는 수용적인 분위기로 인해 상대가 격렬한 감정으로부터 어느 정도 벗어나게 되기를 희망하고 있는 것이다. 이렇게 반응할 때 당신은 그 문제에 관해서 이야기하고 있다기보다는 그 사람을 격려하고 있는 것이다. 당신은 상대방에게 이런 의미를 전달하게 된다. "저도 그렇게 생각해 왔어요." "당신 말을 듣고 있어요." "그래, 당신이 어떻게 생각하는지 말해 보세요. 그러면 도움이 될 거예요."

판단하기. 이 마지막 종류의 반응은 다른 반응들과는 다르다. 앞서 나온 말들은 모두 이야기하고 있는 사람이 생각하는 점을 반영한다. 그러한 말들은 어떠한 판단도 피하고, 상대방으로 하여금 자신이 말하고 있는 것을 발전시키고, 깊이 조사(탐험)하고, 수용하고, 이해하도록 도울 뿐이다. 그렇지만 때때로 당신의 배우자는 그 이상을 원할 것이다. 그(그녀)는 당신의 의견이 어떠한지 알기를 원할 수도 있다. "제 생각은 이래요"라는 대답이 때때로 시기적절할 수도 있다. 이것은 그 사람의 말에 대한 판단과 평가를 포함한다. 비판적인 태도 없이 당신의 견해를 제공하는 것이다.

이런 다양한 반응에 대해 정확히 이해하여 머릿속에서 정리하기 위해 다음에 제시된 말에 뒤따르는 각각의 반응을 앞서 분류한 대로 나누어 보라.

"내가 도저히 어찌할 수 없는 일이지만 우리 엄마의 간섭에는 정말 화가 나요. 엄마는 아직도 내 인생을 통제하려고 하는데 그 간섭이 때문에 내가 얼마나 속상한지 엄마에게 알릴 도리가 없으니 말이에요."

반응들 (해석하기, 탐험하기, 이해하기, 후원하기, 판단하기 중에서 어디에 해당하는지 판단하여 보라.)
"당신 어머니의 행동 중에 특별히 어떤 점이 당신을 괴롭히지?"
"당신이 마음이 상했다고 해서 당신을 나무라고 싶진 않소. 내 생각에는 어머니가 한계를 넘으신 것 같군. 당신이 뭔가 행동을 해야 하겠소."
"어머니가 당신의 일처리 능력을 믿지 않는 것 같아 보여서 속이 상한단 말이지요?"
"당신은 자신이 어머니에게서 벗어나지 못했고, 당신을 도우려는 그분의 시도가 사실은 당신을 통제하려는 시도라고 생각하는 것 같군요."
"나도 내 부모에 대해서 그와 같은 식의 생각을 해왔소. 나는 그렇게 생각하는 것이 당연하다고 생각해요. 특별히 당신이 일종의 과도기 상태에 있기 때문에 그럴 거라 생각해요."

위에 나온 여러 가지 반응들을 제대로 파악하고 있는지 알아보기 위해 당신이 대답한 것들을 정답과 맞추어 보라. 답은 (탐험하기), (판단하기), (이해하기), (해석하기), (후원하기) 순이다.
이제 스스로에게 물어보라. 나는 이것들 중 어떤 반응을 주로 취하는가? 이러한 반응은 상황에 따라 어느 것이든지 적절할 수 있지만, 당신이 언제나 판단하거나 해석하는 말만 한다면, 당신의 배우자는 당신이 다른 방법으로 반응할 때보다 완전하게 자신을 설명할 기회를 가지지 못할 것이다. 그리고 당신이 언제나 판단만 하고 결코 자신을 진정으로 이해하려 하지 않는다는 인상을 받을 것이다. 그럴 때 적합한 반응은 이해하려고 하는 긍정적인 것들이다.

오늘날 현대 사회에서는 듣는 것을 유별나게 강조하는데 그것이 때로는 올바르지 않은 목적일 때도 있다. 어느 대단히 수완이 좋은 외판원이 이런 말을 했다. "상대의 옷에 자신을 맞추어 그가 그것을 벗어 당신에게 주게 하라." 말하자면, 우리의 이해력을 다른 사람을 조종하는 데 이용하여 자신의 이익을 추구할 수 있다는 것이다.

상대를 이해하려는 동기는 배우자가 그것으로 어떤 도움을 받게 되며 어떠한 점에서 그것이 결혼 생활에 유익한가 하는 점에 바탕을 두어야 한다. 서로를 이해하는 것은 친밀한 관계에 있어서 가장 값진 경험 중의 하나이다. 당신이 그것을 위해 노력한다면, 당신의 배우자는 그로 인해 당신을 사랑하게 될 것이다. 서로에 대해서 다음과 같은 말을 할 수 있다는 것 멋지지 않은가. "다른 누구보다도 내 아내(남편)는 나를 잘 이해해요."

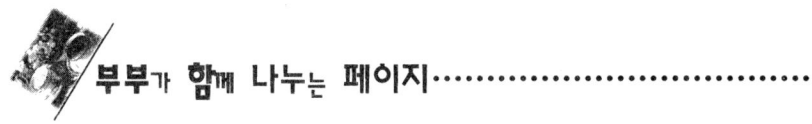 부부가 함께 나누는 페이지

듣는 기술을 향상시키기

첫째로, 주의를 기울여 듣는 것과 관련해 다음에 열거해 놓은 문제점들 중 당신의 배우자에게서는 찾아볼 수 없는 것들을 고르라. 그리고 그 점에 대해 서로를 인정해 주면서 이것들을 나누라.

1. "네 시에 오븐을 끄세요."와 같은 지시를 듣는 데 실패함
2. 자신의 배우자가 의논하고 싶어하는 염려 또는 다른 감정들에 관한 민감한 말들을 듣는 데 실패함
3. 부정적인 판단을 함으로써 상대의 말을 거부함
4. 언제나 정반대의 입장을 취해서 상대의 말을 거부함
5. 주제를 바꾸어 버림으로써 상대의 말을 거부함
6. 자신이 동의하는 이유를 미리 말해버려서 상대의 말을 경청할 수 있는 기회를 놓침
7. 자신의 배우자가 그(그녀)의 말로 어떠한 감정을 나누려고 할 때마다 이해하는 데에 실패함
8. 그 말 뒤에 어떠한 감정이 숨어 있는지 이해하는 데에 실패함
9. 상대방이 언급한 말 뒤에 있는 감정을 잘못 해석함
10. 상대의 말을 들을 때 느껴지는 자기 자신의 감정대로 반응함
11. 하고 있는 일을 멈추고 경청하는 자세를 보이지 않음
12. 계속 상대방의 이야기를 중단시킴
13. 자기가 배우자의 말을 가로채 끝맺음
14. 배우자가 말하는 것 또는 말하려고 하는 것을 이미 안다고 생각해서 오해함

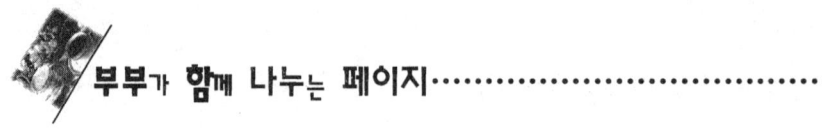

15. 반응하기 전에 질문들을 함으로써 상대가 말한 것을 이해하려고 하는 데 실패함
16. 자신이 상대방을 이해한다는 것을 보이기 위해 상대의 말을 알기 쉽게 고쳐 말하려는 시도를 결코 하지 않음
17. 배우자에게 그렇게 생각하지 말라고 이야기하는 경향을 보임
18. 해석하기, 탐험하기, 이해하기, 후원하기, 그리고 판단하기 등과 같이 다양한 유형의 반응들을 사용하는 것이 아니라 항상 같은 유형으로만 반응함

그 다음에는 위의 목록을 다시 한번 살펴보고 듣는 것과 관련해서 당신 자신이 자주 저지르고 있다고 생각되는 문제를 고르라. 당신의 배우자를 평가하지 말고 자신을 평가하라. 그리고 나서 배우자와 이 문제에 대해 이야기하고 그(그녀)가 당신의 평가에 동의하는지 보라. 그런 후에 당신은 배우자가 생각하는 당신의 문제점들이 무엇인지 이야기하고 당신의 이해를 향상시킬 수 있는 방법들을 논의할 수 있을 것이다.

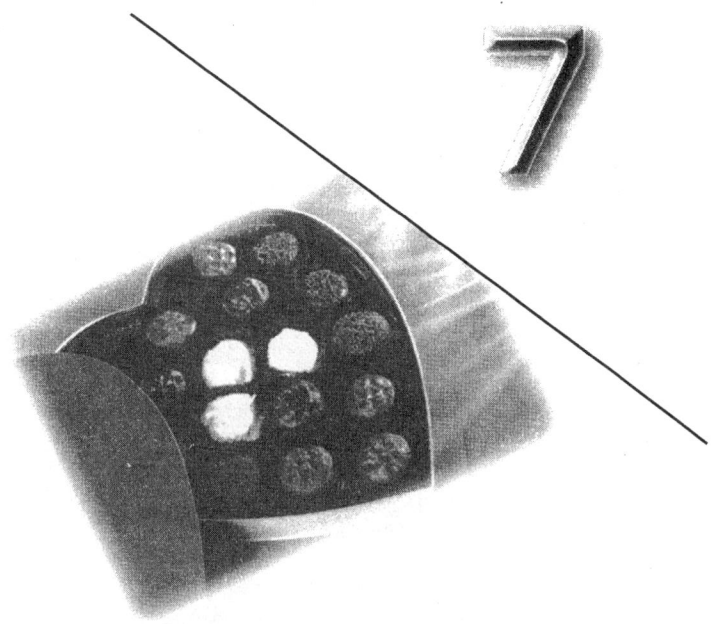

육체적 감각을 이해하기
성경이라는 거울에 비추어 본 성 생활(제 1 부)

성은 아름다운 언어이므로
어떻게 그것을 유창하게 말할 수 있을지
배우는 것은 수고할 가치가 있다.

7. 육체적 감각을 이해하기

성경이라는 거울에 비추어 본 성 생활(제 1 부)

최근에 레이니어 산(Mt. Rainier: 워싱턴주 씨애틀에 있는 높은 산)을 등반하여 세계적인 주목을 받은 등산가들이 있다. 그들은 평범한 등산가들이 아니었기 때문에 세계가 그들을 주목했던 것이었다. 그들은 리더를 제외하고는 전부 신체적인 장애가 있는 사람들이었다. 앞을 못 보는 사람들 다섯 명, 듣지 못하는 사람들 두 명, 간질 환자, 의족을 한 사람 등이 그 구성원이었다.

그들이 정복한 산이 눈으로 덮여 있는 것처럼, 그들의 공적은 특별한 의미에 덮여 있다. 그들은 단지 우뚝 솟은 캐스캐이드 봉(Cascade peak)을 오르는 재미와 흥분만을 즐겼던 것이 아니라 그 성취의 의미를 경험했던 것이다. 또한 그들은 자신들에게 그리고 다른 사람들에게 무언가 증명해 보이기 위해 밖으로 나온 것이었다. 그들이 다른 사람들에게 미친 진정한 영향은 그 등반의 의미에서 찾을 수 있지 등반 자체에 있었던 것은 아니다.

성(Sex)도 이와 같다. 그것에는 온갖 즐거움과 신기함, 기운을 북돋워 주는 것, 그리고 산을 오르는 것과 같은 흥분 등이 포함되어 있으며 그것이 가지고 있는 의미에서 오래 지속되는 진정한 아름다움을 찾을 수 있다. 우리들 대부분은 단지 성을 원하는 것이 아니라 그것이 의미하는 바를 원한다.

성은 육체적인 것을 넘어서는 것이다

그렇기 때문에 부부의 침실에 좋은 성 기교만 필요한 것은 아니다. 부부가 성 관계를 통하여 최대한의 육체적 쾌락을 얻는 법을 알 수도 있겠지만, 단지 그것뿐이라면 결국에 가서는 서로에게 싫증이 날 것이다. 왜냐하면 성은 육체의 감각적 결합 그 이상이기 때문이다. 성은 두 사람의 연합이다. 그러므로 성적인 만남이 두 사람에게 의미하는 바가 큰 것이다.

성에서 의미를 느끼지 못하는 사람들은 성을 불편하게 느낀다. 어떤 남자가 전에 내게 말하기를 심지어 20년이나 결혼 생활을 했는데도 자신의 아내는 성을 단지 동물적 행위에 지나지 않는 것으로 생각하고 그것을 즐기는 데 어려움을 겪는다고 했다. 성을 단지 육체적인 것으로만 보는 이러한 경향 때문에 많은 현대인들은 성에 대해 긴장한다.

"성 전문가들"인 매스터즈와 존슨(Masters and Johnson)은 조사 대상이었던 부부들의 반 이상이 결혼 생활에서 이러한 영역에 큰 문제를 안고 있다고 주장하고 있다.

우리가 육체적인 것을 초월해서 보게 되면 우리는 하나님이 주신 이 선물에 대해 긍정적인 태도를 기를 수 있을 것이다.

내 강의 중 한 과목을 수강하고 있는 한 목사는 최근에 자신의 결혼 생활에서 일어나고 있는 일을 이렇게 보고하였다. "아내와 함께 성에 대해 쓰여진 좋은 책을 읽고 난 후에, 나는 그녀가 성 관계를 가질 때 긴장을 푸는 것을 볼 수 있었다." 성이 지니고 있는 보다 더 넓은 의미를 깨닫게 되었을 때 그녀는 결혼의 육체적인 측면에 참여하고 즐길 수 있었던 것이다.

그녀가 경험한 이러한 사실은 다른 사람들에게도 해당하는 일일 것이다. 레드북(A Redbook) 조사는 종교를 가지지 않은 여성들보다 종교를 가지고 있는 여성들이 성을 더 즐기고 있었다는 사실을 알려 주었다. 그 보고에 의하면, 종교를 가진 여성들은 그들의 육체와 성적인 행위들이 하나님께서 창조하신 것이라는 사실을 받아들이고 있었다. 그리하여 그들은 결혼의 의미를 좀더 완전히 이해할 수 있었던 것이다.

이러한 성에 대한 의미가 매우 중요하기 때문에 이번 장과 다음 장에선 성에 대한 성경적인 목적들을 전개해 나갈 것이다. 하나님께서 결혼에 성을 허락하신 목적을 설명하면서 실제적인 제안들을 끄집어 낼 것이다.

성은 우리로 하여금 하나님의 창조에 동참하게 한다

창세기의 첫 부분에 보면 인간의 성이 생식과 관련되어 있음을 알 수 있다. "하나님이 자기 형상 곧 하나님의 형상대로 사람을 창조하시되 남자와 여자를 창조하시고 하나님이 그들에게 복을 주시며 그들에게 이르시되 생육하고 번성하여 땅에 충만하라"(창 1:27-28상). 이 말씀에는 인간에게 하신 하나님의 첫 번째 명령이 포함되어 있다. 오늘날의 이 엄청난 인구수를 감안해 본다면 적어도 인간이 첫 명령을 순종해 왔다고는 말할 수 있다.

성의 목적 가운데 하나가 생식이라는 것은 너무도 명백한 사실이지만 이것이 의미하는 바가 그렇게 분명하지는 않다.

하나님의 형상과 성의 형상

하나님께서는 인간의 성 관계를 통하여 그분의 형상을 닮은 사람들을 만들어 내시기로 결정하셨다. 그러므로 우리는 그 가치를 높이 인정해야 한다. 빌리 그래함(Billy Graham)은 언젠가 해변을 가득 메운 대학생들에게 이렇게 말한 적이 있다. "성은 참으로 좋은 것이지요. 그것이 없었다면 우리 중 어느 누구도 이 자리에 있을 수 없었을 것입니다."

성의 생물학적 기능 때문에 결코 성을 수치스러운 것으로 격하시켜서는 안 된다. 사도 바울은 거짓 선생들의 결혼과 성에 대한 불경스런 가르침을 비난했다. 그리고 그는 그들의 잘못이 그들이 추종하는 "미혹케 하는 영과 귀신의 가르침"(딤전 4:1)에서 비롯된 것임을 밝혔다. 그러한 사람들은 "혼인을 금하고 식물을 폐하라" 할 터이나 식물은 하나님의 지으신 바니 믿는 자들과 진리를 아는 자들이 감사함으로 받을 것이라고 가르쳤다(딤전 4:3) 그리고 나서, 그는 하나님의 지으신 모든 것이 선하다는 사실을 상기시켰다(딤전 4:4).

그리스도인 부부들은 그들의 성 생활에 상당한 관심을 가져야 한다. 그들의 감각적인 행위로써 아이가 탄생한다는 사실을 생각한다면, 그것으로 인해 서로의 육체에 대해 더욱 감사해야 할 것이다. 그들은 나이가 든 후에도 임신으로 인해 생긴 자국들을 혐오감이 아닌 감탄의 눈으로 바라보아야 할 것이다. 그들의 남성적인 육체와 여성적인 육체가 너무도 사랑스런 자녀들을 이 땅에 존재하게 만들었기 때문에, 그러한 몸을 서로 더욱 소중히 여겨야 할 것이다.

차이점에 무관심하지 말라

남녀의 성 관계로 새로운 생명이 탄생하므로 우리는 남성과 여성이 성 행위시에 하는 서로 다른 역할들을 존중해야 할 것이다. 그리고 어떻게 이러한 특징적인 역할들이 성에 대해 서로 다른 태도를 갖게 하는지 생각해야 한다. 서로 다른 부분의 역(役)을 감당하는 것은 확실히 각자가 성을 보는 방법에 영향을 끼칠 것이다. 어떤 이가 말한 것처럼, "남성에게 성 관계는 9분 동안 지속되지만 여성은 9달 동안 지속될 수도 있다."

여성은 자신의 몸 속에 아이를 가지기 때문에 성 관계에 대해 좀더 조심하는 경향이 있다. 그녀는 좀더 전적인 방법으로 성에 접근하고, 생길 수 있을 아이의 미래를 고려하여 상당히 안전한 관계를 원한다. 여성들이 오직 "사랑에" 빠졌을 때만 혼외의 관계를 정당화한다는 사실은 이러한 태도에 대한 증거라고 할 수 있다.

피임약으로 인해 이러한 모든 상황은 바뀔 수 있다. 많은 여성들이 결혼과 상관없이 성을 즐기는 자유를 누리고 있으며, 이것은 성에 대한 여성의 태도가 바뀌었다는 것을 가리킨다. 남성들이 때때로 그러는 것처럼 여성들도 성에 대해 우발적일 수 있다.

그러나 어떤 이들은 앞서 말한 남녀의 차이점들이 여전히 존재한다고 믿는다. 이는 성적인 차이가 단순히 문화적인 차이에서 야기되는 것이 아니라 그 이상의 의미에서 비롯되는 것이며, 그것이 자연스러운 것이기 때문이다. 심지어 성적 태도에 있어서 차이점들을 두는 것은 시대에 뒤떨어진 것이라고 생각하는 사람들조차도 그 차이점이 존재한다는 사실은 인정한다.

예를 들어 사회과학자인 캐서린 해너(Catherine Hahner)는 이런 얘기를 한다. "남성들이 점차 가정에 흥미를 잃어가는 것과는 달리 여성들은 그들의 보금자리를 가꾸고 가정을 설비하려는 시대에 뒤떨어진 욕구에 사로잡혀 있다." 그리고 나서 그녀는 다음의 사실을 인정한다. "이 말은 남녀차별주의같이 들리지만, 나는 여성들이 마음속으로 일부일처제를 바라며, 수천 년 동안 그들 자손들의 생존에 대한 책임과 남성 공급자에의 의존을 통하여 그들의 삶을 전개해 왔다고 확신한다."[1]

남녀 사이의 차이점을 이해한다는 것이 당신들 중 어느 한쪽이 저지른 혼외관계를 눈감아 준다는 말은 아니다. 남녀 모두 결혼 생활에서 서로에게 충실하도록 창조되었다. 남성들은 수세기 동안 그들의 생리학적으로 다른 역할 때문에 여성들보다 더 심한 유혹을 받아왔다. 그렇지만 유혹이 더 강하다고 해서 그것이 그릇된 행동을 정당화하는 것은 아니다.

남녀의 차이점들은 우리에게 어떤 의미인가

남녀가 다르다는 것의 기본적인 의미는 성 관계를 가질 때 서로간의 구별되는 특징들을 고려할 필요가 있다는 것이다. 남편은 아내가 단지 성적인 것뿐만 아니라 온전한 관계를 발전시키길 원한다는 것을 이해해야 한다. 따라서 남편은 아내와 바람직한 성 생활을 누리기 위해 온전한 관계를 발전시키는 데에 더 열심히 노력할 필요가 있다. 아내가 성적인(erotic) 것을 즐길 수 없기 때문이 아니라, 성을 상황 속에서 이해하기 때문이다. 자신에게 관심을 기울여 주고, 헌신적이고 부드러우며 사려가 깊은 남편과의 관계라면 그것은 그녀에게 더 가치있는 경험이 될 것이다.

아내도 남성의 시각에 대해 좀더 깊이 파악할 필요가 있다. 특히 결혼 초기에 남성은 육욕적(erotic)인 것, 즉 성의 육체적인 측면에 매우 강하게 사로잡히게 됨을 고려해야 한다. 몇 년 전에 엘렌 키이(Ellen Key)는 다음과 같은 말을 했다. "여성의 경우 성은 대개 정신으로부터 시작되어 감각으로 진행되고 때로는 거기까지도 미치지 못하며…… 남성의 경우 성은 대개 감각으로부터 정신에 이르며 때로는 결코 그 여행을 다 마치지 못한다."

성에 대한 대부분의 남성들의 육체적 능력은 18세에 절정에 이르는데, 이러한 감각적인 불을 남성 스스로 소화하기가 얼마나 힘든지에 대해 아내는 약간의 정보를 가지고 있을 뿐이다. 아내는 때때로 남편이 성의 인격적인 측면을 잊어버리는 것을 용서할 필요가 있다. 그리고 나서 그로 하여금 성이 의미하는 바에 대한 좀더 폭넓은 이해를 기르도록 도와야 한다.

그러면서 그녀는 성의 육체적 감각에 대한 욕구를 길러야 한다. 여성은 삼십대 초반에 이르면 성적인 열정이 최고조에 달하는데 그녀가 처음에 가진 태도나 시각이 이러한 성적인 조화를 방해하게 해서는 안 된다. 부부가 함께 중년에 이르게 되면 서로의 접근이 훨씬 더 동등해진다는 증거들이 많이 있다. 남편은 점차적으로 좀더 정신적인 것, 즉 친밀함의 인격적인 측면에 가치를 둘 것이며, 반면에 아내는 육체적인 것에 좀더 열정적이 될 것이다.

남녀의 차이점들은 다른 사람을 보는 시각에도 영향을 미친다
남녀간의 구별되는 특징은 당신이 서로의 성을 보는 방법에만 드러나는 것이 아니라, 당신이 다른 사람들을 바라보는 시각에도 영향을 미칠 것이다. 심리학자 제임스 돕슨(James Dobson)은 아내들에게 비록 남편들이 그들에게 자극을 주는 어떤 것이나 사람에 대해 너무나 무분별하다 할지라도 오해하거나 비난하지 말라고 권고한다. 남성은 시각 위주의 성향이 강하므로 아름다운 몸매를 지닌 여성이나 제대로 옷을 걸치지 않은 여성의 사진을 볼 때, 그것을 아름답게 느끼든 그렇지 않든 간에 성에 대해 생각한다. 심지어 그 육체를 소유한 사람의 지능지수나 인성이나 배경에 대해 전혀 아는 것이 없다 할지라도 흥분하게 된다.

여성들은 남성들에 비해 좀더 분별력이 있기 때문에 남성들의 이런 태도를 이해하기가 어렵다. 여성은 남편의 벗은 몸에 흥분될 수도 있지만 오히려 다른 요소들에 더 영향을 받는다. 그녀는 먼저 남편의 부드러움, 힘, 용기, 또는 정열에, 그리고 나서 그의 어루만지는 손길에, 그리고 나서야 그의 몸에 흥분한다.

그러므로 아내는 자기 남편이 향수 냄새를 풍기며 유혹적으로 옷을 입은 여자가 지나가는 것을 보고 고개를 돌릴 때 오해할 수도 있다. 그녀는 남편이 자기보다 다른 사람에게 더 흥미를 느낀다고 생각할 수 있으며, 남편이 결혼 생활에 만족하지 못한다고 비난할 수도 있을 것이다. 그러나 실제로 그는 다른 사람에게 더 관심이 있는 것도, 결혼 생활에 만족하지 않는 것도 아니며, 단지 '남성'일 뿐인 것이다. 그의 몸은 무엇보다도 먼저 시각적으로 유혹을 받도록 되어 있다. 그러나 유혹은 죄와 동격이 아니므로, 그것으로 인해 그가 죄를 범했다고 말할 수는 없을 것이다.

여성 역시 유혹을 받을 때가 있다. 남자 배우가 연기를 하거나 남성이 연설을 하는 것을 볼 때(심지어 목사가 설교를 할 때에도) 따뜻한 느낌에 사로잡힐 것이다. 여성은 남성의 힘이나 지혜 또는 매력이 넘치는 떨리는 목소리에 자극을 받는다.

이러한 시각적인 요소나 이미지들에 의해 영향받은 우리가 어떠한 행위를 하느냐 하는 것이 우리가 잘못을 범했는지의 여부를 결정한다. 너무나 자주 다른 데 시선을 돌리고 성적인 생각을 한다면 그 사람의 행위는 탐욕의 죄에 가까울 것이다. 부정한 것을 생각하는 사람은 죄를 범하고 있는 것이다. 이것이 바로 예수께서 "여자를 보고 음욕을 품는 자마다 마음에 이미 간음하였느니라"(마 5:28)라고 하신 말씀의 의미이다. 예수께서 모든 눈길이 죄라고 말씀하신 것은 아니다. 만약 그렇다면 성경이 말씀하시는 것과는 달리 우리는 유혹과 죄를 동등하게 취급해야 할 것이다. 하지만 예수 자신도 유혹을 받으셨으나 죄는 없으셨다.

예수께서는 간음하려는 의도를 언급하고 계셨던 것이다. 자신이 쳐다보고 있는 여자를 유혹하겠다고 마음에 이미 결정을 내린 남자들에 대해 말씀하고 계셨던 것이다. 대부분의 남자들이 성에 대한 생각을 가지고 다른 여자들을 보는 일이 있지만 의도적으로 그러지는 않는다. 여기에는 중요한 차이가 있다. 결혼한 남녀가 고의적으로 자신의 남편이나 아내가 아닌 다른 사람과의 성 관계를 생각하고 있다는 것을 발견한다면 즉각적으로 그러한 생각을 마음에서 제거해야 한다. 그러한 생각을 깊이 하는 것은 위험스럽게도 우리 속에 도사리고 있는 강한 욕망으로 하여금 활동할 수 있도록 무대를 열어 주는 것과 마찬가지이다.

보는 것 자체는 남성에게 죄가 되는 것이 아니며 자연스러운 것이다. 그가 다른 여성을 보는 것에 사로잡힐 수 있는 것처럼, 아내의 몸을 보고 즐길 수 있는 것이다. 그는 아내의 여성적 특징에 매력을 느끼도록 생물학적으로 조직되었다. 남성은 너무나 쉽게 그리고 너무도 빨리 자극을 받기 때문에 결혼 생활에서 대개 성적인 공격자가 된다. 반면에 여성은 공격의 수단을 지니고 있는 능력이 있다. 그녀가 어떤 옷을 입는가 또는 입지 않는가 하는 것은 그들 사이의 성적인 만남을 주도하는 강력한 책략이 된다.

이러한 점이 성 관계에서 남성이나 여성의 위치와 태도가 어떠해야 한다고 규정하는 것은 아니다. 당신에게 자연스럽다면 무엇이든지 정상적인 것이다. 성경은 누가 공격자가 되어야 할 것인지와 남성과 여성이 성을 다르게 보아야 한다는 점을 일일이 지시하고 있지는 않다. 이 부분은 단지 당신으로 하여금 차이점이 존재할 수 있다는 사실을 자각하게 하기 위한 것이다. 또 그러한 차이점들은 영향을 미치므로 주의하라.

여섯째 날에 하나님께서 호르몬을 창조하셨다

성의 생식적 기능은 우리에게 그것이 얼마나 지극히 육체적인가 하는 점을 상기시킨다. 이상하게도 우리는 때때로 이러한 사실을 받아들이지 않는다.

과거에, 기독교의 저술가들은 성적인 열정을 동물 같은 행위라고 여기는 경향이 있었다. 그러나 감각적이고 성적인 열정은 인간적인 것이다. 나는 성경말씀에서 남자와 여자가 동물같이 행동한다는 개념을 결코 발견한 적이 없다. 그러나 슬프게도 동물 같은 태도의 예들이 존재하기는 한다.

내 친구 중 하나가 전에 자기 아내가 성에 흥미를 잃었고 더 이상 그의 "동물적 욕정"을 만족시켜 주려 하지 않는다는 사실을 솔직하게 털어놓은 적이 있다. 결혼의 성적인 측면을 인간적이지 않은 것으로 만들어 버려서 그 가치를 떨어뜨려서는 안 된다. 하나님께서 남자와 여자를 창조하실 때, 분비선과 호르몬과 신경과 충동과 정열이 부부간에 구속됨 없이 제 기능을 다하도록 만드셨다.

우리가 이러한 성의 육체적인 측면을 무시한다면, 그것이 얼마나 우리에게 큰 영향을 끼치는지 인식하는 데도 또한 실패할 것이다. 우리는 우리 의식이 한 가지 주제에서 다른 주제로 쉽게 움직이듯이 성 역시 켰다 껐다 할 수 있도록 통제하기 쉬워야 한다고 생각하는 경향이 있다. 그러나 성욕은 지극히 육체적이고 부분적이기 때문에 통제하기 어렵다. 감각에 의해 자극을 받으면 내부에서 성욕이 끓어 반응하게 되는 것이다. 때때로 이러한 내적인 소용돌이는 우리의 사고력을 지배한다. 그것은 심지어 우리가 하루의 일에 열중하려고 애를 씀에도 불구하고 우리의 집중력을 파괴한다.

사도 바울은 이것을 이해했다. 그는 사람들에게 정욕으로 계속 불타기보다는 차라리 결혼하라고 권고했다(고전 7:9). 바울은 그들이 자신들의 성적인 작용을 잠재울 수 없다는 사실과, 그럼에도 불구하고 그것을 관리할 능력이 있다는 것을 알았다.

성은 너무나 육체적이기 때문에 언제나 쉽게 통제할 수 있는 것은 아니며, 특히 우리의 배우자도 역시 이 점에 있어서 마찬가지라는 사실을 기억해야 한다. 남자는 아내가 신체적인 요인으로 인해 성적인 흥미를 잃을 수도 있다는 사실을 인식하지 못하고 자기가 원할 때마다 언제든지 아내가 성에 준비되기를 기대한다. 심지어 아내가 피로를 느끼거나 생리 주기로 인하여 그에 대한 욕구를 느끼지 못하면 아내에게 짜증을 낸다.

여자도 역시 성적인 흥분이 남편에게 어떤 영향을 미치는지 이해하지 못해서, 남편이 짜증이 나서 잠이 오지 않게 할 수도 있다. 이런 일이 벌어지게 되는 신체적 이유들이 있다. 심지어 성 관계를 끝마친 후의 남편의 즉각적인 반응— 그녀의 격정이 서서히 가라앉을 때까지 그녀의 품에 머무르는 대신 돌아누워 잠들어 버리거나 일어나 샌드위치를 만드는 등—때문에 그녀는 낙심할 수도 있다.

그렇지만 그녀는 남편이 절정에 달했을 때 그의 온몸을 통해 무수한 분비선들을 비워버리고, 그 다음엔 긴장이 풀리고 즉각적으로 성적인 생각들이 사라져버린다는 사실을 고려해야 한다. 그녀는 남편의 성교 후의 행동에 인내할 필요가 있다. 그러나 다른 한편으로 남편도 아내가 몸과 감정이 좀더 천천히 정상적인 상태로 가라앉을 때까지 안겨 있고 싶어한다는 사실을 알아야 할 것이다.

할 수 있는 한 모든 것을 배우라

그러므로 당신이 성의 육체적 측면에 관해 할 수 있는 모든 것을 배우는 것은 당연한 일이다. 당신은 한 전문가의 말대로 "자연스럽게 자극이 일어나는 대로만 행한다면 매번 실패할 것이다"라는 것을 배울 것이다. 그는 성을 위한 남성의 준비시간이 여성보다 훨씬 짧다는 사실을 언급하고 있다. 남성은 마른 나뭇잎 더미와 같아서, 쉽게 불이 붙고 급속도로 열이 오른다. 하지만 여성의 신체는 숯더미와 같아서, 천천히 불타기 시작하지만 절정에서는 남성과 같은 정도로 열이 오른다. 그러나 이런 과정에는 긴 시간이 필요하다. 따라서 부부가 자연스럽게 자신이 끌리는 대로만 행동한다면 남편은 아내가 어느 정도 흥미를 갖기도 전에 절정에 달할 것이다.

성에 관한 좋은 안내 책자들은 당신이 이러한 문제들을 이해하는 데 도움을 준다. 당신은 그 책을 통해 심지어 그 동안 자신이 배우자나 자신의 성적인 구조에 관해서도 전혀 알지 못하고 있었다는 사실을 발견할 수 있을 것이다. 많은 남성과 여성들은 성적인 반응에 있어서 여성의 클리토리스(clitoris)가 어떠한 역할을 감당하는지 거의 이해하지 못하고 결혼한다. 이것은 매우 작고 눈에 띄지 않기 때문에 그 존재조차도 거의 인식할 수 없다. 그리고 아내가 말해주거나 대화나 독서로부터 정보를 얻지 못하면, 남성들은 성교시의 클리토리스의 역할, 특히 여성에게 오르가슴을 가져다 주는 역할을 하는 부분에 대해 알 수 없을 것이다. 이러한 무지는 특히 결혼 초기 몇 달간의 민감한 시기에 문제를 일으킬 수 있다.

성 안내서들이 분명히 필요함에도 불구하고, 나는 그것에 반대하는 그리스도인들을 보아왔다. 이러한 종류의 책들은 기존에는 부모나 삼촌에 의해 전달되어 왔을 성에 관한 정보들을 오늘날 전달하는 좋은 방법이다. 정원을 가꾸는 방법과 앵무새를 기르는 법에 대한 책을 읽는 것이 이치에 맞는 일이라면, 어떻게 성 관계를 할 것인가 하는 복잡한 문제에 관한 책을 한두 권 가지는 것은 합리적인 일이다.

성은 하나됨을 만드는 통로이다

결혼에서의 성은 창세기 2장의 연구로 알 수 있는 바와 같이 생식의 기능을 넘어선다. 창세기 1장에서는 이 땅 위의 인구를 늘리는 것을 강조하고 있는 반면에 2장에서는 그 강조하는 점이 다르다. 2장은 성을 임신보다는 동반의식과 관련해서 말하고 있다. 하나님께서는 여자와 성 경험을 창조하셔서 남자로 하여금 외롭지 않게 하셨다. 그가 아내와 하나가 되는 것은 육체적 감각을 통하여 이루어진다.

결혼에서 성은 하나됨을 만들기 위한 것이다. 육체의 연합에서 경험되어지는 친밀함과 행위에서의 감정적 반응들은 인간이 경험할 수 있는 다른 어떤 것과도 비길 수 없다. 아가서는 "사랑은 죽음같이 강하"다고 말하며, 육체의 감각적 끈이 얼마나 강할 수 있는지를 말하고 있다(아 8:6). 그것은 단순히 성적인 교제 자체가 연합이라는 말이 아니라, 오히려 성적인 결합이 연합의 통로요 상징이라는 것이다. 사람들의 성 경험에 대한 연구는 그것을 증명한다. 남녀 모두가 다음과 같은 말을 한다. "성은 가까운 느낌을 줍니다." "성은 내가 다른 사람과 친밀한 애정관계를 가지고 있다는 것을 확신하게 하지요." "나는 우리가 관계를 가질 때 용납되어지는 느낌을 받습니다."

실제로 육체의 결합을 통해 다른 영역들 역시 하나됨이 이루어지고 있는 것이다. 성적인 관계는 마치 서로간의 감정, 서로의 가치를 인정하는 마음, 그리고 상호 이해가 흐르는 통로와 같다. 성적인 관계 때 이루어지는 동작의 흐름은 감각적이지만, 또한 감정적이고 지적이며 영적인, 전인을 포함하는 행위이다. 성은 또한 하나의 상징이다. 그들의 벌거벗은 결합 속에서, 부부는 삶의 다른 부분에서 그들이 갈망하는 교제를 상징한다.

혼외의 성은 마치 전화를 가지고 하는 장난과 같다

결혼에 이러한 고매한 성의 목적이 있음을 생각한다면 혼외의 성이 너무나 잘못된 것임을 알 수 있다. 결혼과 동떨어진 성은 관계와 동떨어진 성이다. 성은 평생동안 한몸을 이루겠다고 헌신한 사람들에게 속한 것이다. 이보다 덜하다면 그 어떤 것이라도 성에서 그 의미를 찾을 수 없다. 그것은 서로 의사 소통할 것이 아무것도 없을 때 의사 소통 장치를 사용하는 것과 같다. 마치 아이가 심각하게 해야 할 말이 전혀 없는 데도 전화를 가지고 장난하는 것과 같다.

한 사람이 다른 사람과 성 관계를 할 때, 그는 상대방에게 이렇게 말하고 있는 것이다. "나는 당신에게 연합되고 싶어요. 내 모든 것을 다 바쳐 당신과 교제하고 싶어요." 육체적 결합은 단지 전적인 연합의 부분일 뿐이다. 전적으로 결합하고자 하는 열망이 없이 육체적으로 결합하는 것은 성에서 그 의미를 빼앗아 가는 것이다.

이렇게 전적으로 친밀해야 한다는 사실 때문에 우리는 한 사람 이상의 사람과 성적인 하나됨을 공유할 수 없다. 그 교제는 너무나 깊고 너무나 많은 것을 요구하기 때문에 여러 곳으로 분산될 수 없다. 너무나 얇게 퍼진다면 그것은 그 의미를 상실할 것이고… 결국 중단될 것이다. 다른 이와의 진정한 하나됨을 부분적인 것으로 만들 수는 없으며, 결국 전적인 연합이 아닌 자신의 일부만으로 하는 성 관계는 성을 기계적이고 불만족스러운 것으로 만드는 일일 뿐이다. 혼외 정사는 잘못인데, 이는 성이 나쁜 것이어서가 아니라 너무도 좋은 것이기 때문이다.

성 행위와 성이 가진 의미를 분리시킨 일은 인간의 역사에 재앙을 가져왔다. 사람들은 자기들의 감각적인 욕구를 충족시키기 위해 서로를 이용하고 속인다. 그들은 자신들의 친밀함에의 기본적인 갈증이 이러한 방법으로 해소될 수 없다는 것을 전혀 깨닫지 못한다. 실제로 서로에 대한 헌신이 없는 성이 더 큰 외로움을 가져다준다는 것은 명백한 사실이다. 그리고 그것은 확실히 오래 지속되는 성적 만족을 주지 않을 것이다.

조안 게리티(Joan Gattity)는 이런 사실을 보여주는 두드러진 예라 할 수 있다. 그녀는 일찍이 여성에 의해 출판된 가장 솔직한 성 관련 도서를 쓴 저자 중의 하나인데, 문란한 사생활 때문에 더 유명해졌다. 그녀가 쓴 책은 「감각적인 여성(The Sensual Woman)」이란 제목이 붙여졌고, 그녀의 성적 업적을 모든 사람이 읽도록 기술함으로써 즉시 백만장자가 되었다. 이 책은 여성들에게 언제 어디서나 누구와도 어떤 방법으로 관계를 할 수 있는지를 설명해 주었다. 북미에 있는 사람들은 1,400만부를 순식간에 해치웠고, 그 저자를 미국 역사에 있어서 혼외 성의 여성 주창자로 가장 널리 알려지게 했다.

그러나 조안 게리티가 지금 무엇을 하는 있는지 그리고 무슨 생각을 하고 있는지에 관해서는 그다지 널리 알려지지 않고 있다. 「감각적인 여성」을 저술한 후 10년 이상이 지난 지금 그녀는 결혼을 한 상태이다. 그녀는 골프에 관한 책과 또 다른 요리에 관한 책을 써오고 있다. 수 년 동안이나 관계 없는 성을 실행하고 주창하던 그녀가 이제는 다음과 같이 말한다. "최고의 성은 당신이 사랑하는 사람과 하는 것이다." 수 년 동안의 실험 후에야, 그녀는 이제 성경이 확증하는 바를 말하고 있는 것이다. 성은 하나됨을 위한 것이며 하나됨은 참으로 성을 가치있게 만든다.

만일 성이 언어라면 당신은 무엇을 말할 것인가?

성에 있어서 하나됨의 중요성은 부부가 그들의 감각적인 친밀감과 함께 전인적인 친밀감을 개발하는 데 열심히 노력해야 한다는 것을 말해 준다. 그리고 그 두 가지는 상호작용을 한다. 좋은 관계는 성을 좋은 것으로 만들 것이며, 만족스러운 성은 당신이 서로 좋은 관계를 가지도록 도울 것이다.

물론 빈약한 성 경험이 더 폭넓은 친밀감을 방해할 수도 있다. 성은 언어이므로 당신들이 전달하고 있는 바를 자세히 살펴보아야 할 것이다. 성을 통하여 우리는 서로에게 입으로 말을 하지 않고도 아름다운 말들을 전할 수 있다. 우리가 부드럽고 따뜻하고 서로를 배려하는 육체적 만남을 가질 때, 다음과 같은 의미들이 전달된다. "당신을 사랑해요. 당신에게 관심이 있어요. 당신과 같이 있는 것이 즐거워요. 제가 당신에게 위안이 되었으면 해요. 당신에게 내 자신을 드러내는 것이 좋군요. 나는 당신의 모든 것을 좋아해요."

그러나 당신들 사이의 성 관계가 좋지 않다면 긍정적인 의미는 전달되지 않을 것이다. 대신에 무언으로 다음의 말들을 드러내게 될 것이다. "당신에겐 관심이 없어. 당신과 있는 것은 힘든 일이야. 당신을 좋아하지 않아요. 나는 당신의 모든 것에 관심이 없어요. 당신이 낯설게 느껴져요. 내 자신을 당신에게 알리고 싶지 않아요."

억압되고 내성적인 상대와 함께 사는 사람들은 인내해야 할 필요가 있다. 그러한 사람들은 상대가 성적인 흥미나 반응을 보이지 않음으로써 앞서 말한 부정적인 의미를 전달하려고 하는 것은 아니라는 사실을 알아야 한다. 현재 남편 앞에서 편안하게 옷을 벗을 수 없는 젊은 아내를 보고 "내 자신을 당신에게 보이고 싶지 않아요"라고 말하고 있는 것으로 생각할 수 있다. 그러나 실제로 알리고 싶지 않은 것이 아니라 도무지 자신을 알릴 수 없는 것일 수도 있다. 남편은 그녀를 이해하고 그러한 행동을 부정적으로 해석하려는 경향을 거부해야 한다.

심리적인 억압 상태에 있는 배우자는 자신의 행동으로 인해 전해지고 있을지도 모르는 메시지를 인식하고 그것을 보완하려고 노력해야 한다. 그(또는 그녀)는 자신에게 일어나고 있는 것들을 설명하는 데 열심히 노력할 필요가 있다. 내적인 투쟁을 공개해야 할 필요가 있는 것이다. 억압 상태에 있는 배우자는 자신이 침실에서 전달하고 있지 못하는 메시지를 다른 방법으로 전달해야 할 것이다.

예를 들면 성적인 충동이 부족하고, 아내의 필요를 잊어버리는 경향이 있는 남편은 무의식중에 아내에 대해서 전혀 관심이 없다고 말하고 있을 수 있다. 그는 이 문제를 깨닫고 해결하기 시작해야 한다. 한편으로 그녀가 의미있다고 여기는 방법으로 그녀에 대한 관심을 나타내는 반면에, 그녀에 대한 자신의 성적 관심을 발전시키려고 해야 할 것이다. 부부가 성적으로 적응을 하는 초기 몇 년 동안에는 그들이 함께 해야 할 성에로의 여행과 결혼 여행을 풍성하게 하는 것을 방해하지 않도록 나쁜 메시지가 전달되지 않게 주의해야 한다.

부정적인 메시지들을 무시하지 말라

이러한 부정적인 메시지들은 화가 난 상대의 마음속에서 매우 강하게 작용할 수 있지만 그것을 전달하고 있는 사람은 그 영향력을 완전히 이해할 수 없을 것이다. 다음의 예는 어떻게·결혼생활이 그렇게 짧은 시간에 악화될 수 있는지를 제시하고 있다. 이 예들은 모두 너무나 보편적인 것들이다.

이 년 이상 사귀어 왔기 때문에 프랭크와 루이스(Frank and Louise)는 24개월 이상 충분히 그들의 관계를 시험하고 분석하고 철저하게 즐긴 후에 그 관계 속에서 행복해 했다. 그래서 그들은 두 사람 사이에 있는 진정한 존경과 사랑과 이해에 만족을 느꼈고 결혼하기로 결정했다. 결혼식 하루 전날 그가 "사랑해." 하고 고백했을 때 그녀는 전적으로 그를 믿었고, 그도 역시 그러했다.

그러나 그들의 신혼 여행은 엉망이었다. 광고지에 나왔던 것과는 전혀 딴판인 피서지에서 매일 같이 비가 왔을 뿐만 아니라, 그녀는 그가 잠자리에 서툴다는 것을 발견했다. 전에 그는 사려가 깊고 낭만적이었지만 이제 그는 성급하고 초조한 상태에 놓여 있었다. 행위의 새로움과 그녀와 단둘이만 있는 즐거움이 그의 필요를 쉽게 충족시켜 버렸기 때문이었다. 그러나 7일 밤의 성 행위 기간 동안 그녀는 한 번도 절정에 이르지 못했다.

간단하게 말하면 그녀는 실망과 초조와 충족되지 않은 느낌을 가졌다. 문제는 아마도 그의 무지함에도, 그리고 그녀가 자신의 필요를 그에게 말하기를 꺼려한 데에도 있었을 것이다. 그녀는 그에게 상처를 주기 원치 않았으므로 모든 것이 잘 되는 것처럼 행동했다.

그가 그녀의 필요를 계속해서 무시하자, 그녀에게는 나쁜 느낌들이 전달되기 시작했다. 그는 계속해서 말없이 그녀에게 이런 의미를 전달하고 있었다: "나는 이기적이야, 당신에 대해서 신경쓰지 않아." 그렇지만 이것은 거의 사실일 리가 없다. 이 년 동안의 시험을 거치며 밀접한 관계를 가지던 남자가 그렇게 돌변할 수 있는가? 그녀는 이것이 사실이 아니라고 자신을 설득하려고 애를 썼다.

성적인 문제는 계속해서 그들의 관계를 우울하게 물들였고, 그들 중 어느 누구도 어떻게 해결해야 할지를 몰랐다. 그들의 관계를 긍정적으로 유지하기 위해 두 사람 모두 많이 이야기하고 자신들의 무지와 성에 관련된 두려움을 극복할 필요가 있었던 것이다.

부부의 침실에서 나오는 메시지는 너무나 큰 소리로 전달되기 때문에 무시할 수가 없다. 성은 아름다운 언어이므로 어떻게 그것을 유창하게 말할 수 있을지를 배우는 것은 수고할 가치가 있는 것이다.

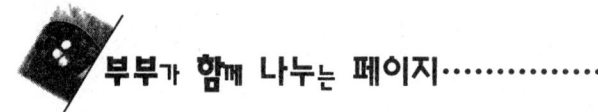부부가 함께 나누는 페이지

차이점들을 구별하기

당신은 남성과 여성이 성에 접근하는 방법이 다르다는 사실을 믿는가? 만일 그렇다면 이 다른점들이 결혼생활에서 어떤 차이점을 만들어 내는가? 이 페이지는 당신들 각자가 이 문제에 대해서 어떻게 생각하고 느끼는지 좀더 깨닫게 되는 기회를 제공할 것이다. 그로 인해 서로를 더 많이 이해하고 존중하게 되어야 할 것이다.

다른 장의 "부부가 함께 나누는 페이지"에서와 마찬가지로, 당신은 의견을 나누는 데 있어서 솔직해야 하며, 상대의 말을 들을 땐 수용적인 태도로 들어야 한다.

제 1 단계:
각자가 다음의 차이점들이 존재한다고 믿는지 또는 그렇지 않은지 점검하라(주의: 다음의 모든 것이 연구를 통하여 반드시 사실로 입증된 것은 아니다. 그것들은 당신의 생각을 촉진시키기 위해 주어진 것이다).

남성들은 여성들보다 더 '보는 것'에 의해 자극을 받는다. (예, 아니오)

여성들은 남성들보다 성 경험을 덜 원한다. (예, 아니오)

여성들은 성 관계를 갖기 위한 상황으로서의 관계의 안정에 대해 남성들보다 관심이 많다. (예, 아니오)

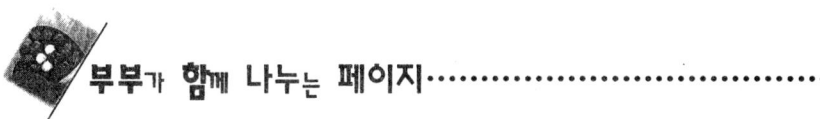 부부가 함께 나누는 페이지

남성들은 성을 얻기 위해 사랑을 원하고, 여성들은 사랑을 얻기 위해 성을 원한다. (*예, 아니오*)

여성들은 성을 통하여 얻은 친밀감을 남성들보다 더 소중히 여긴다. (*예, 아니오*)

남성들은 여성들과는 달리 며칠마다 성적인 해소를 해야 할 신체적 필요를 지닌다. (*예, 아니오*)

여성들은 남성들보다 관계 전의 애무에 흥미를 더 느낀다. (*예, 아니오*)

남성과 여성의 오르가즘의 감각은 매우 다르다. (*예, 아니오*)

여성들은 남성들보다 더 쉽게 성에 관해 이야기한다. (*예, 아니오*)

여성들은 관계를 하는 동안 남성들보다 더 이야기를 많이 하는 경향이 있다. (*예, 아니오*)

결혼 초기에 여성들은 성에 관해 남성들보다 더 부끄러워하고 당혹해하는 경향이 있다. (*예, 아니오*)

여성들은 남성들보다 더 낭만적인 경향이 있다. (*예, 아니오*)

그 외 _____

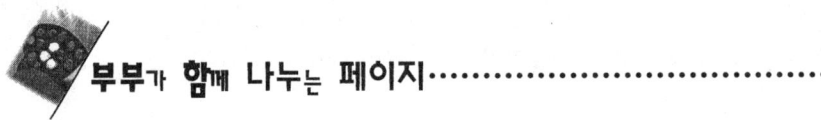 부부가 함께 나누는 페이지······················

제 2 단계:

목록에 있는 첫 번째 항목으로 시작해서, 서로의 답을 함께 나누라. 그리고 당신 자신의 대답과 상대방의 대답이 어떻게 관련되는지 토론하라. 당신은 두 사람 사이에 차이점이 있다고 믿는가? 이 토론이 당신으로 하여금 상대방과 성에 대한 당신의 접근을 더 잘 이해하도록 도우라.

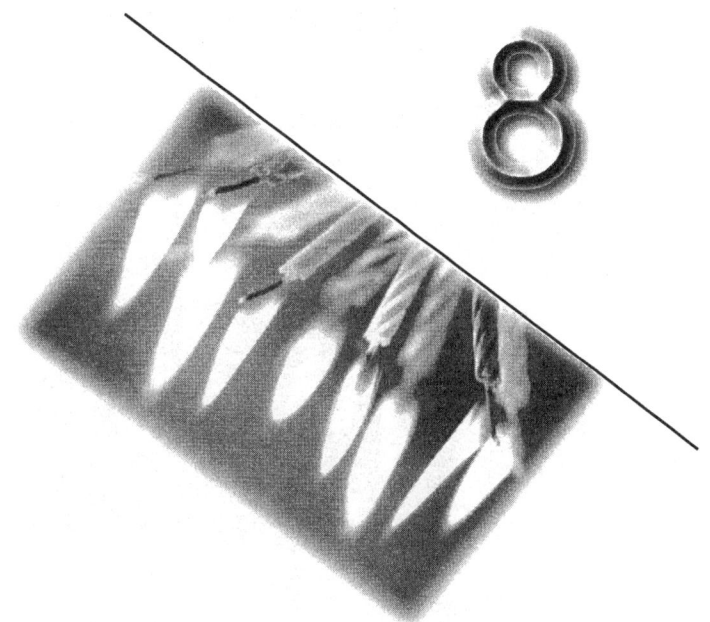

육체적 감각을 확인하기
성경이라는 거울에 비추어 본 성 생활(제 2 부)

활이 없이는 바이올린이 바이올린으로서
의미가 없듯이, 당신들 중 한 사람도
상대가 없이는 자신을 깨달을 수 없다.

8. 육체적 감각을 확인하기

성경이라는 거울에 비추어 본 성 생활(제 2 부)

"**화**"요일 밤의 영화"를 선전하는 TV의 어느 막간 광고에서 감각적이고 유혹적인 여성을 클로즈업시키며 보여준다. 느린 스타카토 리듬으로 그녀는 앞에 서 있는 남자에게 격렬한 도전의 말을 한다. "나는 당신이 감당할 수 있는 것 이상의 여자예요." 장면은 희미해지고 극적인 음악이 흘러나오면서, 시청자들로 하여금 그녀가 의미하는 것이 정확하게 무엇인지 나름대로 생각하도록 여운을 남긴다.

분명히 그녀의 말과 장면은 육체적인 성에 관련된 환상들을 불러일으키도록 계획된 것이다. 만일 그 여배우가 "나는 당신이 감당할 수 있는 것 이상의 사람이에요" 하고 말했다면, 그 효과는 완전히 딴판이었을 것이다.

여성이나 남성을 단지 그들의 성적인 역할만 가지고 생각하는 것은 감각적 사회가 우리에게 주는 해로운 이미지 중 하나이다. 사람을 단지 성의 대상으로만 보는 것은 인간성을 잃게 하고 인격을 상실하게 한다. 그것은 부분적인 것에 초점을 맞추고 마치 그것이 전체인양 강조한다. 여성 또는 남성이 된다는 것은 성적인 역할을 잘 감당하는 사람 그 이상이 되는 것을 의미한다.

그렇지만 다른 한편으로 우리의 인간됨 속에 있는 성적인 부분을 무시해서는 안 된다. 우리가 남성 혹은 여성이라는 사실은 인간으로서의 우리의 정체성과 관련되어 있다. 두 사람이 하나된다는 것이 의미하는 내용에는 각자가 자신을 남성으로, 혹은 여성으로 받아들인다는 것이 포함되어 있다. 하나님께서는 우리가 한 성 또는 그 반대의 성이 되도록 결정지으셨다. 예수께서 물으셨다. "사람을 지으신 이가 본래 저희를 남자와 여자로 만드시고… 하신 것을 읽지 못하였느냐(마 19:4-5).

성은 우리 자신을 찾을 수 있게 돕는다

남성 또는 여성으로서 우리가 가진 정체성은 단순히 생육을 용이하게 하기 위한 일시적인 장치가 아니다. 우리는 앞에서 사람의 남성적-여성적 속성은 하나님의 속성과 연결되어 있다는 것을 살펴보았다. 심지어 성적인 구별은 영원까지 계속될지도 모른다. 예수께서 천국에서는 결혼이 없을 것이라고 말씀하셨으나 그것이 우리가 여전히 남성 또는 여성으로서 취급될 것이라는 가능성을 없애 버리신 것은 아니다. 바울이 "유대인이나 헬라인이나 종이나 자주자나 남자나 여자 없이 다 그리스도 예수 안에서 하나"라고 말하지만, 영원한 미래에도 여전히 다양한 모습 속에서 하나됨의 증거로서 그렇게 구별될 것이다.

그러므로 결혼한 두 사람이 성적인 합일을 경험할 때, 그들은 또한 남성으로서 또는 여성으로서의 자신을 확인하고 있는 것이다. 남성다움 또는 여성다움이 우리의 가장 중요한 이미지라는 말은 아니다. 우리 자신들에 대한 가장 중요한 개념은 우리들 각자가 하나님의 자녀라는 것이다. 이러한 사실로 인해 한 인간으로서 건강하고 전인적인 자아 개념을 가질 수 있는 것이다.

그러나 사람이 결혼을 하면 성적인 측면과 관련하여 자신을 바라보게 된다. 그렇기 때문에 결혼한 남자가 어떠한 원인으로 인하여 성 불능이 되면 인간됨의 위기를 느껴 고통을 겪게 되는 것이다. 오르가즘을 경험할 수 없고 성 관계를 즐길 수 없는 여성은 단순히 어떤 쾌락만을 잃는 것은 아니다. 그녀는 자신이 불완전한 인간이라고 느끼게 될 것이다.

그러나 그러한 고통을 겪고 있는 사람이라 할지라도 정체감 퍼즐의 잃은 조각을 보충할 수 있다. 결혼한 모든 부부가 한 개인으로서 또는 부부로서 완전함을 느끼기 위해 끓어오르는 왕성한 성적 표현을 해야 하는 것은 아니다. 실제로 육체적인 성은 단지 수많은 퍼즐로 이루어진 그림의 한 조각일 뿐이다. 성의 영역에서 부부가 성적으로 유명한 인물이나 국가적인 평균치에 미치려고 애를 써야 할 필요는 없다. 가장 중요한 것은 상호 만족과 완성이다.

그러나 성 경험을 방해하는 성적인 표현의 문제나 관계의 문제들이 있을 때마다, 이미지 문제가 여전히 남게 된다. 예를 들면 그러한 남편은 자신에게 다음의 말을 할 것이다. "나는 남성답지 않아." 반면에 좋은 성 관계를 가지는 사람은 이렇게 말할 것이다. "당신은 내가 여성답게 느끼게 하는군요." 또는 "당신은 나로 하여금 남자답게 느끼게 하는군요."

하나님의 말씀이 결혼에서의 성을 사람의 개인적인 자아상에 연결시킨다는 것을 깨달을 때 몇 가지 아주 실제적이고 흥미로운 지침들이 초점에 맞추어질 것이다.

브라보! 당신은 나와 반대의 성이군요

첫째로, 부부의 성 관계와 자아상의 관계를 통하여 우리는 하나님께서 부여하신 배우자의 성적인 속성을 인정해 주어야 한다는 것을 알 수 있다. 많은 사랑의 언어들이 사랑하는 이의 남성다움과 여성다움에 대한 찬사로 이루어져 있다는 것은 놀랄만한 일이 아니다.

아가서도 다른 사랑 노래들과 마찬가지로 남성과 여성의 아름다움을 탐험한다. 아가서의 저자는 그 여인에 대해 "내 사랑 너는 어여쁘고도 어여쁘다"라고 말한다(4:1). 그리고 나서 그는 그녀의 눈으로부터 시작하여 젖가슴에 이르기까지 넘쳐흐르는 지극히 여성스러운 매력들을 묘사해 나간다. 7장에서 그의 눈은 그녀의 발로부터 흘러내리는 머리털에 이르도록 그 아름다움을 찾아 헤매인다. 그러한 생생한 표현들로 우리는 그가 그녀를 한 여인으로 보고 있다는 사실에 의심할 여지가 없다. "네 넓적다리는 둥글어서 공교한 장색의 만든 구슬 꿰미 같구나… 두 유방은 암사슴의 쌍태 새끼같고… 목은 상아 망대 같구나…

드리운 머리털은 자주빛이 있으니 왕이 그 머리카락에 매이었구나."
(7:1하, 3상, 4상, 5하).

그러나 상대의 성적인 아름다움을 인정해 주는 것은 남자에게만 해당하는 일이 아니다. 아가서 5장에 보면 여자도 역시 그의 남성다운 특징들에 대한 찬사—상아와 같이 윤기가 흐르는 그의 몸, 황금으로 만든 노리개와 같은 팔, 달콤함이 가득한 입, 화반석 기둥 같은 다리 등—를 나타내고, "입은 심히 다니 그 전체가 사랑스럽구나" 하고 끝을 맺는다 (5:10-16).

바람직한 성 생활은 이렇듯 상대를 인정하는 분위기 속에서 번성한다. 긍정적인 성 행위와 성 관계는 서로를 성적으로 인정해 주는 것이다. 서로가 말이나 다른 일상의 활동들을 통하여 각자의 특징적인 속성들을 확실하게 인정한다면 언제든지 만족스러운 성 생활을 할 수 있는 기회가 늘어날 것이다. 긍정적인 인정은 육체적인 행위에 의미를 더해 주며, 그 반대도 마찬가지이다. 이 두 가지는 밀접하게 함께 얽혀 있다.

찰리 쉐드(Charlie Shedd)는 남성들에게 자신의 아내를 인정하는 일에 열심히 노력하라고 충고한다. 그는 아내에 대해서 진심으로 감탄하는 점 서른 가지를 적으라고 말한다. 그리고 나서 그 달의 첫 날에는 기회가 올 때마다 아내에게 자신이 적어 놓은 첫 번째 찬사를 표현하고, 두 번째 날에는 두 번째 칭찬을 하는 등의 일을 할 것을 권한다. 한 달이 지난 뒤에는 아내에게 감사하는 항목 네 가지를 생각해 내고 다시 매 주마다 한 가지씩 새로운 것을 그녀에게 표현할 수 있게 된다. 쉐드가 남편들에게 제안한 것은 아내들을 위해서도 역시 좋은 훈련이 될 것이다. 당신이 어떠한 방법으로 그것을 실행하든지 간에 상대를 긍정적으로 인정하는 것에 강조를 두라.

이것 말은 또한 부정적인 것—특히 상대의 성적인 정체성을 손상시키는 말들—을 피하라는 의미이다. 나쁜 농담이나 비꼬는 말들은 당신의 성 생활을 도울 수 없다. 만일 거실에서 서로를 깎아 내린다면, 침실에서 그러는 것은 더욱 더 쉬울 것이다.

성과 관련하여 서로의 접근이나 제의 또는 제안을 거절해야 할 사정이 있을 때에는 할 수 있는 한 부드럽게 해야 한다는 사실을 명심하라. 남편은 거절당했을 때, 단지 어떠한 쾌락의 순간들을 놓친 것 때문이 아니라 남성으로서의 자신이 거절되었기 때문에 실망할 수 있다. 그럴 때 서로 간에 올바른 이해를 가지는 것과 단지 변명이 아닌 설명을 할 수 있다는 것은 매우 중요한 일이다. 다음과 같이 상대를 인정해 주는 말로써 거절한다면 거절로 인한 고통을 덜어 줄 것이며, 상대로 하여금 쉽게 안정을 취하게 할 것이다. "오늘밤만은 할 수 없어요. 그렇지만 당신같이 매력적인 남자를 오래 멀리한다는 것은 불가능한 일이라고 생각해요."

물론 여자도 비슷하게 거절당하는 일이 있을 수 있고 그 때 남편은 주의 깊게 대처하는 법을 배워야 할 필요가 있다. 우리가 만일 성 행위에 대해 충동적인 자세만을 취하고 성을 통해 느낄 수 있는 합치를 인간의 삶에서 즐거움을 주는 사소한 순간이라고 결론내린다면 성이 배우자의 삶에서 차지하고 있는 합법적이고 중요한 역할을 쉽게 무시할 수 있을 것이다. 그러면 우리는 얼마나 쉽게 상대에게 깊은 상처를 입히게 되는지 완전히 이해하지 못할 것이며, 상대가 겪고 있는 고통의 정도가 어떠한지 파악하지 않은 채, 부지중에 계속해서 상처를 줄 것이며, 배우자가 그것을 너무나 심각하게 받아들이는 것을 어리석다고 느낄 것이다.

당신이 바이올린과 결혼했다면 활이 되어라

성과 자아상의 관계에서 얻을 수 있는 또 다른 실제적인 메시지는 "당신 자신의 성(sexuality)을 주장하라"는 것이다. 남자는 자신의 남성다움으로 인하여 여자로 하여금 여자답게 느끼게 하며, 여자도 또한 자신의 여성다움을 주장함으로써 남자로 하여금 남성다움을 느끼게 한다. 당신의 성적인 특징을 완전하고 금지됨 없이 표현한다면 그것으로 상대를 인정하게 될 것이다. 바이올린과 활처럼 당신들 두 사람은 조화를 이룰 것이다. 활이 없이는 바이올린이 바이올린으로서 의미가 없듯이, 당신들 중 한 사람도 상대가 없이는 자신을 깨달을 수 없을 것이다.

아마도 이것은 성에 관심이 없고 무딘 배우자의 심각함을 드러내는 한 요인이라고 할 수 있다. 부부 행위를 참아내는 아내나 자신의 아내를 단순히 기쁘게 해주는 남편은 친절하다고는 할 수 있지만 상대를 완전히 인정한다고 볼 수는 없다.

성 행위시 배우자가 좋아하는 일을 익히는 것은 성적인 적응에 있어서 매우 중요한 부분이다. 자신을 그런 남성 또는 여성으로 주장할 때, 당신은 상대가 가지는 스스로에 대한 이미지를 확증해 주고 있는 것이다. 이 말은 자신의 여성다움이나 남성다움을 입증하라는 뜻은 아니다. 성적으로 뛰어난 행위자가 될 수 있다는 현대적 개념을 강조하고 싶지는 않다. 내가 말하는 것은 성적인 역할을 입증하는 것이 아니라 완성하는 것을 의미한다. 성적인 경험을 향상시키는 것은 서로를 감동시키기 위해서가 아니라 서로가 자신의 성적인 이미지에 관해 좋은 느낌을 가지도록 지원하기 위해 수행해야 할 것이다.

가능한 한 많이 당신의 남성다움이나 여성다움이 상대의 입에서 나오는 말로 입증되는 것이 중요하다. 탈의실에서 뭇사람들이 동경하는 그러한 종류의 남자가 되려고 애쓰는 남편은 아내로부터 좋은 반응을 얻지 못할 것이다. 아내는 따뜻하고 부드러운 남편을 원하는데 그는 힘과 숙달된 모습의 역할을 감당하려고 노력하는지도 모른다.

아내도 역시 남편의 여성관을 오해할 수 있다. 그녀는 남편 앞에서 자신과 친구들이 속한 선교단체의 여성처럼 보이고자 노력할 수도 있다. 남편은 진지하고 하나님께 헌신된 아내를 원하기는 하지만 또한 성적인 매력이 있고 함께 유쾌한 시간을 보낼 수 있는 아내를 원할 것이다. 그러한 이미지는 서로 대립되는 것이 아니다. 남자가 강하면서도 부드러울 수 있고, 여자가 경건하면서도 감각적일 수 있는 것이다.

아내가 원하는 것

우리는 일반적인 연구 결과들을 통해서 남성과 여성이 서로에 대해서 원하는 것이 무엇인지 아는 데 도움을 얻을 수 있다. 그러나 이러한 발견들이 당신이나 배우자에게 전혀 해당되지 않을 수도 있다. 자신들이 가지고 있는 개념들을 서로서로 토론할 수만 있다면, 그것은 가장 큰 유익이 될 것이다. 연구의 결과들은 당신들의 토론을 촉진시킬 것이다.

일반적으로 여성들은 낭만적인 남성을 원하는데, 이는 육체적인 즐거움이 중요하지 않기 때문이 아니다. 그녀는 낭만적인 관계를 통해서 놀라움과 새로움을 얻게 되기를 원한다. 그녀는 청소년기에 새로운 남학생들을 만나고 그들을 통하여 자신과 인생에 대하여 새로운 것들을 배우는 흥분과 기대에 사로잡혀 있었다. 낭만은 그녀의 육체뿐만이 아니라 그녀 자신에 대해서 칭찬을 받는 것을 의미했으며, 관심을 받

것, 누군가 일부러 그녀를 주목하고 심지어는 아주 소중히 생각하는 것 등을 의미했었다.

여성이 언제까지나 그러한 십대의 환상과 기대에 빠져 있을 수는 없지만, 자신의 남편이 그들의 낭만적 관계에서 흥분과 놀라움이 사라져 버리도록 내버려둔다면 실망하게 될 것이다. 그녀는 결혼 생활이 매일 아침 반복되는 7시 통근열차 같은 것이 아니라 사랑의 보트 위에서의 낭만적인 여행이 되기를 기대한다. 만일 그녀가 지나칠 정도로 많은 환멸을 느끼고 고통스러워한다면, 지겨운 결혼 생활로부터 도피하려고 낭만 소설이나 몽상 속으로 몰입할지도 모른다.

그것은 남편이 매일 밤을 야성적인 낭만으로 채워야 한다는 말이 아니다. 매일의 일들은 두 사람 모두의 정력을 약화시킬 것이며, 또한 그들은 생활 속에서 실제적인 위기들과 다른 문제들에 부딪히게 된다. 그렇지만 어떠한 직업과 수입과 상황에 처한 남자들이든지 자신들의 결혼 생활을 낭만적인 요소와 함께 활기차게 유지하는 창조적인 방법을 배워왔다.

해마다 세계를 넘나드는 유람선에 오르자고 남편에게 조르는 아내는 거의 없다. 그들은 집 근처에 있는 값싼 음식점도 환영할 것이다. 여성들은 오로지 자신에게만 관심을 갖는 흥미롭고 매혹적인 남편의 동반을 원한다.

조 딜로우(Jody Dillow)는 아가서에 대한 그의 실제적인 주석에서 낭만일 수 있는 몇몇 훌륭한 제안들을 한다. 남편은 자신의 아내만을 위한 낭만적인 접근이나 모험들을 만들고 싶어할텐데 것인데, 딜로우의 생각들은 이러한 당신의 창조적인 펌프에 발동을 걸어 줄 것이다.

- 주중에 그녀에게 전화를 걸어 주말에 하루 저녁 외출하자고 말하면서 어디로 갈지를 비밀로 하라.
- 하루 저녁 그녀를 완전히 쉬게 하고 부엌을 치우라.
- 조금 외진 곳에 차를 세우고 그녀에게 입을 맞추고 저녁시간을 함께 이야기하며 보내라.
- 저녁 식사 후에 그녀를 위해 목욕물을 받으라. 욕실에 향초를 피우고 물 속에 목욕용 기름을 넣고 저녁 식사 후에 바로 그녀를 그곳으로 보내고 자신이 설거지를 하라.
- 직장에서 전화를 걸어 당신이 그녀에 대한 좋은 생각을 하고 있었다고 말하라.
- 그녀에게 사랑의 편지를 써서 속달로 보내라.
- 놀래줄 만한 주말을 계획하라. 예약을 하고 때가 되면 그녀에게 여행가방을 챙기게 하되, 어디로 갈 것인지 말하지 말라. 그렇게 하는 것이 어떠한 장소를 낭만적으로 만들어 줄 것이다.
- 그녀의 온몸을 향내나는 로션으로 맛사지해 주라.
- 그녀의 오래된 속옷을 바꾸어 주라.[1]

이러한 낭만적인 계획들의 대부분은 남성들이 분명하게 성적으로 자극을 받는 것에서 여성들은 별로 자극을 받지 못한다는 전제 위에 기초한다. 여성은 아마도 남성의 벌거벗은 모습보다는 부드럽게 자극하는 것에 더 흥분될 것이다. 우리가 아는 대로 그녀는 접촉에 의해서 자극을 받지만 첫 번째 접촉은 가벼워야 하며, 올바른 상황 속에서 이루어져야 한다. 희미한 불빛의 레스토랑에 마주앉아서 그녀의 팔을 잡는 것은 아마도 침실에서 그녀의 맨 다리를 만지는 것보다 훨씬 더 그녀를 자극할 것이다.

그래서 전희(fore-play)에 대해서 말하곤 하던 결혼 안내서들이 이제는 전사고(fore-thought)를 논의한다. 여성에게 있어서 성 관계는 머릿속에서 시작하는 것이지 침대 속에서 시작하는 것은 아니다. 당신이 아침에 출근할 때 한 말은 그녀가 밤을 준비하는 것과 관련이 있을 것이다.

남성들이여, 당신이 그녀에게 관심을 가지고 있고, 그녀로 인해 당신이 흥분된다는 것과, 당신이 그녀를 존중하며 그녀와 같이 있기를 원한다는 사실을 알리는 전문가가 되어라. 이러한 것들이 그녀의 감상적이고 성적인 필요를 채우기 위해서는 오랜 시간이 필요할 것이며, 그것은 두 사람을 위한 어떤 놀라운 성적인 합치의 서곡이 될 것이다.

남편이 원하는 것

일반적으로 말해, 남성들이 여성들에게 성적으로 원하는 것은 민감하게 반응하는 것이다. 남성들 사이에서는 '거실에서는 요조 숙녀와 같은 아내를 원하고 침실에서는 정부와 같은 아내를 원한다' 는 말이 전한다. 이 말은 반드시 아내가 성적으로 다양한 기술을 발휘하기를 기대한다는 의미는 아니다. 성적으로 새로운 것을 시도하는 장본인은 남편 자신이 될 것이며, 단지 그는 성에 대해 관심을 가지고 그것에 대한 긍정적인 태도를 지닌 아내를 원할 뿐이다. 아내가 남편에게 만족스럽고 기쁨을 주는 성 생활을 갖기를 원하는 것처럼 남편도 아내를 위한 성 생활을 갖기를 원한다.

심지어 처음에는 의무감과 불결한 느낌으로 성을 느꼈던 여성도 성에 대해 긍정적인 시각으로 바뀔 수 있다. 인생의 다른 영역에서와 마찬가지로 성은 학습될 수 있는 행위이다. 여성은 이렇게 육체적인 영역에서 창조적이 될 뿐 아니라 그것을 즐기는 능력을 향상시킬 수 있다. 그녀는 자신의 여성적인 매력들을 남편과 공유하는 방법을 배울 수 있다.

아가서에서 두 사람 모두 그녀를 "동산"으로 표현하고 있는 것에 주목하라(4:16, 5:1). "나의 사랑하는 자가 그 동산에 들어가서 그 아름다운 실과 먹기를 원하노라"(4:16하). 그녀는 자신의 몸과 여성적인 환희를 부끄러워하지 않고, 그것들이 그에게 의미하는 바가 무엇인지 깨달았다. 그래서 그녀는 자신의 몸과 그 몸매와 그 냄새와 그 반응들을 하나님께서 그를 만족시키도록 주신 자신의 능력의 일부라고 여겼다. "사랑아 네가 어찌 그리 아름다운지, 어찌 그리 화창한지 쾌락하게 하는구나"라고 그가 그녀에게 말한다(7:6).

아내는 편안하게 자신의 몸을 드러내는 것을 배워야 한다. 그녀는 남편을 기쁘게 하는 방법으로 옷을 입거나 벗는 것을 배울 것이며, 그에게 마땅히 주어야 할 것들을 드러내는 것을 마다해서는 안 될 것이다.

내 아내 진저는 이 문제에 관해 다음과 같이 이야기하면서 중년과 노년의 여성들에게 자신의 매력을 드러내는 일을 주저하지 말라고 격려했다. "우리들 중 전부가 완벽한 모습을 지닐 수는 없습니다. 나이는 육체라는 통행료를 지불하지요. 그렇지만 결국 당신의 몸은 바로 그가 이제까지 사랑해온 대상입니다. 그것은 매우 익숙한 것이지만 반면에 그에게 있어서 셀 수 없이 많은 과거의 기쁨들을 되새기게 해주는 것이지요. 임신의 흔적과 불룩한 배는 당신들 두 사람의 사랑이 빚어낸 아이들을 생각하게 합니다. 만일 당신이 약간 땅딸막해졌다면 걸작품을 남긴 유명한 화가들의 체형이 어떠했던가를 기억하세요." 이것은 그의 몸에 있어서도 마찬가지이다. "나는 나의 사랑하는 자에게 속하였고 나의 사랑하는 자는 내게 속하였다"(아 6:3).

진저는 또한 여성들에게 자신들의 즐거움, 즉 성적으로 함께하기를 원하는 행위들이 무엇인지 남편에게 이야기하라고 권한다. 당신에게 특별히 의미가 있고 유익한 점이 있다면 그에게 말하라. 남성들은 자신의 아내가 자신들의 사이에서 일어나는 일들을 즐기고 있다는 사실을 알기 원한다. 그리고 당신 자신을 점점 더 그가 필요로 하는 여성으로 가꾸어 주시기를 주님께 간구하라.

인내하라. 그러한 억압이 쉽게 없어지지는 않으며, 여성의 성적인 핵심이 그 감정의 껍질로부터 쉽게 놓여나는 것은 아니다. 그것은 오랜 시간이 걸리는 일이지만, 당신이 시간과 노력을 들이고 자발적인 태도를 취한다면 발전할 것이다. 그분의 형상대로 되도록 힘을 주시는 성령께서 당신으로 하여금 그분의 형상을 따른 여성이 되도록 능력을 주실 것이다. 자신을 자유롭게 풀어놓아 그에게 당신의 몸뿐만 아니라 당신의 반응과 소리 그리고 즉흥적인 동작들까지도 나타내기를 허용하라.

이 두 장의 대부분에서 나는 더 깊은 성의 목적들을 자세히 설명했다. 그것은 부부의 전적인 합일에서의 역할과 자기 정체성을 위한 의미를 지니고 있다. 이제 당신은 성이 언제나 즐거움을 위한 것인지, 성경이 성적인 쾌락을 승인하는지 하는 등에 대한 의문이 생길 것이다.

성경은 성을 즐기라고 권한다

언뜻 보면, 성경이 성에 대해 매우 부정적으로 말하는 것처럼 보이며, 그것은 어느 정도 사실이다. 성적 충동 때문에 인간의 본성은 그릇되고 해로운 행위를 저지를 수 있다. 이로 인하여 불타는 욕망과 "영혼을 거슬러 싸우는 육체의 정욕"(벧전 2:11)을 피하라고 많은 곳에서 경고한다. 그렇지만 우리는 악한 정욕과 적당한 욕구를 분명히 구분해야 할 것이다. 타락한 남자와 여자가 죄를 짓게 하는 육체의 정욕을 지니고 있는 반면에, 그들은 또한 타락 이전 창조시에 하나님께서 그들에게 부여하신 욕구들도 지니고 있다.

육체적 정욕과 욕망들은 우리로 하여금 성적 충동을 그릇되게 사용하도록 만든다. 그릇된 정욕, 동성애의 행위, 통제되지 않은 정욕, 이웃의 아내와의 간음—이러한 모든 것들은 죄를 짓는 것이다. 그러나 이러한 금지들 중 어느 것도 하나님께서 결혼에 의도하셨던 유쾌한 경험들을 금하지는 않는다.

구약의 잠언은 그 사실을 명백하게 드러내고 있다. "네가 젊어서 취한 아내를 즐거워하라 그는 사랑스러운 암사슴 같고 아름다운 암노루 같으니 너는 그 품을 항상 족하게 여기며 그 사랑을 항상 연모하라 (5:18-19). 여기서 연모한다는 말은 도취된다는 뜻이며, 결혼에서 성관계의 감정적인 전율을 언급하는 것이다. 부부의 성에 쾌락과 기쁨이 있다는 것은 이스라엘에서 일반적인 생각이다.

이렇게 성에 대한 긍정적인 입장은 신약에 와서도 바뀌지 않았다. 우리는 이미 앞 부분에서 결혼이 고귀하고 좋은 것이라고 말씀하시는 구절들을 많이 인용했다. 성이 남성과 여성 모두에게 즐거움이 되어야 한다는 사실은 명백하다. 독신의 은사를 받은 이도 있을 수 있지만 성적인 금욕이 그리스도인들에게 강요된 것은 아니다. 사실 바울은 독신의 삶을 추천했음에도 불구하고 그리스도인들에게 결혼하고 자신들의 성적인 욕구를 적절하게 표현할 것을 권고한다(고전 7:1-7).

우리의 육체는 감각적인 즐거움을 누릴 수 있는 능력이 있다. 우리의 성적인 욕구나 장치들은 사람이 지닌 본능이다. 어느 크리스천 의사가 최근에 우리의 몸이 감각적인 쾌락을 위한 구조로 지어졌다는 사실이 얼마나 명백한 것인지에 관해 밝힌 적이 있다. 그것은 내 관심을 끌었다. 그는 여성의 클리토리스가 생식과는 아무런 상관이 없음을 지적했다. 그것이 없이도 여성은 성 관계를 가질 수 있고 임신과 출산을 할 수 있다. 그렇지만 그것은 여성의 몸에 있는 가장 뛰어난 성적인 기관 중의 하나이다. 그 유일한 기능은 성 행위시의 순전한 감각적 육체적 기쁨과 관련된다.

성경적인 증거와 자연적인 증거는 모두 부부가 그들 사이의 성적 경험을 기르는 것을 부끄러워해서는 안 된다는 사실을 확신하게 한다. 그럼에도 불구하고 한 저자는 왜 부부들이 이것에 실패하게 되는지를 말하고 있다.

> 세월이 흐름에 따라 오르가즘에 도달하기 위한 다양한 종류의 옷과 체위와 기술과 같은 것들이 얼마나 중요시되었는지 믿기 어려울 정도이다. 그렇지만 이상하게도 나이 많은 부부들의 대다수가 무엇이 그들을 흥분시키며, 반대로 무엇이 성적인 충동을 최소화하거나 파괴하는지에 관한 정보를 교환하는 데에 실패한다.[2]

성은 좀더 새롭게 함으로써 더욱 즐길 수 있다. 성경의 어디에서도 자세나 기술의 다양성을 정죄하지는 않는다. 두 사람이 모두 동의하고 그것이 해롭지 않다면 당신의 집에서 사적으로 하는 행위들은 용납될 수 있다. 팀 라헤이(Tim LaHaye)의 조사에 의하면 오럴 섹스(oral sex)는 대부분의 그리스도인을 비롯한 목사들이 수용할 수 있는 방법이다.

위치나 기술에 있어서의 다양성이 언제나 꼭 필요하지는 않다. 두 사람 모두를 만족시키는 것을 하는 것이 당신들에게 가장 정상적인 것이다. 당신이 그러한 경험을 강화할 수 있는 다른 방법들이 있다. 환경을 바꾸는 것이 도움이 될 것이다. 모텔 등과 같은 다른 장소에서 관계를 갖는 것은 종종 전혀 다른 느낌을 가져다 줄 수도 있다. 심지어 자기 집의 다른 방을 사용하는 것도 때때로 특별한 것이 될 것이다. 아가서에서는 옥외의 환경이 두 사람의 애정 행위와 밀접하게 관계가 있음을 보여준다.

전적인 관계를 통해 당신의 성 경험을 향상시키는 것이 최선이다. 성적인 관계는 인격적인 관계의 상황 속에서 발생하므로 육체적인 것과 함께 시를 읽거나, 음악을 듣거나, 오랜 시간 서로의 감각적인 모습을 마주하는 등 다른 친밀한 표현들을 포함시키는 것이 좋다. 당신의 성적인 합치를 오래 지속시키면서 전적으로 하나되는 경험이 되도록 만들라.

모든 성적인 경험들이 다 같을 것이라는 것은 아니다. 때로는 뜨겁고 격렬하게 육체적일 것이며, 어떤 때는 느리고 끈질기며 조용한 것일 것이다. 유명한 크리스천 저자 루이스(C. S. Lewis)는 그 자신의 독특한 경험 속에 있는 이러한 다양성에 대해 말했다. 그의 아내가 죽은 이후 슬픔에 잠겨 있는 동안 그는 다음과 같은 글을 썼다.

> 최근 몇 년 동안 H와 나는 모든 방식으로 사랑의 축제를 벌였다—엄숙하고 즐겁게, 낭만적이고 현실적으로, 때로는 폭풍우와 같이 극적으로, 때로는 가벼운 슬리퍼를 신는 것같이 편안하고 잔잔하게. 마음이나 육체의 어떤 틈도 만족하지 못한 채 남겨지지 않았다.[3]

좋은 성은 당신을 유혹에서 해방시킨다

쾌락이 결혼의 감각적인 부분을 유지해야 하는 유일한 근거는 아니다. 성경 전체를 살펴볼 때 성에 관해 기술한 명백한 구절인 고린도전서 7:1-5 말씀은 성의 또 다른 목적을 강조한다.

"남자가 여자를 가까이 아니함이 좋으나 음행의 연고로 남자마다 자기 아내를 두고 여자마다 자기 남편을 두라"고 사도 바울은 말한다(7:1, 2). 바울은 일단 결혼을 하면 "남편은 그 아내에게 대한 의무를 다하고 아내도 그 남편에게 그렇게 할지라"고 충고한다(3절). 남편과 아내는 서로에게 성적인 의무가 있다. "아내가 자기 몸을 주장하지 못하고 오직 그 남편이 하며 남편도 이와 같이 자기 몸을 주장하지 못하고 오직 그 아내가 하나니"(4절).

이 구절에서 가장 흥미있는 것은 규칙적인 성 생활을 유지해야 할 이유로 바울이 제시한 사항이다. 부부의 성 관계는 부도덕한 행위를 방지한다. 이상적인 성의 배우자는 상대가 죄의 유혹을 약화시키도록 돕는다. 심지어 기도에 힘쓰기 위하여 금욕하기로 선택한 부부들도 너무나 오래 떨어져 있지 않도록 주의해야 한다. 바울은 사탄이 그들의 절제 못함을 인하여 시험할 수도 있다고 경고한다(5절).

그러므로 만일 당신이 결혼 생활에서 당신 자신이나 당신의 성적인 표현을 부정한다면 도덕적 위험에 처할 것이다. 결혼에 있어서 성은 의무이다. 자신들을 유혹으로부터 보존하기 위해 서로의 필요를 채워줄 의무가 있다. 바울은 성을 억제하라고 말하지 않았으며, 오히려 정욕으로 불타지 않기 위해 그것을 표현하는 데에 더욱 관심이 있었다 (9절).

드러내는 것과 억제하는 것, 어느 것이 더 영적인가?

이러한 성의 예방적 기능은 성적 표현에 대한 부부의 태도를 지배한다. 이 말은 성이 자유롭게 주어져야 한다는 의미이다. 부부의 침실에 어떠한 제한도 있어서는 안 된다. 성은 표현하지 않아도 무방한 호의나 지배할 수 있는 무기가 아니다. 그것은 선한 행위로 인해 주어지는 대가가 아니며, 마땅히 해야 할 의무이지 어떤 일을 통해 억지로 얻어야 하는 것은 아니다.

경건이나 개인적인 이유로 인해 자신의 배우자에게 성적인 충동을 억제하도록 강요하는 것은 불합리하다. 바울은 결혼한 사람이 성적인 것에 관심을 덜 가지면 더 거룩하게 될 것이라고 말하지 않았다. 만일 우리가 배우자로 하여금 성적인 에너지를 방출해서 유혹을 물리치게 돕는 것에 세심하게 관심을 갖는다면, 사랑과 영성을 더욱 드러내게 될 것이다.

수세기에 걸쳐, 전통적인 로마 카톨릭은, 심지어 결혼한 사람도 금욕하는 것이 도덕적으로 바람직하다는 사상을 가지고 있었다. 그래서 결혼 안내서에는 "오랜 기간 동안 끊임없이 계속되는 완벽한 금욕은… 그 도덕적 가치를 생각해 볼 때 무제한적으로 추천할 만하다."라는 충고의 말이 있었다.[4] 이러한 견해는 결혼 생활을 엄청난 불만족으로 이끌었다. 억눌린 성적 욕구를 가진 남성들은 정부를 구했다.

성이 인간을 찾아 결혼에서 벗어났을 때, 남성은 성을 찾아 결혼으로부터 벗어났다.

바울은 결혼한 부부들에게 그런 개념을 전혀 제시한 적이 없다. 배우자의 성적인 필요에 관심을 기울이는 것이 더 영적인 것이며, 이것은 특히 부부가 오랜 결혼 생활을 함께하게 될 때 중요하다. 평균 수명에 비추어 볼 때, 대부분의 부부들은 적어도 45년은 함께 생활하게 된다. 두 사람이 모두 낭만적이고 감각적인 것을 지속하고 증진하려고 노력하지 않는다면 나이가 들면서 그들의 삶에서 그런 것들은 존재하지 않을 것이다. 그리고 이것으로 인해 그들 중 한 사람은 엄청난 유혹을 견뎌내야만 할 것이다.

그들이 자신들의 정욕을 통제하도록 돕기

성경의 이 부분은 결혼한 사람이 자신의 배우자가 성적인 정욕을 통제하도록 도와야 한다는 것을 암시한다. 때로 한 사람이 상대가 자극을 받지 않았을 때 흥분되어질 수도 있는데, 이는 부부가 대개 그들의 욕구에 있어서 완벽하게 균형을 이루고 있지 않기 때문이다. 한 사람이 다른 한 사람보다 더 많은 성적인 기회를 필요로 하는 것처럼 보일 수도 있다. 그리고 한 사람이 아프거나 스트레스로 눌리거나 피로

할 때는 당연히 성적인 관심의 정도가 다르다.

그럴 때는 상대가 자신의 정욕을 해소할 수 있도록 돕는 것이 좋다. 아내는 (바울이 말한 대로 남편에게 속한) 자신의 몸을 그에게 줄 수 있으며, 반대로 남편도 흥분되지 않았을 때 성적인 행위를 할 수 없겠지만 아내의 필요에 따라 성교가 아닌 다른 방법으로 그녀를 절정에 이르게 할 수 있을 것이다. 그러한 일방적인 성적인 에피소드 사이에 두 사람이 모두 충분히 흥분되고 만족하는 풍요로운 성적 경험이 있다면 이것은 해가 되지 않을 것이다. 성교가 아닌 다른 방법들이 친절과 상대를 배려하는 마음의 표현으로 선택될 때, 이러한 것들은 결혼한 이들의 친밀함과 사랑에 지대하게 공헌할 것이다.

그러나 의무가 당신의 성 생활을 지배해서는 안 될 것이다. 성은 산을 오르는 것과 같이 힘들 수도 있다. 우리가 그 행위에 있어서 의미를 보존한다면 성은 계속해서 우리에게 즐겁고 만족스러운 것이 될 것이다. 계속해서 당신들이 한 몸을 이루도록 하는 이러한 힘이 활발히 지속되도록 자기 자신을 서로에게 성적으로 내어 맡기도록 하라.

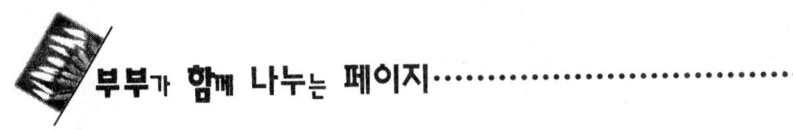 부부가 함께 나누는 페이지

당신의 육체적인 관계에 대해서 함께 이야기하려고 마음을 여는 것은 만족스러운 성 생활을 발전시키는 중요한 요인이다. 다음의 의견의 일치-불일치 연습은 당신이 생각하거나 느끼는 것을 서로 나누는 것뿐만 아니라 이 장의 개념들을 다루는 것을 돕도록 만들어진 것이다. 논쟁하지 않도록 하고, 상대의 관점을 이해하도록 하기 위해 주의를 기울여 들으라.

강한 찬성 ←			→ 강한 반대	
1	2	3	4	5

모든 부부가 결혼에 있어서 성에 관한 좋은 안내서를 가지고 읽어야 한다.

나는 또 다른 인간을 낳는 역할로 인해 성을 존중한다.

여성의 생리 주기는 성 경험에 대한 그녀의 관심에 영향을 미친다.

여성의 오르가즘은 언제나 남편의 능력에 의해 좌우된다.

아내가 남편과 관계를 가질 때마다 언제나 절정에 달하는 오르가즘을 경험해야 하는 것은 아니다.

성 관계를 통해 얻을 수 있는 가장 강한 메시지 중의 하나는 상대가 당신을 원하고 필요로 한다는 것이다.

성은 하나됨을 위한 것이고 하나됨은 참으로 성을 가치있게 만든다.

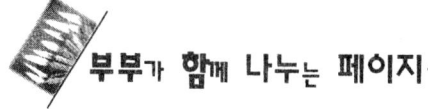 부부가 함께 나누는 페이지 ······················

강한 찬성 ←			→ 강한 반대	
1	2	3	4	5

부부가 함께 감각적인 것을 공유하고 성 생활을 발전시키기 위해 저녁 시간 내내 심지어 주말까지도 함께 보내야 한다.
나는 결혼 생활에서 성 관계를 하는 것에 다소 죄의식을 느낀다.

만일 여성이 한 번도 오르가즘을 경험하지 않았다면 그 부부는 상담을 해야 할 것이다.

나는 특히 당신이 나로 하여금 남성답게 또는 여성답게 느끼게 하는 말들을 할 때 관계를 가지고 싶다.

낭만은 여성들이 감각적인 경험에서 가장 원하는 것들 중의 하나이다.

육체적인 다양성과 격렬함은 자신들의 성적인 경험에서 남성들이 가장 원하는 것이다.

체위의 다양함은 성 관계를 향상시키는 좋은 방법이다.

남성이 아내와의 오럴 섹스를 바라고 즐기는 것은 받아들일 수 있는 일이다.

여성이 남편과의 오럴 섹스를 바라고 즐기는 것은 받아들일 수 있는 일이다.

성 관계는 아내의 생리 기간 동안 금해져야 한다.

그리스도인들은 결혼 생활에서 그들의 관계를 배양하기 위해, 성적인 표현에 있어서 자신들을 전적으로 내어 맡기려고 노력해야 한다.

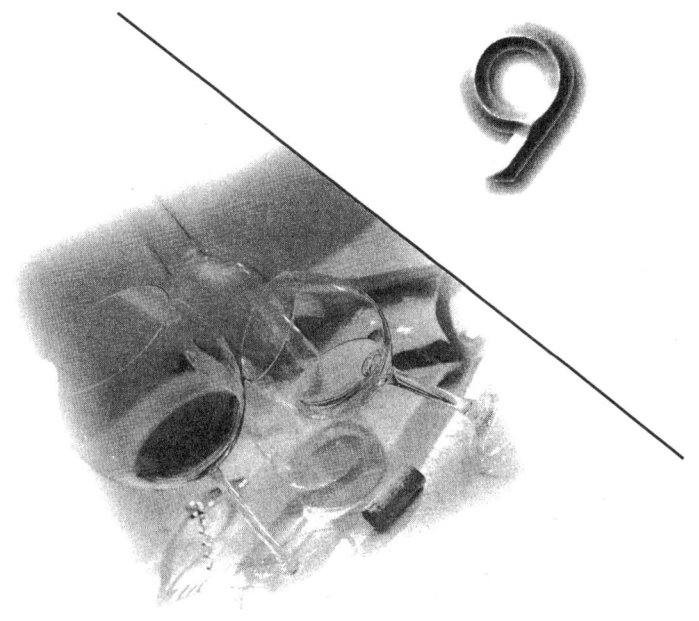

고슴도치가 사랑에 빠질 때
충돌을 만났을 때 어떻게 해야 할까?

결혼은 두 마리의 고슴도치가 추운 밤에
함께 몸을 맞대고 있는 것과 같다. 당신은 충돌을
기대해야 하며, 심지어는 환영해야 한다.
그것이 없이는 가까워질 수 없다.

9. 고슴도치가 사랑에 빠질 때

_____

충돌을 만났을 때 어떻게 해야 할까?

친구 중 하나가 자기 집 식당의 천장에 있는 커피 얼룩들에 대해 자랑스럽게 내게 이야기한 적이 있다. 그는 내 반응을 지켜보며 이렇게 말했다. "저것들은 내 아내와 내가 좋은 관계를 가지고 있다는 상징이지. 우리는 결혼 생활에서 화를 내면서 때때로 커피가 담긴 컵을 서로에게 던지기도 하거든."

그의 그런 식의 접근은 최근에 나온 「친밀한 적」이란 이름의 책을 생각나게 했다. 저자인 조지 바흐(George Bach)는 "서로(together) 싸우는 가정이 함께(together) 지낸다"고 주장하며, 사랑하는 사람과의 관계나 부부 관계에서 어떻게 공정하게 싸울지에 대해서 설명하고 있다.

그렇지만 공정하다고 해서 다툼이 부부의 충돌을 해결하는 기독교적인 방법이 될 수 있는가? 잠언 20:3 말씀은 다음과 같이 권고한다. "다툼을 멀리하는 것이 사람에게 영광이어늘 미련한 자마다 다툼을 일으키느니라." 잠언의 또 다른 부분에서는 이렇게 경고한다. "다투는 시작은 방축에서 물이 새는 것 같은즉 싸움이 일어나기 전에 시비를 그칠 것이니라"(잠 17:14). 어떨 때 우리는 충돌에 맞부딪치라는 권함을 받지만 잠언의 말씀은 그것을 피하라고 제안하고 있는 것처럼 보인다. 무엇이 정답인가?

부분적인 해결책은 충돌을 싸움으로부터 구분하는 것에서 얻을 수 있다. 우리들 대부분에게 있어서 싸움은 부정적인 말이다. 그것은 고함을 지르는 것, 분노의 폭발을 연상시킨다. 남편과 아내가 마치 야구단 단장과 야구장의 주심과 같이 서로 대립관계에 놓이게 되는 것이다. 싸움은 충돌에 대처하는 여러 방법 중 별로 정중하지 못한 방법이다.

충돌이 싸움과 동일한 것은 아니다. 충돌이란 둘 또는 그 이상의 사람의 사이를 갈라놓는 어떤 이유가 있을 때 드러난다. 그것은 한 사람이 다른 한 사람에게 장애물로 여겨질 때마다 발생한다. 싸움은 반작용이며 충돌은 싸움의 근거가 된다. 그러므로 충돌은 불가피하지만 싸움은 피할 수 있다.

쇼핑 센터에서 두 사람이 서둘러 무리를 헤치고 지나가다가 갑자기 부딪혔을 때 그들은 충돌 상태에 있는 것이다. 충돌은 반작용을 낳을 것이다. 그런데 그 반작용은 "미안해요"라는 일종의 변명으로부터 "도대체 어딜 보고 다니는 거예요." 하는 모욕적인 언사 또는 화가 나서 다른 사람을 밀치는 신체적인 폭력에 이르기까지 광범위하다.

성경은 기본적으로 충돌에 대한 반작용을 다루고 있다. 성경은 인간 충돌의 실제와 정당성을 결코 부인하지 않는다.

충돌은 관계에 있어 반드시 발생하게 되는 기본적인 것이며 그것이 없이는 어떠한 친밀함도 불가능하다. 충돌이 있다는 것은 당신이 관계를 맺고 있다는 의미이다. 예수님께서는 그리스도인들이 충돌을 어떻게 다루어야 하는지에 관해 이렇게 교훈하셨다. "네 형제가 죄를 범하거든…" 당신과 가장 가까운 사람 사이에서 문제가 발생할 가능성은 매우 높다.

결혼은 두 마리의 고슴도치가 추운 밤에 함께 몸을 맞대고 있는 것과 같다. 당신은 충돌을 기대해야 하며, 심지어는 환영해야 한다. 그것이 없이는 가까워질 수 없다.

충돌은 서로를 단단하게 묶어 준다

나는 산에서부터 흘러내린 두 시냇물이 합쳐지는 곳 가까이에서 있었던 적이 있다. 그 때 나는 소용돌이치는 물줄기가 부글부글 용솟음치면서 세차게 움직이고 거품을 일으키며 부서지는 광경과 소리에 흥분을 느꼈다. 우리는 출렁이며 활발히 움직이는 물줄기와 같이 두 사람이 하나로 합쳐질 때도 비슷한 결과가 벌어질 것이라고 생각해야 한다. 충돌은 피할 수 없는 것이므로 놀라지 말고 그것에 대비하라.

다른 이와 함께 살아본 사람이라면 누구든지 그것이 매우 힘들다는 사실을 잘 알 것이다. 어느 결혼한 여성은 그것을 이렇게 표현하였다. "결혼을 하면, 레코드판을 재킷에 다시 꽂아 놓는 것, TV를 끄는 것, 젖은 비누곽에 비누가 녹도록 내버려두지 않는 것, 그리고 이제까지

타인과 함께 살기 전까지는 전혀 생각해 본 적도 없던 무수히 많은 일들에 관해 사람들이 나름대로 확고부동한 견해들을 가지고 있다는 것을 발견한다."[1]

　우리들 각자가 죄인이라는 사실로도 관계에서 많은 소란을 일으키는 요인이 되기에 충분하다. 그렇지만 이러한 다툼들이 모두 우리의 죄성 때문에 야기되는 것은 아니며, 서로의 차이에서 비롯되는 것이다. 우리들 각자는 그 동안 자신의 독특한 습관과 생각과 가치를 발전시켜 왔다. 이러한 요인들을 이제 우리가 함께 살아야 하며 결혼을 전투지로 만들 수도 있다는 현실과 결합시키라. 만일 우리가 서로를 자극할 만큼 가까워지기를 기대한다면 우리는 또한 서로의 문도 두드려야 한다.

충돌을 회피하는 것은 위험하다

　충돌이 있다는 것이 위험한 일도 평범하지 않은 일도 아니지만 그것을 피하는 것은 위험하고 예사롭지 않은 것이다. 어떤 부부들은 오랜 세월 동안 충돌을 회피하며 살다가 수십 년 이후에 갈라서기도 한다. 그들의 결별 소식을 들었을 때 이런 말을 하는 사람도 있다. "정말 이상하군! 나는 한 번도 그들이 싸우는 것을 본 적이 없다구. 그들은 항상 서로에게 아주 잘 하던걸." 그게 바로 문제였다. 그들은 문제를 회피함으로써 결혼을 유지했던 것이다. 그들은 또한 그렇게 함으로써 서로를 회피했던 것이다. 모든 대가를 치르고 평화를 유지했고 마침내 그것은 그들의 관계를 희생시키는 대가를 치렀다.

　충돌에 대처하는 방법으로서 사람들은 흔히 그것으로부터 물러서는 태도를 택하기 때문에 이런 일이 발생한다. 정신과 의사인 에리히 프롬(Erich Fromn)은 "사람들은 싸움을 하기보다는 차라리 도망을 하려고 한다"고 말한다. 많은 사람들에게 싸움이 성행하고 있기는 하지만 그의 지적은 사실이다.

불화에 직면했을 때 우리는 "아, 잊어버려"라고 말하는 경향이 있으며, 자신들에게 "예수께서 '화평케 하는 자는 복이 있나니'라고 말씀하셨지"라고 말한다. 우리는 문제를 회피하는 것을 조화를 이루는 것과 같은 것으로 생각한다. 어느 분쟁 조정 전문가는 그리스도인들이 문제를 카펫 밑으로 쓸어 넣는 데에 아주 능숙하다는 것을 발견하였다고 말한다. 그리스도인인 우리는 서로 사랑해야 한다는 생각에 사로잡혀서 어떤 관계가 경쟁관계로 끝나 버리게 되면 부끄러움을 느끼는 경우가 많다.

우리는 두려움을 감추기 위해 성경 구절을 이용할 수도 있다. 우리는 다른 사람과 대립 관계에 있을 때 어떤 말을 하거나 행동을 하는 것을 두려워하며, 상처를 입히거나 상처 받기를 원치 않는다. 그래서 결국 자신의 입장을 포기하고 물러서며 마침내는 관계에서 완전히 손을 뗀다.

그러나 우리의 차이점들을 해결하는 것이 그것들로부터 도망하는 것보다 훨씬 그리스도인다운 일이다. 충돌이 없는 척 하는 것이 아니라 충돌을 해결하는 것이 바로 화평케 하는 일인 것이다.

예수께서는 만일 형제가 죄를 지었을 때 당신이 그를 책망하여 그가 돌아오게 되면, "네가 네 형제를 얻은 것"이라고 말씀하신다. 어떠한 분란을 일으키는 차이점에 맞부딪칠 때마다 당신은 좀더 친밀한 관계를 창조하는 기회를 얻은 것이다.

그러한 골치 아픈 일들은 결혼 생활에서 밀어내는 세력 중 하나에 해당한다. 모든 결혼에는 끌어당기는 세력과 밀어내는 세력, 정반대의 속성을 지닌 두 세력이 있으므로, 당신은 그 두 가지 모두를 다루는 법을 배워야 한다. 끌어당기는 힘을 강화함으로써 당신의 관계를 가까이 좁힐 수 있는 반면에, 당신은 그의 먹는 습관, 그녀가 끊임없이 외출을 원하는 것, 그의 성욕 결핍, 또는 다른 무엇이라도 결합을 반발하는 측면의 세력들을 다루어야 한다.

평화의 환상 대신에 현실의 암석

당신이 불가피하게 찾아오는 충돌을 해결하려고 노력할 때마다 결혼의 관계는 점점 더 강하고 단단해질 것이다. 이것은 당신이 차이점들을 성공적으로 해결할 수 있다는 의미가 아니라 적어도 그에 관해 솔직하게 이야기하고 해결하려고 노력해야 한다는 뜻이다.

당신이 충돌을 회피한다고 해서 문제가 모두 사라지는 것은 아니다. 그것은 마치 당신들을 떼어놓으려고 하는 악한 영(큐피드의 적)처럼 여전히 당신들 각자의 마음속에 은밀히 자리잡고 있을 것이다. 해결되지 않은 문제는 조용하고 작은 목소리로 이런 말을 하며 언젠가 모습을 드러낼 것이다. "내가 왜 저런 여자와 결혼을 했지? 어떻게 저렇게 몰인정한 사람과 사랑에 빠질 수 있었단 말인가?"

당신이 그러한 문제들을 지닌 채 서로 마주 대하기를 피하는 시간이 길면 길수록 이러한 파괴적인 소리들은 점점 더 커져만 갈 것이다. 그렇지만 당신이 문제를 마주 대한다면 그러한 소리들이 잠잠해지기 시작할 것이다. 그리고 당신의 결혼은 가라앉는 모래와 같은 속임수 대신에 현실이라는 바위 위에 세워질 것이기 때문에 점점 더 튼튼해질 갈 것이다.

내가 가르치는 학생 중 하나가 나를 아침식사에 초대해 자신에게 일어났던 일에 대해 설명했다. 나는 그의 아내가 자신과 헤어지겠다고 한 사실을 알리기 위해 내게 전화하던 날 밤의 그의 불행스런 목소리를 기억했다. 그 당시 그에게 있어서 결혼의 종말은 세상의 종말, 즉 죽음의 계곡이었다. 그가 무엇을 할 수 있었겠는가?

그러나 감사하게도, 그 두 사람 모두는 기꺼이 싸울 의지가 있었다. 나는 그들을 자신들의 심판이 되어 줄 상담자에게 보내었고, 그들은 문제로부터 도망하지 않고 직면하면서 몇 달을 보냈다. 그 이후 마침내 그들은 자신들의 결혼이 얼마나 새롭고 생기가 넘치는 것이 되었는지를 경험했다. 그는 그것을 이런 말로 표현했다. "저는 모든 부부들이 우리와 같은 경험을 했으면 좋겠어요."

나는 그들의 결혼이 이제 평화의 환상 위에 기초하고 있지 않다는 것을 알았다. 이제 그들의 결혼에는 예전에 그들을 속이던 평화가 아닌 폭풍우 뒤에 찾아드는 고요함이 있었다. 그는 충돌의 지하창고를 통과하는 것이 사랑의 터널을 통과하는 여행이 된다는 사실을 발견했다.

우리가 자주 저지르는 좋지 않은 반응들

충돌에 대한 두려움을 극복한다면 당신은 당신의 문제를 성경적이고 현명한 방법으로 해결할 준비가 된 것이다. 이 한 가지 사실 덕분에 당신은 충돌에 대처하는 부정적인 방법들을 피하게 될 것이다. 하나님의 말씀은 계속 우리가 흔히 충돌 상황에서 반응하곤 하는 해로운 방법들에 대해 주의하도록 하고 있다. "너희는 모든 악독과 노함과 분냄과 떠드는 것과 훼방하는 것을 모든 악의와 함께 버리고"(엡 4:31). "아무에게도 악으로 악을 갚지 말고…… 내 사랑하는 자들아 너희가 친히 원수를 갚지 말고 진노하심에 맡기라"(롬 12:17, 19). "어리석은 자는 그 노를 다 드러내어도 지혜로운 자는 그 노를 억제하느니라"(잠 29:11).

충돌에 반응하는 그릇된 방법들을 보는 능력을 기르기 위해 다음의 시나리오를 읽으라. 다음의 극본에 나오는 아내는 충돌에 잘 대처하고 있는가? 남편의 행동은 어떠한가?

풍자극: 바보상자 블루스

(아내가 책을 읽으며 앉아 있을 때, 남편이 기분좋게 들어오며 말한다)
남편: (소리치며) 나 왔어. 기분 만점이야.
아내: 당신 왔어요.
남편: 나는 월요일이 오는 것을 별로 좋아하지는 않지만, 월요일 저녁의 미식 축구는 정말로 내게 활력을 주지. 오늘 저녁메뉴는 뭐지?
아내: (책을 툭 집어던지며 중얼거리면서 밖으로 나오고 있다) 활력을 마음껏 만끽해 보시지.
남편: (혼란스러워하며) 도대체 저 사람은 뭐가 불만이지? (신문을 집어들고 앉아 읽는다)
  (아내는 딸에게로 간다)
딸: 엄마, 무슨 일이에요? 반핵동맹에 가담한 제인 폰다(Jane

Fonda) 얼굴 같아요.

아내: (한숨을 쉬며 앉는다) 네 아버지 말이야. 정말 자기밖에 모른다니까. 때때로 나를 막 폭발하려는 핵무기 장치같이 만들어 버린단 말야.

딸: 이번엔 뭐가 문제예요?

아내: 아빠는 오늘밤에 축구경기를 보고 싶어하는데, 나는 내가 너무나 좋아하는 소설로 만든 영화를 보고 싶단다. 엄마는 역사적인 영화를 좋아하잖니.

딸: 왜 아빠한테 엄마가 기분이 상했다고 말하지 않죠?

아내: 그렇게 하면 아빠를 화나게 할 뿐이야. 네 아빠가 어쩌다 한번쯤은 나를 좀 생각해 주었으면 하고 바라지만 나 혼자 해결해야지, 뭐.

남편: (들어오며) 두 사람이 거기서 뭐하는 거지? 누구 나와 오늘 밤 경기에 아이스크림 내기할 사람 없어? 나는 돌핀스를 응원할 거야.

아내: (혼자 중얼거리며) 떡이나 드시죠 (부엌으로 간다). 저녁 준비 다 됐어요.

남편: 뭐라고? 떡을 했다고? 저녁 먹고 난 후에 아주 훌륭한 간식이 되겠군. 전반전이 끝나면 같이 먹자구.

우선 그들의 충돌은 당연한 것이라는 점에 주목하라. 많은 분쟁들이 한정된 자원 때문에 생긴다. 이 충돌의 원인 중 두 가지가 TV와 시간이다. 아주 많은 삶의 시간이 주어졌지만, 단 한 대의 TV만 있다고 생각해 보라. 시간과 채널을 두고 서로 의견을 달리하는 것은 매우 당연한 일일 것이다. 그가 스포츠 경기를 보려고 한다고 해서 비난을 받아야 하는 것도 그녀가 영화를 보기를 원한다고 해서 비난을 받아야 하는 것도 아니다. 그들이 직면해야 하는 임무는 그러한 의견 차이를 조화롭게 해결하는 것이다.

하지만 그들은 흔히 그러는 것처럼 화합하기보다는 사이를 갈라놓는 방법으로 반응했다. 당신의 경우는 어떠한가. 결혼 생활의 각양 각색의 모습이 담겨있는 벽장 속에 혹시 이러한 모습이 들어 있지는 않은가?

물러서기. 이 풍자극에 나오는 아내는 그녀가 원하는 것을 남편에게 말하는 데에 실패했다. 그녀는 자신이 마음이 상했다는 것을 우회적인 방법으로 전달했다. 그녀는 혼자 중얼거리고 책을 집어던지며 무언가 잘못되었다는 것을 알리려고 했다. 그가 이것을 알아차리지 못하자 그녀는 더 열이 올랐지만, 결코 그 문제를 직접 다루려고는 하지 않았다.

이렇게 뒤로 물러서는 반응은 너무나 흔한 일이며, 그렇게 행동하게 된 다른 많은 이유들이 있다. 나는 나의 성장 배경으로 인해서 관계에 충돌이 일어날 때 뒤로 물러나곤 하였다. 내가 어렸을 때에 아버지와 어머니는 나중에 해결되었던 한 가지 문제를 놓고 정기적으로 싸우셨다. 그러한 분쟁의 불길 속에서 나는 무의식의 컴퓨터 속에 다음과 같은 말을 입력시켰을 것이다.

"내 결혼에 있어서 싸움은 결코 없을 거야."

이러한 "싸움 금지" 표지가 내 마음 깊숙한 벽에 붙어 있었기 때문에, 나는 가정 생활을 하면서 문제에 직면하는 데 어려운 시간들을 보냈다. 그렇지만 경험이 주는 교훈과 성경을 통하여 나는 그 표지를 떼어버릴 수 있었다. 만일 당신이 기꺼이 충돌에 직면하려 하지 않는다면 좋은 부모가 될 수 없다. 아이들은 무수히 많은 문제들을 당신에게 안겨 줄 것이기 때문이다.

여기에 나오는 아내는 아마도 남편이 이해하지 못할 것이라고 생각했기 때문에 물러섰을 것이다. 남편에게 기회조차 주지 않았으면서 말이다. 그게 아니라면 그녀는 좋은 아내는 순종해야 한다는 생각 때문에 뒤로 물러났을 것이다.

그녀가 비록 순종하기는 했지만 마치 반항아가 내키지 않는 마음으로 하는 것과 같았다. 그것은 부모에게 앉으라는 명령을 받은 소년이 앉으면서도 투덜투덜거리며 "겉으로는 말을 듣는 것처럼 보이겠지만 속마음은 아니라구." 하고 혼자서 중얼거리는 것과 같다. 그녀는 표면적으로 남편과 잘 지내는 것처럼 보이지만, 내부적으로는 부글부글 끓고 있었던 것이다.

그녀는 이기적이 되고 싶지 않아서 직접적으로 부딪치는 것을 피했을 것이다. 그리고 그녀는 무언의 메시지가 그에 전해지기를 희망하며 간접적인 방법을 사용했다. 혹시 그는 아내가 다른 프로그램을 보기 원할지도 모른다는 것을 깨닫고 친절하게 그녀가 원하는 채널로 돌려줄 수도 있을 것이다.

특히 그리스도인들에게는 원하는 것을 솔직하게 말하기를 꺼리는 문제가 있을 수 있다. 그들은 이기적이지 않아야 한다는 명목으로, 자신들의 욕구를 드러내지 않는다. 그들은 받는 것보다 주는 것이 더 복된 일이라 생각하므로 모든 권리와 요구를 희생하며 순교자의 역할을 한다.

그렇지만 그리스도인이 된다는 것이 모든 권리를 포기하라는 의미는 아니다. 그렇게 하는 것이 오히려 불친절한 일이 될 수도 있다. 이 경우에서 남편은 아내의 관심거리가 무엇인지 듣지 못했으며, 그녀에게 베풀 수 있는 기회를 갖지 못했다. 물론 우리가 권리를 포기하는 경우와 부당한 대우로 인하여 고통을 당할 때가 있기는 하지만(고전 6장, 벧전 3:13하), 그것은 처음에 취해야 하는 반응이라기보다는 최후의 방편이 될 것이다.

자신이 원하는 것을 말하지 않는 것은 때로 고상한 일이 아닐 수도 있다. 이 예에서, 아내는 자신이 무언가 원한다는 것을 말하기는 했지만 분명하지 않게 무언으로 말했다. 그녀는 풀이 죽어 이렇게 생각했을 것이다. "그는 내가 영화를 보고 싶어한다는 것을 알아차려야 했는데…… 그리고 내가 무엇을 보고 싶은지 물어 보아야 했다구." 그렇지 않았다면 그녀는 남편이 자신의 말을 거절할까 봐 두려워했을 것이다. 만일 남편이 그녀에게 양보한다면 그녀 때문에 축구경기를 놓친 것으로 인해 화를 낼 것이라고 생각했다. 남편이 부루퉁해지는 것을 두려워한 나머지 그만 자신이 부루퉁해지고 만 것이었다.

우리가 원하는 것을 말로 표현하지 않는 데는 좀더 미묘한 이유가 있을 것이다. 때때로 우리는 무엇을 달라고 해서 얻는 것은 가치가 없다고 생각한다. 그리고 누군가 진정으로 우리를 사랑한다면 우리가 무엇을 원하는지 무엇을 필요로 하는지 알 것이라고 생각한다. 그것은 어느 정도 사실이다. 그러한 것이야말로 가장 위대한 사랑인 어머니의 사랑의 본질이 아닌가. 어머니는 언제나 우리가 구하기도 전에 필요한 것을 아시는 분이다. 그분은 아가의 지극히 작은 울음소리에도 기저귀를 갈아주어야 할지 젖을 주어야 할지 아신다.

이와 같이 우리는 배우자가 정말 진심으로 우리를 사랑한다면 우리가 굳이 말하거나 요구하지 않더라도 우리의 필요를 알아차리고 채워 줄 것이라 생각하며 자랐다. 내가 초저녁에 아내가 긴장되어 있는 것을 느끼고 등을 좀 주물러 주겠다고 했을 때를 예로 들어보자. 내 손이 그녀의 어깨로부터 긴장을 풀어 줄 때, 그녀는 "정말 고마워요. 당신은 언제나 내게 무엇이 필요한지 감지하는 것 같아요." 하고 말한다.

가끔 우리는 상대가 원하는 것을 단지 그 사람이 무언으로 우리에게 말해 주었기 때문에 감지할 수 있을 뿐이다. 친밀한 관계에 있는 사람은 그 무언의 요구에 반응한다.

저녁에 외식을 하기를 원하는 아내는 차마 말할 용기가 나지 않을지도 모른다. 하지만 그녀는 무언으로 의사를 전달한다. 그녀는 한숨을 열세 번이나 쉬고 아직 저녁 준비를 시작도 하지 않았다고 설명한다.

사려가 깊은 남편이라면 그러한 메시지를 전달받고 아내와 밖에서 저녁식사를 할 것이고 모든 것이 순조로울 것이다. 그러나 만일 남편이 무언의 메시지에 민감하지 못하고 너무나 산만해서 알아차리지 못한다면, 모든 것이 만족스럽지 못할 것이다. 아내는 자신의 의도를 분명하게 전달하지 않았으면서도 자신의 요구가 무시되었다고 느낄 것이고, "그는 내가 얼마나 피곤한지 몰라준단 말이야"라고 생각할 수도 있다.

그렇지만 그가 그러한 사실을 알아차리는 것이 당연한 일일까? 양쪽 모두 서로에게 자신들의 원하는 바를 전달할 책임이 있지 않은가? 한쪽 사람이 자신이 원하는 것을 솔직하게 말하고 다른 쪽 사람이 그것을 제공하는 것이, 그것은 요구하지 않더라도 주어지는 것보다 덜 중요하단 말인가? 유감스럽게도 무엇을 해 달라고 요구하느니 차라리 얻지 않는 것이 낫다고 생각하는 태도는 결혼 생활에 행복을 가져다주기보다는 더 많은 문제를 야기한다.

제삼자를 끌어들이기. 이 풍자극에 나오는 아내는 남편에게 직접적으로 맞설만한 용기나 지혜가 없었기 때문에 자신의 적대감을 다른 사람 즉 딸에게 발산하였다. 화가 나고 씁쓸한 감정들이 우리의 내면세계를 혼란스럽게 만들 때마다, 우리는 누군가 다른 사람에게 그것들을 이야기함으로써 해소한다. 다른 사람이 감정적인 쓰레기 처리장이 되는 것이다.

그렇게 감정의 쓰레기를 버리는 사람은 대개 기분이 한결 나아진다. 그렇지만 우리가 배우자에게 해야 할 말들을 그 밖의 다른 사람에게 말하는 습관은 관계에 손상을 입힐 뿐이다. 가까운 친구의 신뢰와 도움을 얻는 것을 늘 자제해야 한다는 것은 아니지만 배우자에게 직접 말하는 대신 자기의 배우자에 대해서 다른 사람에게 말하는 것은 결코 좋지 않다.

비웃음과 비방으로 전환하기. 아내가 "활력을 마음껏 만끽해 보시지", "떡이나 드시죠" 하며 투덜거리는 것은 자신이 마음 상했다는 사실을 알리려는 의도의 비꼬는 말들이다.

사도 바울은 적대감이나 적의가 있을 지라도 비방이나 추한 말을 해서는 안 된다고 반복적으로 경고했다(엡 4:31). 비방과 비웃음, 그리고 그 밖의 다른 언어에 의한 공격은 서로의 차이점들을 다루는 한 방법이기는 하다. 그러나 그것은 벽장 속에서 완전히 빠져 나와 당신이 진정으로 생각하고 느끼는 것에 대해 말하는 것을 회피하는 방법이다.

비난하기. 비난은 아마도 충돌에 대한 가장 일반적인 반응일 것이다. 우리는 상대가 우리의 생활에 간섭하고 삶을 혼란스럽게 한다고 비난한다. 남편은 축구를 좋아하는 것으로 인해 비난을 당하고, 아내는 그것을 좋아하지 않는 것으로 인해 비난을 받는다. 실제로 우리는 상대가 죄를 짓지도 않았는데 상대가 존재한다는 이유만으로 비난하고 있다. 사람이 살아 있다는 사실 자체로 공격을 받는 것이다.

우리는 상대방이 우리와 다르다는 사실로 인해 비난한다. 우리는 "만일 당신이 이런 사람이기만 했었다면", "만일 당신이 그것을 좋아하기만 했다면" 하고 생각한다. 우리는 때때로 상대가 빠른 시일내에 변화하지 않는 것을 보고 우리를 사랑하지 않는다고 비난한다. 젊은 아내가 성적인 반응들, 즉 그녀가 즉각적으로 바꿀 수 없는 어떤 것을 발전시키는 데에 더딜 때 남편은 그녀가 사랑이 부족하다고 비난할 수도 있다. 이것은 그녀에게 거의 불가능한 요구를 짐으로 지우고 있는 것이다.

사랑만으로 자신이 가진 기질이나 습관이나 개성을 자유자재로 극복할 수 있어야 한다고 주장하는 것은 불공평하다. 또한 이렇게 주장하는 것은 서로의 양립을 위해서도 잘못이다. 어떠한 두 사람도 전적으로 양립할 수 없다. 각자가 상대에게 더욱 만족하게 되기 위해서는 시간이 요구된다. 그러면서 서로 양립할 수 없는 영역들 때문에 생기는 아픔들은 용납과 관용의 용액 속에 완전히 잠겨야 할 것이다.

잔소리하기. 충동에 대한 또 다른 매우 인간적인 반응이 잔소리이

다. 잔소리(nag)라는 말은 원래 '갉아먹다, 물다 또는 상처를 주다'를 의미하는 스칸디나비아 말에서 유래했을 것으로 추측된다. 그것 역시 골치 아픈 문제들을 지각있게 다루는 방법은 아니다.

사전에서는 그것에 대해서 '계속 사소하게 흠을 잡거나 질책하거나 강요하는 것에 관한 것'이라고 설명한다. 몇몇 구약의 잠언들은 이런 습관에 대해서 언급하고 있다. "다투는 아내는 이어 떨어지는 물방울이니라"(잠 19:13), "다투는 부녀는 비오는 날에 이어 떨어지는 물방울이라"(잠 27:15).

그렇지만 남자도 역시 잔소리를 하는 잘못을 범한다. 어떤 일에 대해서 지각 있게 타협하는 대신에 되풀이해서 같은 말을 반복하는 것이다. 나는 스냅사진 찍는 것에 관해 잔소리하는 습관이 있는데, 내 입장에서 볼 때 필름 가격과 그 현상비는 낭비라고 여겼기 때문이었다.

겨우 한 시간 만에 우리는 사진기를 가지고 두 사람이 훌륭한 저녁식사를 하기에 충분한 금액을 날릴 수 있다. 그렇지만 내가 추억과 사진이 서로 긴밀하게 연결되어 있다고 강조하는 코닥(Kodak)의 광고를 무시하는 것은 아니다. 사진의 권위자인 리처드 챌픈(Richard Chalfen)은 사진을 찍는 것이 죽음이나 이사나 그 밖의 다른 이유로 인해 결코 다시는 우리와 함께할 수 없을지도 모르는 사람들과 함께 있게 하는 사회적인 접착제라고 설명한다. 물론 나도 이 사실을 인정한다.

그러나 내가 이해할 수 없는 사실은 우리가 사진들을 인화점에서 즐겁게 찾아온 이후에 어떻게 처리하는가 하는 것이다. 우리들은 그것들을 두세 번 보고는 서랍 속에 던져 넣고는 잊어버린다. 하기는 내가 계속해서 진저와 아이들에게 이렇게 잔소리를 하기 때문에 아주 잊어

버릴 수는 없을 것이다. "도대체 우리는 왜 이 사진들을 앨범에 꽂거나 어떤 방법으로든 정리하지 않는 거지?"

거의 매번 나는 우리가 가게에서 앨범 앞을 지나칠 때마다 같은 질문을 한다. 또 아내나 아이들 중 누군가가 더 많은 사진을 찍기 위해 필름을 더 사려고 할 때마다 나는 그 질문을 끄집어내곤 하는데, 이제 그것은 거의 자동적이다. 사실상 그들만의 문제가 아니다. 심지어 나 역시 내가 찍은 사진조차도 앨범에 꽂으려고 하지 않기 때문이다.

언젠가, 나는 우리의 노년에 그것들을 모조리 앨범 속에 깨끗하게 정리할 수 있는 시간을 가지고(혹은 마련하고) 무료한 노년의 시간 동안 과거의 추억을 회상하며 즐기기를 희망한다. 그러나 때로 나는 과연 그러한 일들을 할 수 있을까 의심하기도 한다. 그래서 우리는 계속해서 사진을 찍고 나 또한 가족들을 사진에 담는 일을 계속하지만 그 일을 별로 좋아하지 않는다. 감사하게도 내 가족들은 나를 너그럽게 관용한다. 내가 이제까지 해 온 잔소리는 우리를 화합시키고 그 문제를 다루는 것에 대한 빈약한 대안이다.

앙갚음하기. 이제까지 우리가 이야기해 온 충돌에 관한 반응들은 지나친 것들은 아니었다. 하지만 우리 모두는 폭력적인 반응을 보일 가능성이 있다. 그것은 역으로 되받아 치는 것, 즉 우리의 배우자에게 앙갚음하는 것이다. 우리는 심하게 타격을 주는 일들을 하는 것으로 배우자에게 복수할 수 있다. 그렇지 않으면 우리가 당연히 해야할 일을 하지 않음으로써 앙갚음할 수도 있다. 심리학자들은 이것을 '수동적인 반항'이라고 부른다.

나는 20년 이상 결혼 생활을 하고 있는 한 부부를 상담하면서 이 사실을 발견한 적이 있다. 그 남편은 자신의 기대와는 달리 아내가 아이들이나 집안 살림을 돌보지 않는다고 불만을 털어놓았다. 아내의 말에 따르면 그는 완벽주의자였다. 그는 계속 불평을 하고 아이들을 돌보지 않는 것을 이야기했으며, 끊임없이 뒤죽박죽인 자신의 가정을 묘사하였다. 그는 말하면서 분노하기 시작하였으며 얼굴은 붉어졌다. 그런데 어쩌다 그녀를 힐끗 쳐다보았을 때 나는 그녀의 얼굴에 가벼운 미소가 어려 있는 것을 볼 수 있었다. 그녀는 남편의 열띤 비난을 즐기고 있었다. 그녀가 가정을 돌보지 않으면 않을수록 남편에게는 더욱 더 큰 영향을 미쳤던 것이다. 그것이 바로 그들의 오랜 결혼 생활동안 남편이 해온 것과 보여 준 모습에 대해 그녀가 앙갚음하는 방법이었던 것이다.

그녀가 하고 있던 것은(또는 아무 것도 하지 않는 것은) 잔인했지만 그녀는 그것이 정당하다고 생각했다. 결혼한 사람들끼리 서로에게 잔인한 일들을 하는 경우가 있다는 것은 사실이다. 쓸쓸함과 분노가 전에 그들이 가지고 있던 애정을 대신했다. 그들은 서로를 때리고 치고 죽인다. 많은 살인 사건들이 다른 형태의 살인 사건보다 빈번하게 가정에서 벌어지고 있다.

나는 부부 관계에서 충돌에 대처하는 능력이 모든 것 중에 가장 중요한 능력이 될 수 있다고 믿게 되었다. 이 장에서 우리는 충돌에 대처할 수 없는 법을 검토해 보았다. 이제 우리는 다음 장에서 어떻게 그것에 대처할 수 있는지를 살펴보자.

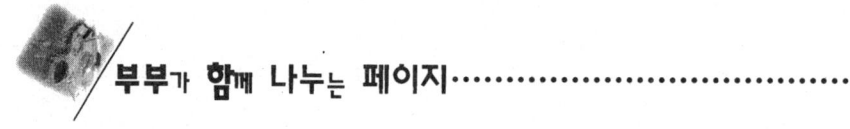# 부부가 함께 나누는 페이지

토론

당신들은 아마도 서로 다른 배경 때문에 충돌에 대해 다른 느낌과 생각들을 가지고 있을 것이다. 이러한 차이점들을 겉으로 드러내어 당신들의 견해가 일치에 도달하도록 노력하고 두 사람 모두 서로를 이해할 수 있도록 하는 것이 좋을 것이다. 그러한 토론을 촉진하기 위해 다음에 나오는 질문들을 활용하라.

1. 이 장은 충돌을 논쟁과 구분한다. 충돌은 우리가 서로에게 장애가 되는 경우들을 말하고, 논쟁은 충돌에 대한 반응의 일종이다. 그러므로 하나의 관계에 많은 충돌이 있는 것은 가능하나 당신은 그것을 해결하기 위해 논쟁하지 않을 수 있다. 당신들 두 사람이 이렇게 충돌과 논쟁을 구분하는 데에 동의하는지의 여부를 토론하라.
2. 많은 사람들이 충돌로부터 물러선다. 당신도 그러한가? 당신이 충돌에 직면할 때 적극적인지 또는 그러한 상황을 회피하는 경향이 있는지의 여부를 서로 토론하라. 만약 당신이 물러서는 경향이 있다면 그 이유를 설명하라.
3. 이 장은 당신이 원하는 것을 서로 이야기하는 것이 괜찮다고 제안한다. 예를 들어 아내가 외식하기를 원한다면 설사 남편이 부정적으로 반응할까 봐 두렵다 할지라도 그것을 남편에게 이야기해야 한다. 이것에 관해 당신의 생각은 어떠한가?
4. 충돌에 직면했을 때 당신의 느낌은 어떠한가? 당신과 배우자가 서로에게 장애가 되었을 때마다 경험하는 느낌들을 상대에게 설명하도록 해 보라.
5. 뒤로 물러서는 것 외에 그 동안 이 장에서 밝힌 충돌에 대한 많은 쓸모없는 반응

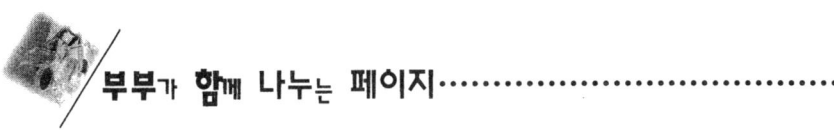
부부가 함께 나누는 페이지

들이 있다. 즉 배우자에게 말하는 대신에 제삼자에게 이야기하는 것, 비난하는 것, 비웃는 말을 하는 것, 잔소리하는 것, 앙갚음하는 것이 그것이다. 이것들 중 어느 것이 당신의 경향이며 왜 그렇게 한다고 생각하는가?

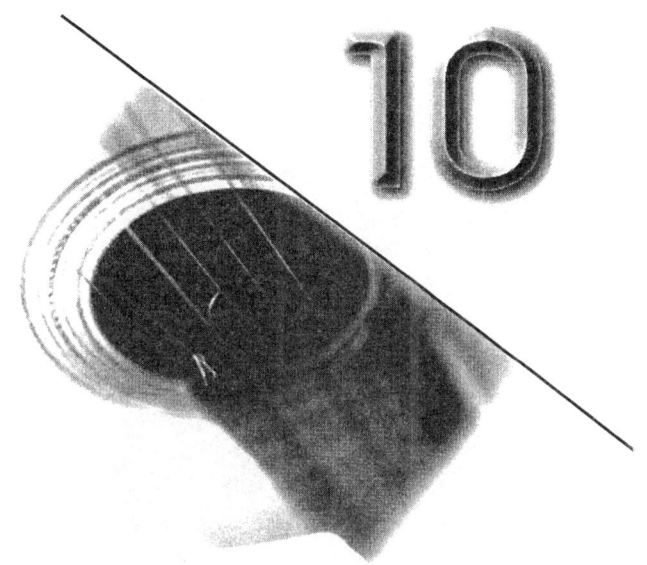

충돌을 통해 얻을 수 있는 것들
대립 상황을 성공적으로 극복하는 방법

그리스도인은 완벽함이 아니라
용서와 오래 참음 위에 결혼을
건축해야 한다는 것을 발견할 것이다.

10. 충돌을 통해 얻을 수 있는 것들

대립 상황을 성공적으로 극복하는 방법

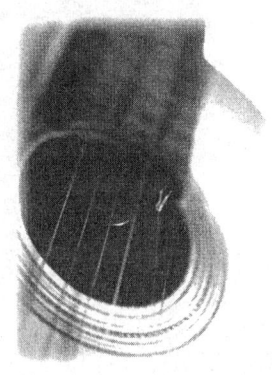

"**남**편에게 얘기해 보세요." 내 아내 진저가 남편의 행동으로 인해 마음에 상처를 입은 한 젊은 아내를 상담하고 있었다. "그것이 얼마나 심각한지 알게 하세요." 그녀는 아내의 충고를 받아들여서 아이를 다른 사람에게 맡기고 퇴근하는 남편을 만나 저녁을 같이 했다. 그는 이제까지 아내에게 너무나 큰 상처를 주는 행동을 해 왔는데, 그러한 사실을 전혀 깨닫지 못하고 있었다.

이 괴로운 심정의 아내는 어떻게 해서든지 남편이 그것을 눈치채고 바뀌기를 기대하며 그 동안 자신의 씁쓸함을 삼켜왔던 것이다. 그 동안 그녀는 기도하며 남편을 지켜보았었다. 그렇지만 여전히 남편의 행동도 그녀의 감정에도 변화가 나타나지 않았다. 이제 그녀는 남편과 얼굴을 마주 대하고 레스토랑에 앉아 있다. 그녀는 솔직하게 말했다. "우리에게 문제가 있어요. 당신 내 얘기 듣고 있어요? 우리에게 문제가 있다구요."

과연 진저가 그러한 방책을 제안한 것은 옳은 일이었는가? 그리고 그 아내가 그대로 따라한 것은 현명한 일이었을까? 사도 베드로도 그렇게 충고했을까? 베드로는 아내들에게 "온유하고 안정한 심령"(벧전 3:4)으로 단장할 것을 권면한다. 그는 모든 그리스도인들에게, "의를 위하여 고난을 받으면 복 있는 자"(벧전 3:14)라고 말씀하신다.

그렇지만 복종이 언제나 침묵을 요구하는 것은 아니다. 베드로는 이것을 입증할만한 예를 들었다. 그는 사라를 모범적인 아내로 선택하고, 그녀가 "아브라함을 주라 칭하여 복종"(벧전 3:6)하였다고 말한다. 그러나 사라는 조용한 아내라고 불리울만한 사람은 아니었으며, 필요할 때 그녀의 생각을 관철시킬 수 없거나 또는 자신의 입장을 상대에게 알리는 것을 꺼렸던 사람은 아니었다.

창세기의 기록에 의하면 사라는 두 가지 상황에서 아브라함에게 자신의 권리를 주장했다. 그중 한 가지는 자신의 몸종 하갈과 아브라함의 아들에 관한 것이었고, 다른 한 가지 경우는 그 여종과 아들을 내쫓을 것을 요구하는 것이었다. 이로 인해 아브라함은 "그 아들을 인하여 그 일이 깊이 근심"(창 21:11)이 되었다. 그 문화권에서, 하갈은 사라에게 속해 있었으므로 그녀가 아브라함에게 이러한 제안을 하는 것은 당연한 권리였다. 자신의 요구를 하는 것은 복종과는 별개의 문제인 것이다.

당신이 부당한 대우를 받았거나 둘 사이에 충돌이 있을 때 서로 마주 대하고 이야기하는 것은 현명한 것이며 성경적인 것이다. 9장에서 설명한 방법들은 전부 직접적인 대면을 회피하고 다른 방법을 사용한 것들이다.

우리는 우리의 다른 점들을 서로 이야기하고 그것을 해결하는 것을 회피하려고 부루퉁해지고, 속을 부글부글 끓이고, 비꼬아 말하며, 앙갚음하며, 모든 종류의 불화를 일으키고 파괴적인 수단들을 동원한다. 더군다나 남편들과 아내들 모두 복종이라는 이름으로 이러한 일들을 하고 있다. 어쨌든 우리는 직접적으로 자기 자신을 내세우는 것은 그리스도인답지 않다는 생각을 가지고 있다.

예수께서는 이 문제에 대하여 매우 분명한 입장을 취하셨다. "네 형제가 죄를 범하거든 가서 너와 그 사람과만 상대하여 권고하라"(마 18:15). 예수께서는 당신이 죄를 범하였다면 직접 얼굴과 얼굴을 마주하고 해결하라는 처방을 내리셨다(마 5:23, 24). 당신이 죄를 범했든지 다른 사람이 당신에게 범죄했든지 간에, 당신은 그 문제를 직접 맞서서 해결해야 한다.

예수께서는 구약의 원리들을 따라 다음과 같이 말씀하신다. "이웃을 인하여 죄를 당치 않도록 그를 반드시 책선하라…… 이웃 사랑하기를 네 몸과 같이하라"(레 19:17, 18). 문제를 직면하는 것과 책망하는 것은 사랑이 없을 때 하는 행위가 아니다. 관계의 저변에 분노와 쓸쓸함과 실망의 물줄기가 흐르고 있을 때, 그것이 표면적으로 드러나지 않게 하는 것은 옳은 방법이 아니다. 행동하지 않는 것은 분쟁을 해결하거나 당신의 관계 속에 오래도록 평화를 유지하기 위한 건강한 방법이 결코 아니라는 뜻이다.

문제에 직접 맞서라

문제에 직면한다는 것은 당신이 그 동안 쌓아올린 것을 날려버린다는 의미가 아니다. 다음에 효과적으로 맞서기 위해서 따라야 할 몇 가지 지침들이 있다.

공개적인 노출을 피하라

첫 번째로, 그것은 개인적인 일이어야 한다. "가서 너와 그 사람만 상대하여 권고하라"고 예수께서 말씀하신다(마 18:15). 그 사람이 듣기를 거절하고 그 범죄가 심각한 경우라면, 다른 사람을 관여하게 할 수도 있다. 물론 이 말은 부부의 결혼 문제가 심각해질 때까지 기다린 후 상담해야 한다는 의미는 아니다.

이어지는 성경 말씀에서 문제를 다른 사람에게 알리라고 하신 것은 훈련의 목적이 있다. "만일 듣지 않거든 한두 사람을 데리고 가서 두세 증인의 입으로 말마다 증참케 하라"(마 18:16). 종종 우리는 결혼 생활에서 일어나는 개인적인 대립들을 공공연하게 남들 앞에 드러내어 해결하려고 한다. 조소나 모욕적인 말, 심지어는 상한 감정을 친구들이나 친척들 앞에서 노출한다.

조이스 랜돌프(Joyce Landorf)는 자신의 결혼 생활에서 겪었던 그런 경험들에 대해 말하였다. 어느 날 아침 일찍 그녀는 남편을 도와 은행 직원들을 위해 아침을 준비하고 있었다. 한 사람이 식사하기 위해 늘어선 줄을 지나쳐 멈추어 서서, 그녀의 남편에게 그녀가 동트기 전에 일어나 남편을 돕는 것이 매우 인상적이라고 말했다. 그러자 조이스의 남편은 이렇게 말했다. "아, 그건 오늘 아침에만 있는 일이랍니다. 나는 아침에 출근할 때 거의 매일 그녀의 뒤통수만 보는 걸요." 그 말에 모두들 낄낄대며 웃었다.

그녀는 그 옆에서 팬케이크를 뒤집으며 남편이 한 말을 엿들었다. 그녀는 왜 남편이 두 사람 사이에서 이미 의견의 일치를 본 사항에 대해 그리도 비꼬아 말했을까 곰곰이 생각했다. 남편이 너무 일찍 출근해야 했기 때문에 그가 출근할 때 그녀가 같이 일찍 일어나지 않아도 된다고 합의했던 것이다.

그녀가 이러한 생각을 하고 있을 때 남편은 이렇듯 그녀의 마음을 상하게 하는 대가로 다른 사람의 웃음을 자아내게 했다. 그리고 또 다른 사람에게 같은 말을 하고 있었다. 그녀는 자신과 남편이 이 문제에 대해 서로 이야기해야 한다는 것을 깨달았다.

부루퉁해져서 비난하거나 잔소리하는 대신에 그녀는 좀더 긍정적인 말로 남편에게 접근했다. "저는 당신이 제가 일찍 일어나지 않는 것 때문에 그렇게 마음이 불편했는지 몰랐어요. 당신 지난번에 다른 사람들과 그것을 가지고 농담했었던 것 기억해요?" 조이스의 이런 태도는 서로에게 솔직해질 수 있는 길을 열어 주었다.

그는 자신이 그 일에 동의하기는 했지만, 아침마다 서로를 볼 수 없었기 때문에 뭔가 잃어버리는 느낌이었다고 설명했다. 그녀가 현관에서 그를 배웅할 때마다, 그에게 확신과 만족을 주었던 것이다. 그리고 그는 아내가 자고 있는 동안 집을 나서면서 마음속 깊이 앙갚음을 했다는 것을 인정했다.

그들의 대화는 두 사람 사이를 환기시켰을 뿐만 아니라 절충된 해결책을 얻게 했다. 이른 시간이기는 하지만 그녀는 일주일에 며칠은 남편을 배웅하기로 동의했다.[1]

문제를 들추어 낼 때 사랑도 발전한다

공공연히 드러내지 않고서, 문제를 직면하는 것은 따뜻한 사랑을 필요로 한다. 그렇기 때문에 어떤 이는 그것을 "관심 어린 직면"이라고 부른다. 당신이 이기적이거나 화가 났기 때문이 아니라 염려하는 마음이 있기 때문에 꾸짖고, 책망하고, 문제에 부딪치는 것이다. 문제에 직면하는 것은 상처를 줄 수도 있지만 상대방을 도울 뿐만 아니라 관계를 발전시킨다.

문제에 정면으로 맞서거나 또는 문제를 똑바로 바라보는 일은 결코 쉬운 일이 아니다. 나는 바로 몇 달 전에 있었던 일을 생각했다. 내 아내 진저는 며칠 동안 나와 어려운 시간들을 보내었다. 나는 그것 때문에 침체되어 있었고 의기소침했었으며, 그녀와 거의 접촉하지 않았다. 사실상 나는 그녀의 하루하루를 불행하게 만들었다. 그녀는 내 서재로 와서 나와 이야기하고자 했지만 나는 이야기하고 싶지 않다고 반격하며 냉정하게, 심지어는 혹독하게 거절했다. 그녀는 나가 버렸고, 나는 그때 그녀가 매우 화가 났다는 것을 알았다. 하지만 그 당시 나는 너무나 침체되어 있었기 때문에 신경을 쓸 수가 없었다.

한 삼십 분쯤 지나서 그녀가 다시 들어 왔는데, 이번에는 머물러 있거나 많은 말을 하려고 하지 않았다. 그리고 간단히 말했다. "당신은 세미나에서 사람들에게 문제를 솔직하게 이야기하고 어떻게 느끼는지 말해야 한다고 가르쳤죠. 하지만 당신은 내게 그렇게 할 기회를 주지 않았어요. 그래서 나는 당신을 위해 그것을 적어왔어요. 자, 여기 있어요." 그녀는 내게 종이 한 장을 건네 주었다. 나는 받자마자 종이 양면에 그녀의 메시지가 꽉 채워져 있는 것을 보았다. 나는 종이를 손에 든 채 그 자리에 서서 왜 내가 문제를 직면하는 것을 거절하였을까를 생각했다. 만일 아내가 아닌 이 세상의 어떤 사람이라도 그것을 요청했다면 응했을 것이다. 어리벙벙한 채로 나는 그녀가 끊임없이 전달해 왔던 가장 솔직한 말들 중 몇 가지를 읽었다.

그녀가 내게 했던 말과 왜 그런 말을 했는가 하는 것은 모두 사랑으로 강조되었다. 그것은 전에 한 여인이 내게 했던 말을 생각나게 했다. "가끔 저는 다음과 같은 말을 적어 보내죠. '프랭크, 나는 당신이 오늘 한 행동 때문에 당신이 미워요. 당신의 사랑, 제인.'" 중요한 것은 사랑이다. 나는 진저가 나를 돕기 위해 그리고 우리를 돕기 위해 그렇게 했다는 것을 알았다. 나는 그녀에게 찾아가 서로 이야기를 나누었다. 내가 그녀에게 잘못을 고백했을 때 아내는 나를 용서해 주며 함께 기도했다. 그렇게 함으로써 우리는 함께 성장했다.

적절한 때를 찾으라

문제를 올바르게 직면하기 위해 필요한 요인으로는 사랑 외에도 '적절한 시기'를 들 수 있다. 적절한 때를 찾는 것은 기술이다. 당신의 배우자가 침체되어 있고 피곤함을 느낄 때 심각한 문제를 끄집어낸다면 당신은 최선의 결과를 기대할 수 없다. 우리는 종종 강한 감정에 휩싸여 충동적으로 말함으로써 옳은 것을 적절하지 않은 때에 말하는 결과를 만든다. 잠언 25:11 말씀은 적절한 때의 필요를 말씀하신다. "경우에 합당한 말은 아로새긴 은쟁반에 금사과니라." 대개 우리의 입에서 나오는 말들은 치유하기보다는 상처를 낸다. 우리는 흔히 결혼하면 마치 일반적인 예의로부터 해방되는 자격증이라도 얻은 것처럼 여기곤 한다.

세미나가 끝난 후, 한 여인이 내게 시기 적절치 못한 말을 들었던 경험을 말해준 적이 있다.

그녀는 어느 날 오후 여성 모임에서 마음에 뜨거운 감동을 느끼게 하는 강연을 들었다. 나이 많고 남편을 잃어 홀로된 선교사가 강연을 했었는데, 말을 맺으면서 그 선교사는 다음과 같이 충고했다. "여러분, 자기 남편에게 잘하세요." 그리고는 눈물을 흘리며 말을 이었다. "제 남편은 두 달 전에 죽었어요. 오, 남편이 내 곁에 없다는 것을 생각하면 너무나 슬픕니다. 정말로 그가 내 옆에 있어서 그를 위해 좀더 많은 것을 해주었으면 좋겠어요. 자, 이제 집으로 돌아가세요. 가서 그를 위해 단장하고, 그에게 특별한 저녁을 만들어 주세요. 그리고 당신이 얼마나 그를 생각하는지 보여 주세요."

그녀는 그 강연을 듣고 20년간의 결혼 생활 동안 처음으로 그것을 그대로 실행에 옮겼다. 드디어 남편은 문을 열고 들어 왔고, 그녀는 남편에게 새로운 것을 보여주려는 기대에 가득 차 있었다. 그러나 그는 쳐다보지도 않은 채 도시락 가방을 던지며 그녀에게 화를 내며 이렇게 소리쳤다. "당신 또 차를 차도 끝에 잔디를 밟은 채 주차해 놓았더군."

"결국 그는 내가 계획한 것을 받지 못했지요." 하고 그녀가 말했다.

우리는 왜 이리도 부주의할까? 그 남편은 만일 자신의 고용인이 그렇게 하였다면 그 문제를 다르게 처리하지 않았을까? 아마도 그는 고용인들을 또는 친구를, 또는 상사를 마주 대할 때면, 언제 또는 어떤 방식으로 해야 할 것인가를 고려하면서 살 것이다. 그런데 결혼한 사람들이 자신의 배우자에 대해 덜 고려하는 것이 당연한가?

당신들 두 사람 사이에 언제 문제를 거론해야 할지 생각해 보라. 상대가 가라앉아 있을 때는 피하라. 문제를 놓고 충분히 이야기할 수 있는 시간을 고르라. 너무 퉁명스럽게 또는 예측할 수 없게 하기보다는 조심스럽게 문제에 접근하라.

잠깐 물러서라

만일 말해야 할 주제가 불확실할 때에는, 문제에 맞서는 방법을 좀 더 신중하게 선택해야 한다. 분명한 죄가 있거나 날카로운 책망이 적절한 경우가 아니라면 강하게 확신하지 말고 당신의 관점을 나누는 것이 더 좋을 것이다.

데이비드 존슨(David Johnson)은 대인 관계에 대해 쓴 자신의 명저에서 다음과 같은 제안을 하고 있다. 남편은 "당신은 더 이상 나와 같이 있기를 원하지 않는군." 하며 비난하기보다는 "당신은 나와 좀 적은 시간을 보내고 싶어하는 것 같아." 하고 얘기할 수 있다. 만일 우리가 말을 할 때 가정하듯이 한다면, 두 사람 모두 위협을 덜 느끼며 문제의 진상을 토론할 수 있는 기회가 열릴 것이다. 또한 그러한 방법은 상대방이 자신을 방어하거나 당신이 말하는 것을 부인해야 한다는 필요를 덜 느끼게 할 것이다.

해결하기로 결심하라

직면은 단지 충돌에 맞서는 시작일 뿐이다. 부부가 함께 만족스러운 해결책을 창안하고 도입해야 한다.

이 단계가 가장 어렵다. 그러나 바로 여기가 결혼을 향한 당신의 소망이 자리잡은 곳이다. 결혼한 남녀가 서로 다른 점들을 발견하고서 절망하는 것은 흔한 일이다. 그것은 마치 국에 빠진 파리 한 마리를 건

져내는 것과 비슷한 기분이며 식사를 온통 망쳐 놓은 것과 같다. 당신이 결혼 전에 거의 완벽한 관계라고 생각하던 것과는 다르다. 그러나 인내와 이해와 기꺼이 서로에게 맞추려는 의지가 관계를 회복시킬 수 있다. 당신은 곧 그리스도인은 완벽함이 아니라 용서와 오래 참음 위에 결혼을 건축해야 한다는 것을 발견할 것이다.

"나는 변하겠습니다"-적응

때로 당신들 중 한 사람이 상대방을 위해 변하게 된다. 예를 들면 밖으로 자주 나가기를 좋아하는 사람이 "우리의 관계를 위해 나는 좀더 집에 있도록 하겠어요"라고 말하는 것이다.

나는 많은 부부가 잠자는 시간에 관한 의견 충돌을 이러한 방법으로 해결하고 있다는 것을 안다. 아내는 "아침 비둘기"라서 일찍 일어나고 일찍 자는 것을 좋아한다. 그런데 남편은 "밤 부엉이"라서 밤늦게까지 잠들지 않고 있다가 가능한 한 아침에 늦게까지 자는 것을 즐긴다. 종종 둘 중 한 사람이 아침저녁으로 서로 교제할 수 있는 시간을 확보하기 위해 오랫동안 유지해온 자신의 습관을 기꺼이 고치려고 할 것이다.

"나는 당신이 고치지 않는 사실을 받아들이겠어요"-수용

수용은 때때로 충돌에 대한 해결책이다. 한 사람이 상대방의 행동과 개성을 받아들이기로 동의하고 자신에게 이야기한다. "짐, 당신은 정말 좋은 남편이에요. 나는 당신이 아무렇게나 쌓아 놓은 수건과 옷들을 잘 치우도록 노력하겠어요."

때로 수용은 참는 것과 거의 같다. 상대의 생활 중에서 어떤 부분을 참아 내기로 결심하는 것이다. 전에 이러한 문제에 대해서 내게 도전이 되었던 한 여성이 있었다. 자신이 보기에는 그리스도인이 단순히 참기만 해야 하는 것이 아니라, 용납해야 한다고 주장했다. 그리고 그녀는 계속해서 어떻게 자신과 남편이 심각한 정신 박약아를 낳은 것을 받아들이게 되었는지 설명했다. 처음에 그들은 고통스럽게 그것을 참아 냈다. 그러나 그 문제를 주님께 맡기고 난 후에는 상황이 달라졌다. 그들은 더욱 행복해졌고, 하나님과의 관계 역시 더욱 평화로워졌다.

나는 그녀의 말을 이해하지만 우리가 모든 문제에 있어서 언제나 그러한 내적 평안을 가져야 한다고 믿지는 않는다. 어떤 경우에는 내적으로는 괴롭다 할지라도 상대를 용납하거나 상황을 받아들일 수 있을 것이다. 사도 바울은 우리에게 인내하며 "사랑 가운데서 서로 용납"(엡 4:2)할 것을 강조한다. 그것은 예수께서 믿지 않는 추종자들을 향해 말씀하실 때 사용하시던 것과 같은 단어이다, "얼마나 너희를 참으리요"(막 9:19). 우리는 놀라워하며 이 사실을 받아들일 수밖에 없다. 이것이 바로 사도 베드로가 "사랑은 허다한 죄를 덮느니라" 하고 말할 때 의미하던 것일 것이다(벧전 4:8).

"우리 모두 변할 거예요"-타협

충돌에 대한 또 하나의 오래된 해결책이 타협이다. 충돌이 늘 한 사람의 희생을 치르고 나서야 해결되어야 하는 것은 아니다. 두 사람 모두 변화하고 승리자가 될 수 있다. 사실 이것이야말로 훌륭한 결혼의 핵심이다.

나는 '밤 부엉이형'이고 아내는 '아침 비둘기형'이지만 우리는 이것으로 인해 서로 멀어지지 않도록 했다. 때때로 진저가 오후에 잠깐 낮잠을 자고 늦게까지 나와 함께 있다 같이 자기도 하고, 어떤 때는 내가 일찍 그녀와 함께 잠자리에 든다. 우리 모두 융통성 있게 오랜 시간에 걸쳐서 변해 왔던 것이다. 결혼은 타협이다. 우리의 관계를 유지한다는 사실을 제외하고는 어떠한 것도 우리는 타협할 것이다.

충돌을 해결하기 위한 둘만의 규칙을 만들라

당신의 관계에서 일어나는 충돌을 해결해야 하는 것은 당신 어머니가 결혼식장에서 우시는 것과 마찬가지로 아주 정상적인 일이다. 당신의 삶 가운데 문제 해결의 틀을 만들라. 무엇보다도 충돌을 해결할 계획이 있어야 한다는 것을 명심하라.

모든 부부가 전략을 가지고 있는 것이 아니며, 그들은 어떻게 해결해야 할지 결정을 내리지도 못한 상태에서 그 문제로 인해 보호 장치를 잃게 된다. 어떤 목회자가 내게 다음과 같은 말을 했다. "20년의 결혼 생활이 지난 후에, 내 아내와 나는 이제야 비로소 문제를 해결할 전략을 찾으려고 노력합니다."

대중적인 결혼 세미나(marriage encounter seminar)가 가진 중요한 특징 중의 하나가 부부들을 충돌 해결의 과정으로 인도하는 것이다.

충돌을 정복하는 전략을 찾으려면 몇몇 기본적인 규칙들을 세워야 한다. 다음 중 당신들에게 가장 효과적이라고 믿는 것을 고르라. 어떤 것들은 당신의 상황에 맞지 않을 수도 있지만 당신이 창조적으로 방안들을 개발하는 데에 다음의 목록이 도움이 될 것이다.

1. 정해진 주제만을 다루고 다른 문제들을 끄집어 내지 말라.
2. 인격을 모독하는 말을 피하라. 당신의 감정이 많이 개입되었을 때는 그 문제에 대한 토론을 중단하고 냉정해졌을 때를 기다렸다가 다시 토론하라.
3. 충돌에 대해서 얘기할 때 손을 가만히 두라.
4. 상대가 모욕적인 말을 하거나, 부당하게 하거나 기본적인 규칙들 중의 하나를 깰 때 사용할 신호를 만들라(예를 들어, 오른손을 든다든지).
5. 잘못된 방법으로 제삼자를 사용하여 당신의 입장에 동조하게 하지 말라.

전략을 세우고 난 다음에는 당신들 사이에 충돌이 있을 때마다 그 계획대로 하자고 서로 동의하라. 우리는 토론 자체가 시작되는 것에 대한 어려움을 극복해야 한다. 우리는 대개 토론하는 것을 미루고 우리의 씁쓸한 감정에 빠져 부루퉁해져 있기 쉽다. 진저와 나는 에베소서 4:26에서 바울이 한 충고를 따라 해질 때까지 분을 품지 않기로 동의했는데, 그 말은 밤에 잠자리에 들기 전까지 우리 사이에 일어난 충돌에 대해서 이야기하자는 의미였다.

찰리 쉐드와 그 아내는 서로에게 72시간 동안 화가 나도록 허용했다. 그 시간이 지나면 화가 풀리지 않은 사람이 상대를 보러 오기로 하는 규칙을 세웠다. 그는 그 규칙에 대해 이렇게 말했다. "때때로 우리 중 한 사람이 와서 '나는 아직도 당신에게 화가 나 있어요. 삼일간 더 기간을 연장할 수 있겠어요?' 하고 말하지요. 그렇지만 그런 일이 일어나면," 그는 웃으면서 말을 이었다. "우리는 앉아서 그 문제를 해결하기 마련이지요."

당신의 결혼 생활의 불협화음에 관해 이야기할 만한 적당한 분위기를 찾는 것은 매우 중요한 일이다. 진저와 나는 모텔 수영장 주변에서 아주 솔직한 대화들을 나누기도 한다. 그런 장소가 주는 단둘이만 있는 느낌과 친밀함은 문제에 대해 얘기할 수 있는 동기와 시간을 제공한다.

문제들을 다루기 위한 분위기를 만드는 데 함께 기도하는 것만큼 확실한 것이 없다. 결혼 초 몇 년 동안 진저와 나는 곤경에 처해 있었고, 너무 낙담한 나머지 이야기한다는 자체가 어렵게 느껴졌다. 우리는 혼란스러웠고 실망했었다. 그러다가 나는 "우리 기도합시다"라고 말했고 우리는 슬픈 마음으로 고개를 숙였다. 때로는 그러한 토론이 기도 중에 계속되기도 했었다. "주님, 진저가 왜 저에 대해서 이렇게 느끼는지 이해하게 도와주세요. 그녀가 알게 해 주세요……"

우리가 머리를 들었을 때 우리의 슬픔은 희망으로 변해 있었다. 당신이 현재 겪고 있는 문제를 제공한 요인이 되는 목록을 가지고 함께 기도하라. 함께 기도하라는 말이 당신이 가진 그 목록의 우선적인 세 항목이 되어야 할 것이다.

당신은 충돌 속에서 이익을 얻을 수 있는 방법을 가지고 있는가?

부부가 함께 나누는 페이지

충돌 계약서

다음의 동의서를 작성하라.

나, _____와(과) 나, _____는 우리의 결혼 생활에서 일어나는 충돌을 해결하기 위하여 다음의 계획을 세웠다. 우리는 문제들이 우리의 결혼에 영향을 미치게 하는 것보다 우리가 먼저 그 문제들을 해결하는 것이 최선이라고 믿는다. 그러므로 우리는 다음의 지침들에 동의한다.

1. 우리 사이의 충돌로 인하여 우리 중 한 사람이 상대에게 화가 나거나 마음이 상할 때는 언제든지 우리는 그것에 관해 언급하기 이전에 _____정도를 허용할 것이다.   (시간의 양: 예) 하루·사흘 등)

2. 두 사람 중 한 사람이 마음이 상해 있을 때 상대가 "문제가 무엇이지?" 하고 묻는다면 언제든지 그 말을 한 사람이 다음과 같이 행할 의무가 있다.
_____
_____
_____

3. 서로 다른 점들 때문에 토론을 하게 되면 우리는 다음의 기본 규칙들을 지키기로 동의한다(앞 장의-224쪽에서 제시된 목록에서 규칙들을 선택하고 당신 두 사람에게 가장 잘 맞는 다른 규칙들을 보충하라).

부부가 함께 나누는 페이지

(1) _____

(2) _____

(3) _____

(4) _____

(5) _____

(6) _____

4. 둘 중 한 사람이 위에 열거한 기본 규칙 중 하나라도 지키지 않을 때는(예를 들면, 현재 이야기하고 있는 문제와 상관없는 다른 문제들을 끌어들이기 시작할 때), 우리는 그 사람에게 다음과 같은 방법으로 신호를 보낼 것이다(하나를 선택하라).

(1) 오른손을 든다.
(2) 상대에게 등을 돌려 다른 곳을 본다.
(3) 휘파람을 분다.
(4) 그 외: _____

10. 충돌을 통해 얻을 수 있는 것들

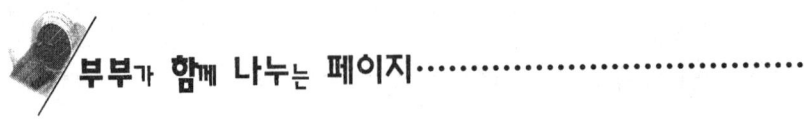 부부가 함께 나누는 페이지

5. 우리는 적응과 용납, 그리고 타협이 충돌을 해결하는 가능한 방법들이라는 것에 동의하며, 우리의 배우자와 문제를 토론하는 데 마음을 여는 것을 결코 거절하지 않을 것이다.

6. 우리 중 한 사람이 이 계약의 어떠한 부분이라도 파기한다면, 그 사람은 다음과 같이 해야 할 의무가 있다.
   (1) 저녁 식사로 빵 한쪽만 먹는다.
   (2) 이웃집 개집에 개와 함께 있는다.
   (3) 40년 동안 설거지한다(성탄절만 제외하고).
   (4) 그 외:_____

사인: _____   _____
         (남편)   (아내)

____년 ____월 ____일 이 일에 _____이(가) 증인이 되다.
                              (예) 애완견

(손이나 발 도장)

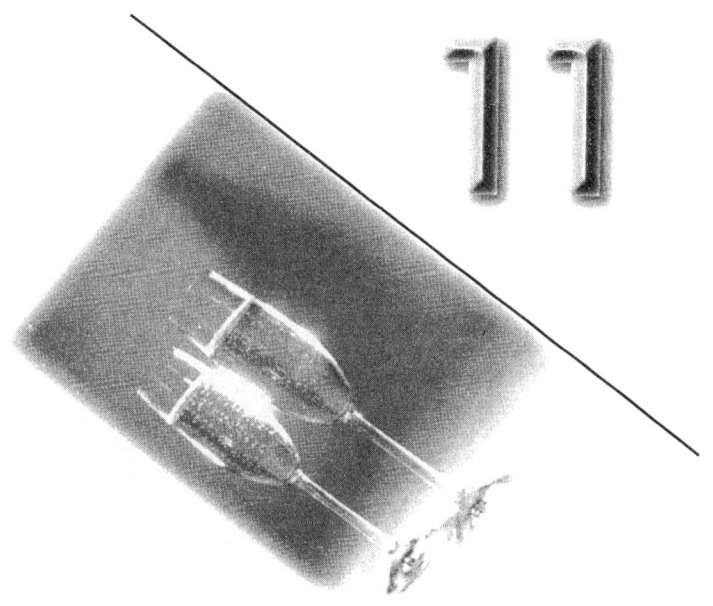

마음의 거리를 두지 마십시오
나쁜 감정들을 다루는 법

감정의 존재를 부정하는 것은 위험하다.
감정을 억제하게 될 때 그 감정은
우리 속 깊이 자리를 잡는다.

11. 마음의 거리를 두지 마십시오

나쁜 감정들을 다루는 법

전에 진저가 내게 이런 말을 했다. "오늘 나는 오래 전에 내가 어떤 느낌이었던가를 깨닫게 되었어요. 당신하고 그 얘기를 하고 싶군요." 그녀의 이 말이 이상하다는 생각이 들지 않는가?

그런데 그녀가 말한 그 오래 전의 일은 25년을 거슬러 올라가야 하는 것이었다. 그녀가 말한 느낌이란 그 당시 우리가 직면하고 있었던 문제와 관계된 것이다. 그 문제는 결혼 첫 주에 우리에게 영향을 미쳤으며 상당히 오랜 세월 동안 지속되었다. 그 당시 우리 두 사람에게 일어났던 강한 느낌은 우리에게 일어나고 있는 일들에 대해 이야기하거나 이해하는 것을 어렵게 만들었다.

그녀의 말에서 내가 주목한 사실은 25년이 지난 지금도 그녀가 그 당시 자신이 어떻게 느꼈었는지를 발견해 내려고 한다는 것이었다. 만일 그녀가 자기 자신을 이해하기 위해 20년의 세월을 돌아봐야 할 정도라면, 내가 그런 그녀의 감정을 이해하는 데에 어려움을 겪는 것은 너무도 당연하지 않은가.

지금 심각해지지 않으면 나중에 더 심각해진다

사람이란 참으로 복잡한 존재이므로 진저도 나를 이해하는 데에 그만한 어려움을 겪는다. 심리학자들과 정신과 의사들은 수년 동안 사람의 심리를 알아내는 훈련을 해왔다. 그럼에도 불구하고 때때로 그들은 뒤로 기대어 앉아 머리를 긁적인다. 우리는 자신의 감정을 정확하게 인식하고 이해하는 데에 가장 큰 어려움을 겪는다. 우리 안에 부정적이라고 부르는 감정들이 일어날 때, 그러한 것들은 좀처럼 다루기 어렵다.

기본적으로 긍정적인 감정은 전달하기가 쉽다. "우와, 당신 정말 멋지군!" 또는 "당신이 곁에 있으면 나는 정말 행복해요" 하는 말들을 우리들 대부분은 어렵지 않게 말할 수 있다. 그러한 말들은 우리의 문화권 내에 깊이 뿌리박혀 있는 것이고 우리의 사랑 노래도 좋은 감정만 나누도록 가르친다. 그러나 사랑하는 사람이 우리를 화나게 했을 때 "당신 정말 나를 속상하게 하는군요!" 하고 말하는 것은 쉬운 일이 아니다.

이처럼 힘들고 다루기 어려운 감정들은 우리를 갈라놓는 주범이다.

바울 사도는 "너희는 모든 악독과 노함과 분냄과 떠드는 것과 훼방하는 것을 모든 악의와 함께 버리"(엡4:31)라고 말한다. 그는 우리의 침침하고 어두운 감정적 측면이 어떤 불화를 일으키고 얼마나 강력한 것인지 알고 있었다.

이러한 감정들은 우리의 관계에 상처를 주는 말과 행동을 하게 할 뿐만 아니라, 그러한 감정이 있다는 자체가 우리를 힘들게 만든다. 우리에게 나눌 수 없는 좋지 않은 감정이 있다면 그 부분에 있어서의 친밀감은 포기할 수밖에 없다. "나는 화가 났어요" 하고 상대에게 말할 수 없다는 것은 자신에 대해 상대에게 알릴 수 없는 무언가가 있다는 뜻이다. 그리고 그 부분에서만큼은 남남이 되기로 하고 한 걸음 뒤로 물러나는 것이다.

전에 참으로 좋은 관계를 유지했었지만 현재 감정적으로 분리되어 있는 부부들을 보면 이러한 일들이 확실하게 일어나고 있음을 볼 수 있다. 따스하고 긍정적인 표현들은 결혼에 이르기까지 그리고 그 이후에도 자유롭게 흘러 나왔다. 그러다가 그들 중 한 사람이 다른 한 사람을 기대했던 것보다 훨씬 더 심하게 자극하는 시기가 도래했고, 그 강한 바람은 적대감과 분노를 일으켰다.

이제 그 상처 입은 배우자는 바로 그 최악의 상황을 이야기하는 데에 충분히 관심을 가져야 한다. 그러나 말이 목구멍에서 막혀서 나오지 않고 그 문제는 결국 건드려 보지도 못한다. 그들 사이에 아주 작은 틈이 생기고 낯선 느낌이 자리잡는다. 그 후에는 그들이 서로 이야기할 수 없는 또 다른 감정이 연이어 일어날 것이며, 그 감정들이 계속 쌓이게 될 것이다. 그들은 계속해서 점점 더 서로에게서 멀어지고 결국 자신들의 내부 세계로 도피하게 되는 것이다.

무조건 참지 말고 우선 똑바로 쳐다보라

마치 사은권을 모으듯이 감정을 쌓아두는 사람들

첫째로 성경은 우리가 자신의 감정을 인식해야 한다는 사실을 분명하게 주장한다. 에베소서 4:26에서 바울은 "분을 내어도 죄를 짓지" 말라고 말한다. 그리스도인들은 자신의 안 좋은 감정으로 무엇을 하든지간에 그러한 감정들을 무시해서는 안 된다. 이러한 분노의 가능성을 인식하고 바울은 그에 대처해야 할 것을 말하고 있다.

감정을 무시하고 부인하는 것은 참으로 자연적인 반응이다. 우리는 스스로에게 "그리스도인은 화를 내서는 안 돼. 그러므로 나는 화가 나지 않아." 또는 "착한 아내는 질투해서는 안 돼. 나는 질투하지 않아." 라고 말한다. 우리의 실수와 진정한 자신의 모습을 받아들이는 것은 분명히 기독교적이다. 고백은 믿는 사람들의 생활에서 기본이 되어야 하며, 그것은 첫째로 자신에게 고백하는 것을 의미한다.

심리학자들은 이에 관한 성경의 말씀을 확인시킨다. 그들은 감정을 억제하고 그 감정의 존재를 부정하는 것의 위험에 대해 경고한다. 감정을 억제하게 될 때 그 감정은 우리 속 깊이 자리를 잡는다.

어떤 심리학자는 감정을 쌓아두는 행위를 마치 사은권을 모으는 것과 같다고 말한다. 어떤 사람들은 사은품을 받기 위해 이러한 스티커들을 모으는 일에 많은 관심을 기울인다. 나는 사은품 증정 창구에 가서 사람들이 스티커 용지에 촘촘하게 스티커들을 붙여 온 것을 본 적이 있다. 각각의 스티커가 정해진 칸에 조심스럽게 붙여져 있었다. 마치 그 사람들은 수없이 많은 작은 종이 조각들을 하나씩 하나씩 모아서 빈 곳을 메우는 일 이외에는 할 일이 없는 사람들 같았다.

반면에 어떤 사람들은 사은권을 모으는 일 따위에는 신경쓰지 않는다. 그들은 사은권을 받아도 거의 관심 없이 서랍 속에 던져 놓거나 주머니나 지갑에 밀어 넣는다.

사람들은 자신들의 감정에 관해서도 거의 똑같이 행동한다. 어떤 사람들은 성격상 부정적인 감정들을 쌓아놓지 않는다. 그들은 그러한 감정들을 던져 버리고는 잊어버린다.

그렇지만 또 어떤 사람들은 감정을 억제하고 계속해서 사은권을 모으듯이 자신의 내부에 쌓아 놓는다. 그러다가 어느 날 갑자기 그 차오른 감정들을 한꺼번에 쏟아내고 폭발하는데, 그 모습은 마치 모든 내적인 고통과 고뇌를 보응하고 보상받을 권리가 있다고 믿도록 강요라도 당한 것처럼 보인다.

부정적인 감정들을 해산의 고통으로 여기라

나쁜 감정들은 해산의 고통과 같다. 당신에게서 막 일어나려고 하는 일을 무시한다고 해서 그 일이 중단되지는 않는다. 그렇지만 해산의 고통과는 달리 적대감은 좋은 결과를 낳지는 않는다. 그것들이 낳은 아이는 작은 괴물들이다. 당신 속에 자라나고 있는 그 작은 악마를 무시한다면 생각지도 않은 때 고통 가운데 그것을 낳게 될지도 모른다.

이것은 결혼 생활에 폭력을 유발할 것이다. 어떤 남편이 씁쓸한 감정을 그냥 쌓아두면서, 자신이 그렇게 느끼고 있다는 사실을 무시한다면 어느 날 갑자기 감정들이 솟구칠 때, 그는 구타를 하게 된다. 바울이 경고한 것처럼 분노가 죄를 짓게 하도록 내버려두지 말고 그것들을 잘 다루어야 한다.

갑자기 헤어지는 부부들은 아마도 억압된 감정의 희생자들일 것이다. 마치 80세가 된 여인이 이혼 소송을 하기 위해 이혼전문 변호사를 찾아간 경우와 같을 것이다. "60년의 결혼 생활을 하고 80년의 인생을 살아온 지금에 와서 도대체 왜 이혼하려 하시지요? 이유가 뭔가요?" 놀란 변호사가 물었다. 그녀는 주저없이 대답했다. "이 정도면 충분해요." 오랜 세월 동안 무시되어온 나쁜 감정들은 많은 사람들의 마음속에 이렇게 속삭인다.

때때로 좋지 않은 감정들은 화산의 압력처럼 다른 부분에서 발산된다. 성 관계에서 느껴진 실망스러운 감정은 아내로 하여금 남편의 재정경영의 무능함에 대해 불평하게 한다. 아마도 그녀는 자신의 성적 욕구가 부끄러워 자신의 성적인 불만을 부인하는 것이리라. 무의식적으로 그러한 분노는 그녀로 하여금 침실에 관한 얘기 대신 은행 구좌를 놓고 남편을 공격하게 만든다.

문제에 억압당하지 말고 문제를 인식하라

억압된 것을 방출하는 인간의 밸브를 "인식"이라고 말한다. 단순하게 자신을 억압하고 있는 것을 고백하고 받아들이고 인식하라. 그리고 자신에게 다음과 같이 말하라. "나는 그가 저녁 시간에 맞춰 정확하게 들어오지 않아 정말 속상해.", "나는 정말 우리의 성 생활에 실망했어.", "나는 그녀가 자신의 감정을 같이 나누지 않는 것에 정말 화가 나."

우리가 자신들의 감정을 제대로 인식하지 못하는 이유 중의 하나가 그런 감정에 대해 나쁘다거나 악한 것이라고 꼬리표를 붙이는 데 있다. 설사 그것이 사실이라 할지라도, 그것 때문에 우리의 인식을 중단해서는 안 된다. 우리 주님은 우리에게 자신들의 옳은 면뿐만 아니라 어두운 부분들도 보기를 권고하신다. 우리는 분노, 질투, 불만과 같은 감정들에 대해 악한 것이라는 꼬리표를 다는 데에만 매우 성급하다. 바울은 죄와 상관없이 화를 낼 수 있다는 사실을 분명하게 언급하고 있다(엡 4:26). 우리는 그러한 좋지 않은 감정을 느낄 권리가 없다고 생각함으로 인해 감정을 부인하는 경향이 있는데, 우리는 이러한 느낌을 더욱 더 조심해야 한다.

만일 우리가 그러한 감정을 부인한다면 그것은 문제를 다룰 수 있는 기회를 부인하는 것이 될 것이다. 예를 들어 어떤 아내가 자신이 질투한다는 사실을 부인한다면 그러한 감정이 왜 생기게 되었는지에 대한 어떠한 질문도 하지 않을 것이다.

나는 이러한 문제를 가진 어떤 아내에 관한 글을 읽은 적이 있다. 그녀는 몇 달 동안 자신이 질투한다는 사실을 부인하다가(계속하여 자신에게 좋은 아내는 질투하지 않는다고 말하며), 결국 사실을 받아들이게 되었다. 그 사실에 직면했을 때 그녀는 그것을 분석하기 시작했다. 그녀는 남편이 사교 모임에서 다른 사람과 이야기할 때 자신이 주로 질투를 느낀다는 것을 발견했다. 남편이 그들과 나누는 이야기들은 부부간에 나누지 않는 지적이고 의미있는 것들이었다.

그녀는 정말로 자신이 남편을 잃는다거나 외도할까 봐 두려웠던 것이 아니라는 사실을 깨달았다. 주의깊게 분석하고 나서 다음과 같은 결론에 도달했다. 그녀는 남편이 좋은 대화를 나누는 데 있어서 자신이 제외되었다는 사실에 질투가 났던 것이다. 문제를 깨닫고 나자 그녀는 해결책을 찾을 수 있었다. 그녀는 남편과 대화할 수 있는 지적인 문제들을 찾기 위해 신문과 정기 간행물을 읽기로 결심했고 그것은 성공했다. 자신의 필요가 채워졌을 때 그녀의 질투는 사라져 버렸다.

고통과 같은 감정을 느낀다는 것은 그 사람에게 무언가 잘못되었다는 신호이다. 이러한 감정들을 인식하게 될 때 우리의 관계 속에 있는 문제들에 더욱 예민하게 반응하게 될 것이다.

자신의 감정을 알게 되었으면 이제 다스리라

통제하느냐 통제당하느냐, 그것이 문제다

인식하는 것은 단지 첫 단계에 불과하다. 바울은 해가 지도록 분을 품지 말 것을 충고한다(엡 4:26). 다시 말하지만, 분노를 다스리고 잘 다루라. 그리스도인들은 자신들의 감정이 그대로 표출되도록 방치하여 그러한 감정들에 의해 자신이 통제당하는 것을 내버려두어서는 안 될 것이다. 현대의 어떤 상담가들은 사람들에게 분노를 즉시 표출하라는 건전하지 못한 충고를 한다. 그러나 성경은 하지 말라고 경고하였으므로, 우리는 우리의 격한 감정을 표출하지 않도록 조심해야 한다. 주먹으로 베개를 내리치거나 소리지르는 방법으로 우리의 나쁜 감정들을 분출할 때 점점 더 적대감만 일으킬 가능성이 높다.

자신의 감정들을 인식하는 행위가 그러한 감정들에만 집착해서 더욱 부추기고 심각하게 만드는 결과를 낳아서는 안 된다. 성경은 "모든 악독과 분냄과 떠드는 것과 훼방하는 것을 모든 악의와 함께"(엡 4:31) 버리라고 말씀하신다. 하나님께서는 우리에게 이러한 작은 감정들을 길러서 크게 확대하지 않도록 주의를 주신다.

잠언에 다음과 같은 말이 있다, "노하기를 더디하는 자는 크게 명철하여도 마음이 조급한 자는 어리석음을 나타내느니라"(잠 14:29). 또 다른 곳에서는 "노하기를 더디하는 자는 용사보다 낫고 자기의 마음을 다스리는 자는 성을 빼앗는 자보다 나으니라"(잠 16:32) 말씀한다. 그리스도인은 자신의 적대적인 감정에 의존하기보다는 하나님의 영의 통치에 복종해야 한다.

또한 이러한 감정들을 실제적으로 다룰 수도 있다. 운동은 갇혀 있는 감정들을 표출하는 좋은 대안이다. 당신의 결혼 생활로 인해 화가 나거나 불만스러울 때 좋은 운동 계획을 세운다면 당신이 그 문제를 해결하려고 노력하는 동안에 평정을 유지할 수 있을 것이다.

감정을 말로 표현하도록 하라.

나쁜 감정들은 그것들을 말로 표현하는 방법으로써 다스릴 수 있다. 그것들은 오후의 따스한 햇빛을 받으면 녹아 없어지는 눈송이와 너무나 흡사하다. 그것들을 솔직히 드러내는 것은 당신과 당신의 관계를 위해 최선의 방법이다. "나는 당신 때문에 마음이 불편해요", "당신은 나를 실망하게 했어요." 하고 말할 수 있는 관계는 건강한 관계이다.

우리는 대개 그렇게 자신의 감정들을 말로 표현하기보다는 오히려 무언으로 표현하는 방법을 택한다. 자신의 행동이나 말투, 즉 말이 아닌 다른 방법을 사용하여 우리의 느낌을 전달하려고 한다.

왜 남편과 아내가 탕탕 냄비 소리를 내거나 문을 쾅 닫는가? 대개 자신들의 분노를 알리기 위한 행동이다. 어떤 부부들은 자신의 분노를 확실하게 알릴 수 있는 분명한 신호를 개발하기도 한다. 만일 남편이 부엌과 거실 사이의 문을 쾅 닫으면 심기가 불편한 것이고, 현관문을 쾅 닫고 밖으로 나서면 정말로 짜증이 난 것이다.

종종 상담가들은 그들을 찾아 온 부부들에 대해 묘사할 때 "그들은 의사소통을 하지 않지요"라고 말하는데 그 뜻은 그 부부가 말을 하지 않는다는 것이다. 그러나 그들은 무언으로 의사를 전달하고 있는 것이다.

그들은 상담자 앞에서 서로 등을 돌리고 앉아 있다. 그들이 서로를 힐끗 쳐다볼 때면 보이지 않는 독화살이 그들 사이에 있는 상담자를 지나 날아간다. 상담자는 그들로 하여금 그들 각자의 내부에서 실제 일어나고 있는 것들을 말하도록 하는 것이 자신의 역할이라는 것을 안다. 각자의 내부에서 일어나고 있는 것들을 말한 후에야 그들은 그 상황에 결부된 감정의 깊이를 이해할 수 있다. 부부가 왜 그러한 부정적인 감정들을 나누는 것을 배워야 하는가 하는 데에는 확실한 이유가 있다.

말은 더 좋다. 첫째로 자신이 느끼는 것을 직접 말한다면 관계를 손상시키는 무언의 표현들을 하지 않게 될 것이다. 이런 표현들은 매우 심각한 행위이다. 사람들은 손을 뻗어 뺨을 때리거나 주먹을 날리거나 구타를 하며 자신들의 분노를 표현할 뿐만 아니라 앙갚음을 한다. 그런데 만일 당신이 "나 화가 나요"라고 말할 수 있다면 손을 뻗어 해를 가하고자 하는 유혹을 덜 받을 것이다.

둘째로 자신의 감정을 나누는 것은 모욕적인 언사를 하고 싶은 욕구로부터 벗어나게 할 것이다. 불쾌한 느낌은 날카로운 말을 낳고 그것은 결국 상처를 주게 만든다. 우리는 "당신이 그런 행동을 할 때 괴로워요"라고 말하는 대신 "당신은 정말 생각이 없군요." 하고 말하는 경향이 있다. 그들이 하는 행동으로 인해 어떻게 자신의 마음이 상했는지를 밝히기보다는 상대의 잘못을 비난하며 그들에게 해명하거나 행동을 바꿀 수 있는 기회를 주지 않는다.

말은 더 명백하다. 감정을 말로 표현해야 하는 더 중요한 이유는 무언의 표현이 주는 모호함과 왜곡을 피할 수 있기 때문이다. 어떤 사람이 당신에게 상기된 얼굴과 긴장으로 일그러진 표정을 한 채 격양된 음성으로 "내가, 내가 화가 났다고? 아니, 전혀 화나지 않았어!" 하고 말한다면 당신은 반대의 말을 듣고 있는 것이다. 그 사람은 말로 어떤 사실을 전달하면서 행동으로는 그것과 전혀 다른 의미를 전달하고 있는데 그러한 행동은 혼란을 가져온다.

전에 나는 진저와 파티에 간 적이 있었는데, 나는 그 파티가 우리에게 좋은 시간이었다고 생각하고 있었다. 그런데 밖으로 나와 집으로 돌아가기 위해 차에 시동을 거는데, 왠지 차 속에 냉냉한 분위기가 감돌았다. 마치 바깥이 아니라 차 속에 눈이 내리는 것 같았다.

나는 아내를 힐끗 쳐다보며 물었다. "무슨 일이오." 그러자 그녀는 큰 한숨을 쉬며 딱딱하게 앞만 바라보며 말했다. "휴우우, 아무 일도 아니에요." 말로는 부인하고 있었지만 그녀는 마음이 상했다는 것을 무언중에 표현하고 있었다. 그것은 마치 강아지가 꼬리를 흔들며 동시에 짖어대는 것과 마찬가지여서 어느 쪽을 믿어야 할지 알 수가 없었다.

그렇지만 나는 마음이 상한 이유가 무엇이고 왜 그런지는 몰라도 뭔가 잘못되었다는 것은 안다. 그리하여 나는 스무고개를 시작한다. "내가 푸른 블라우스를 입은 금발의 여자와 너무 오래 얘기했기 때문이오?" (침묵) "내가 또다시 진부한 농담들을 해서 그렇소?" (침묵) 이쯤되면 나도 슬슬 화가 나기 시작한다. 만일 그녀가 말을 하지 않으면 나도 똑같이 대할 것이다. 이제 우리는 막다른 상태에 놓였다.

나중에 가서 나는 그녀의 느낌이 어떠했는지 알아내기 위해 요리조리 생각해 볼 것이고, 우리는 서로 그 문제를 해결하려고 할 것이다. 그렇지만 우리는 정말로 서로의 느낌이 어떠한지 이야기하는 시간이 **빠르면 빠를수록** 서로의 관계를 위해 더욱 좋다는 사실을 알게 되었다.

말은 *정확하다*. 우리의 무언의 표현들이 그렇게 정확하지는 않다. 우리의 느낌을 말할 수 없다면 우리의 관계는 황폐해질 것이다. 가장 민감한 분야 중 하나인 성을 생각해 보자.

어떤 아내가 잠자리에서 남편의 접근을 거절했다. 그녀는 그에게서 조금 거리감을 느끼고 있어서 남편의 성적인 접근은 부적당한 것이라고 생각하고 있었다. 그렇지만 남편은 아내의 생리 주기 동안 남성적 욕구가 쌓여 있었다. 그러나 그녀는 남편에게 거리감이 느껴진다고 말할 용기가 없었다. 그래서 그녀는 아무 말도 하지 않는다.

한편 남편은 아내의 느낌이 어떠한지 모르는 채, 예민하게 행동한다. 그녀가 뒤로 물러설 때 그는 등을 돌리며 투덜거린다. 그녀는 누운 채로 남편의 투덜거림과 180도로 돌아누운 것이 무엇을 의미하는지 해석하려고 애쓴다. '그가 화가 났나?' 분명히 그래 보인다. 그녀는 생각한다. "화를 내야 하는 것은 나라구, 그는 화를 낼 권리가 없어. 그가 생각하는 것이라고는 음식, TV, 그리고 섹스뿐이야. 꼭 그 순서는 아니긴 하지만." 이제 그녀는 화가 난다.

그러나 만약 그가 화가 나지 않았다고 하더라도 기본적으로 실망은 했을 것이다. 그렇지만 실망을 하는 것과 화를 내는 것의 차이는 엄청나다. 그의 실망하는 모습을 보면 그녀는 오히려 위로를 받았을 것이

11. 마음의 거리를 두지 마십시오 • 241

며 그가 곁에 없는 날이 오히려 견디기 힘들 것이다. 만일 그가 자신의 마음을 말로 표현할 수 있어서 "여보, 이해하오. 하지만 조금 실망스럽소. 그렇지만 괜찮아질 거요. 그리고 곧 다음 기회가 오겠지……. 아마 내일 저녁이 될까?"라고 말할 수 있었다면 그 차이는 더 컸을 것이다.

그렇게 하는 대신에 그들은 서로에게 화를 냈고 해가 지도록 분을 품고 있었으며 결국 그들의 결혼 생활에서 투명함이 사라지도록 내버려두었다.

어떻게 당신의 느낌들을 말하느냐 하는 것은 당신이 그것을 표현한다는 사실만큼이나 중요하다.

자신의 감정을 정확히 말로 표현하는 것은 매우 중요하다. 때로는 말한다는 것 자체가 어렵게 느껴질 수도 있지만 말이다. 우리가 자신의 느낌을 항상 알 수 있는 것은 아니라서, 실망인지 좌절인지, 분노인지 씁쓸함인지 분간하기가 어렵다. 때때로 진저와 나는 이 부분에 있어서 서로를 도와주어야 할 때가 있다. 내가 할 수 있는 한 최선을 다해 설명하면 그녀는 내가 나의 감정을 이해하도록 도우려고 애쓰고, 어떤 때는 정반대로 내가 그녀를 돕는다.

통제된 상태에서 말하려고 노력하라

말하기 전에 당신의 감정을 통제할 수 있을 때까지 기다리는 것은 좋은 규칙이다. 내적인 복수심에 이끌릴 때는 잘못된 말을 하기 쉽기 때문이다. 당신이 화가 날 때 "나 화가 나요"라고 말하는 것은 아무 말도 하지 않는 것보다 훨씬 낫다. 그렇지만 잠시 물러났다가 어느 정도 냉정을 되찾은 뒤에 와서 얘기하는 것이 최선이다. 그 다음날 얘기하는 것도 건전한 방법이다.

종종 나는 냉정을 되찾은 뒤 자신의 분쟁이나 의견 차이에 관해 이야기하지 못하는 사람들이 가장 문제가 많은 관계를 만든다는 사실을 발견한다. 어떤 이들은 오로지 싸움 중에만 이야기할 수 있는데 그들은 큰 소리 나는 용광로처럼 열이 오를 때만 작동한다. 당신이 만일 좋지 않은 감정이 지나간 후에, "내가 어떤 느낌이었는지 설명할게요"라고 말할 수 있다면 서로를 이해하는 데 훨씬 더 도움을 줄 수 있을 것이다.

비판이나 비웃음 또는 욕설을 퍼붓지 않고 말할 수 있다면, 자신의 감정을 말로 표현하는 것 역시 좋은 방법이다. 당신의 느낌을 나누는 것을 상대를 공격하는 행위와 착각하지 말아야 한다. "당신, 내 감정은 전혀 고려하지 않는군요"라고 말하기보다는 "당신이 그렇게 행동할 때마다 나는 정말 맥이 빠져요"라고 말하라. 만일 비판하게 되면 감정이라든지 그러한 감정을 유발하는 문제들을 다루는 데 실패하게 될 것이며, 우리가 내린 판단을 가지고 논쟁하다가 끝을 낼 것이다.

만일 "난 정말 맥이 빠져요"라고 말할 수만 있다면, 대화를 통해 이 문제를 풀 수 있을 것이다. 이것은 특히 감정이 그 문제에 비례하지 않을 정도로 심각하게 확대되었을 때 중요하다.

전에 어떤 부부가 남편의 지나친 분노로 인해 나를 찾아온 적이 있었다. 아내가 곁에 앉아 있는 데서, 남편은 아직 집안 일에 서툰 아내가 하는 행동들에 너무나 화가 많이 나서 그녀에게 손찌검을 하게 될까 봐 두려웠다고 말했다. 그것은 수건을 제대로 걸지 않는다든지 치약을 중간부터 짜서 쓴다든지 하는 정말 사소한 일들이었다. 그렇지만 그의 분노는 그런 사소한 일에 비례할 만큼 사소하지 않았으며 그들도 이 사실을 알았다. 해결해야 할 문제는 그의 심한 반응이지 아내의 사소한 행동이 아니었다. 그가 변해야 했고, 자신의 성질을 이해하고 다룰 수 있도록 그들은 함께 협력할 필요가 있었다.

나쁜 감정들을 다루는 여러 규칙 중에서 "정직하라"는 것은 일반적으로 결혼 생활을 하는 데도 하나의 좋은 규칙이 된다. 사도 바울은 그리스도인들은 사랑 안에서 참된 것을 말해야 한다고 권고했다. 때때로 속임수나 거짓말에 의존하는 것이 어떤 문제를 해결하는 가장 쉽고 좋은 방법처럼 보일 때가 있다. 그러나 결국에 가서 속임수는 당신의 결혼을 마치 가장 무도회와 같이 만들 것이며, 당신은 결국 가면을 벗으면 파티는 끝나 버릴 것이라는 사실을 두려워하게 될 것이다.

집안의 악취를 제거하기 위해 방향제를 사용하듯이 우리는 너무나 쉽게 거짓말을 한다. 결국 속임수는 방향제처럼 냄새의 원인이 제거되지 않는 한 그 효력을 잃게 될 것이다. 어떠한 것도 진실만큼 문제의 원인을 다루고 관계를 환기시킬 수 있는 것은 없다.

 부부가 함께 나누는 페이지 ································

부정적인 감정을 나누는 법

다음의 말들이 감정에 관한 모든 것은 아니라는 것에 주의하라. 어떤 것들은 나쁜 감정으로 인해 생기는 좋지 않은 말들이다. 그렇지만 그러한 말들이 실제로 느끼고 있는 감정들을 그대로 나타내지는 않는다. 그 결과 이 부부는 그러한 감정과 원인을 제대로 다룰 수가 없다.

아내가 늦게 돌아와서, 남편은 화가 나기도 하고 조금 걱정이 되기도 했다. 그녀가 들어올 때, 무슨 말을 해야 할 것인가? (만일 그가 정말로 화가 났다면, 다음과 같은 반응을 보일 것이라는 데 주의하라.)

1. 당신, 그 시계는 장식품이요? 도대체 시계를 보긴 본 거요?
2. 당신은 왜 항상 늦는 거요?
3. 그래, 난 정말 화가 난다구. 당신은 아닌가?
4. 당신이 늦으면 정말 화가 나.

4번은 사람의 느낌을 분명하게 나타내는 말이다. 이럴 때는 남편이 저녁내내 언짢아 하지 않도록 그리고 아내가 계속해서 남편이 왜 저렇게 화를 내는지 추측하지 않도록 주위를 환기시킬 수 있는 가능성이 있다.

그렇지만 만일 다른 말들을 한다면, 공격당하는 사람으로 하여금 자신의 입장을 방어하게 만들 것이며, 아마도 대단한 논쟁이 시작될 것이다.

1번은 제대로 된 감정의 표현이 아니다. 그것은 화가 나서 나온 빈정대는 말이다. 그러한 말은 무언가 잘못되었다는 것을 알리기는 하겠지만 사실이 무엇인지 분명하게 말해 주지 않으며, 친절한 태도는 아니다.

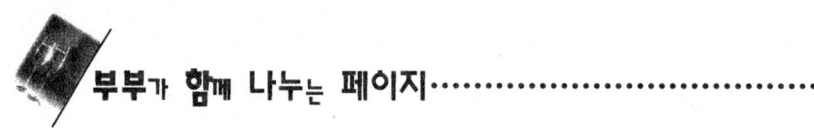
부부가 함께 나누는 페이지

　3번은 처음의 두 가지 말보다는 실제로 그 사람의 감정을 말해 준다는 의미에서 조금 낫다. 그러나 그 말도 역시 상대를 판단하며 상대를 방어하게 만든다. 화가 나면 종종 상대를 비난하거나 정죄하게 된다. 다음과 같이 말하는 것이 얼마나 더 좋은가. "당신이 늦을 때면 내가 얼마나 화가 나는지 알아요? 하지만 당신도 더욱 노력할 것이고 나도 좀더 참도록 노력해야 한다는 것을 알아요. 우리 이것 때문에 오늘 저녁을 망치지 맙시다."
　다음의 예를 보고 감정을 표현하는 말을 골라 만일 그러한 방법으로 감정을 나눈다면 당신의 관계에 도움이 될 것인지, 만일 그렇다면 그 이유는 무엇인지 토론하라.

1. 최근 남편이 아내와 많은 시간을 보내지 않는다.
(1) 당신 왜 나를 피하려고 해요?
(2) 당신 그렇게 일을 사랑하는데 그것과 결혼하지 그랬어요?
(3) 요사이 나는 당신 때문에 정말 외로웠어요.
(4) 당신의 나에 대한 무관심에 정말 넌더리가 나요.

2. 아내가 집안 살림에는 통 관심이 없는 것 같아 남편이 화가 난다.
(1) 당신은 세상에서 가장 훌륭한 가정주부로 상을 받아야 하겠군.
(2) 집이 엉망이군.
(3) 도저히 이런 집구석에서는 살 수가 없어.
(4) 집이 이렇게 어수선한 것을 보면 정말 화가 나고 실망이 돼.

3. 남편이 아내에게 성 관계를 맺기 원하는 신호를 계속 보냈는데, 아내는 알아차

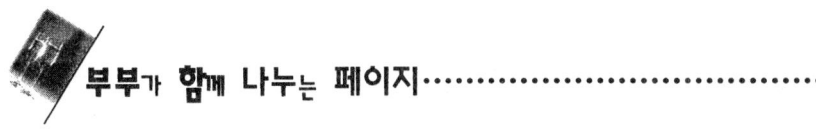
부부가 함께 나누는 페이지

리지 못했다. 그로 인해 남편은 화가 났다. 그녀가 "뭐가 잘못됐어요"라고 물을 때 그는 무슨 말을 해야 할 것인가?
(1) 오, 전혀.
(2) 나는 오늘밤 당신과 관계를 가질 수 있기를 원했는데 당신이 준비가 되지 않아 실망스럽고 조금 화가 나오.
(3) 내가 당신을 원한다는 사실을 어떻게 당신이 모를 수 있는지 이해할 수가 없소.
(4) 당신은 날 이해 못할 거요. 그냥 잊어버려요.

4. 아내의 생각에 남편이 그들의 능력 이상으로 엄청난 돈을 모터보트에 소비하는 것 같아 걱정이 된다.
(1) 전 상관하지 않을 테니 당신이 알아서 돈도 관리하고 청구서에 관해서도 당신이 걱정하세요.
(2) 그 보트 때문에 돈을 많이 써서 우리 경제 사정이 걱정이 돼요.
(3) 당신이 왜 그렇게 돈을 쓸데없이 낭비하는지 도무지 모르겠군요.
(4) 좋아요, 보트를 사세요. 아니 그 보트를 탈 호수까지 사지 그래요.

만일 당신이 성경말씀과 의사소통 전문가들이 제안한 대로 이 장에 나오는 지침들을 따르려고 한다면, 당신은 위의 예들로부터 다음과 같은 말들을 선택할 것이다.
1. (3)
2. (4)
3. (2)

11. 마음의 거리를 두지 마십시오 • 247

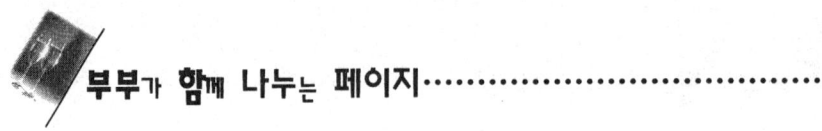

4. (2)

　물론 우리 중 누구도 완벽한 사람은 없고, 언제나 올바른 것을 말할 수 있는 것은 아니다. 그렇지만 우리가 그렇게 할 수 있으면 우리는 함께 사는 것이 더욱 쉬워질 것이고 우리들 사이에 찾아드는 부정적인 감정들을 더 잘 다룰 수 있을 것이다.

　위와 같은 상황에서 당신의 배우자가 어떻게 감정을 표현해 주기를 원하는지 토론하라.

12

당신, 나, 그리고 그분
영적으로 하나되는 부부

결혼이 한 덩어리의 빵을 굽는 일이라면
영적인 화합은 이스트이다.

12. 당신, 나, 그리고 그분

영적으로 하나되는 부부

나는 전에 진저에게 "당신에게 내 사랑을 표현할 수 있는 가장 좋은 방법이 무엇이오?"라고 물어본 적이 있다. 20년 이상이나 그녀와 함께 결혼 생활을 해 왔기 때문에 나는 그녀에게서 어떤 특별한 대답이 나올 것이라고 기대하지는 않았었다. 그러나 그녀의 대답은 나를 놀라게 했을 뿐만 아니라 내게 충격을 주었다. 그녀는 이렇게 말했다. "당신이 나와 기도하고 나의 영적인 생활에 관심을 보일 때가 가장 좋았어요."

진저의 대답은 정말 기대 밖의 것이었기 때문에 나를 흔들어 놓았다. 그녀의 마음의 목록 속에 우선순위를 차지하는 항목이 내 목록 속에는 순위에 올라있지조차 않았기 때문이다. 나는 그녀의 영적인 행복에 대한 관심을 사랑의 행위로서라기보다는 의무로서 더 많이 생각해 왔었다. 이러한 새로운 시각은 내가 그녀와 기도하고 예배드릴 때마다 나의 전체적인 태도를 바꾸어 놓았다.

하나님과의 관계는 서로와의 관계의 옷감 속에 함께 짜여져야 한다. 우리들 각자는 많은 부분으로 이루어진 하나의 인격체이다. 심리학 교재는 우리의 인격(인성)을 사회적, 육체적, 감정적, 그리고 지적인 부분들로 분리하지만, 우리의 삶 속에서 이러한 영역들을 분리시킬 수는 없다. 우리의 육체적인 상태는 우리의 사회생활에 영향을 미치며, 감정적인 것은 정신적인 것에 영향을 받는다. 우리가 행동하거나 다른 사람들과 관계를 맺을 때 언제든지 우리는 전인적인 인간으로써 행한다. 이렇게 우리의 모든 국면들은 서로 관련되어 있으며, 이러한 사실이 영적인 관계를 매우 중요하게 만든다.

사도 베드로는 결혼 생활과 영적인 생활간의 유대관계를 강조한다. 그는 남편이 아내를 동료 그리스도인으로 존중하며, 지식을 따라 아내와 동거하지 않으면 그들의 기도 생활이 막히게 될 것이라고 경고한다(벧전 3:7). 베드로가 부부의 기도를 말한 것인지 남편들의 기도를 말한 것인지는 분명하지 않지만 결혼 생활과 기도가 서로 관계가 있다는 것은 분명하다. 당신이 결혼 생활에서 어떤 관계를 맺는가 하는 것은 당신이 어떻게 하나님과 관계하는가 하는 것에 영향을 미칠 것이다.

다른 면으로 보면 당신이 하나님과 어떤 관계를 맺는가 하는 것이 서로에 대한 관계를 형성할 것이다. 경험이 풍부하고 훌륭한 몇 명의 그리스도인 상담가들은 함께 기도하는 것이 결혼에 있어서 안정을 유지시키는 가장 큰 요인이라고 주장한다. "함께 기도하라―함께 거하라" 하는 말은 공허한 표어가 아니다. 상담가들 중 한 사람은 만일 문제가 있는 부부가 함께 기도하게 할 수만 있다면, 그것은 바로 그 부부를 위해 해 줄 수 있는 가장 좋은 해결책이라고 말한다.

기도는 사랑의 묘약

부부의 영적인 교제는 심지어 그들의 육체적인 연합과도 연관된다. 유명한 결혼 상담가인 찰리 쉐드(Charlie Shedd)는 기도가 여성들을 위한 가장 좋은 자극제 중의 하나라고 주장한다. 오랫동안 사람들은 이러한 것을 위해 어떤 알약이나 향수를 헛되이 구해왔으나, 이제 많은 여성들은 사랑의 묘약은 화학적인 것이 아니라 영적인 것이라고 말하고 있다.

쉐드는 성과 신성은 매우 밀접하게 연관되어 있으므로 함께 기도하는 것은 여성들로 하여금 성 관계를 준비하게 한다고 주장한다. 좀더 구체적으로 설명한다면, 결국 일대일로 함께 기도하는 것은 우리가 할 수 있는 가장 친밀한 행위라는 뜻이다. 수많은 미혼의 젊은이들이 내게 이성의 그리스도인과 함께 사적으로 기도하는 것을 조심해야 한다고 이야기했다. 왜냐하면 기도는 그들을 너무나 가깝게, 너무나 빨리 다가서게 만들기 때문이다.

하나님께 이야기할 때 느끼는 안정감은 기도가 성의 좋은 전주곡이 되는 또 다른 이유라고 할 수 있을 것이다. 특별히 여성은 관계가 안전하고 안정적일 때 성적인 일에 자신의 몸을 내어 맡기는 것을 안전하고 의미있는 것으로 여긴다. 따라서 같이 기도하는 것은 당신으로 하여금, 당신들 각자가 그 앞에서 결혼 서약을 했던, 하나님께 향한 배우자의 헌신을 확신하게 한다. 이러한 확신이 서로에 대한 헌신을 강화한다.

기도는 서로를 묶어 주는 끈

이런 이유 때문에 함께 영적인 훈련을 하게 되면 두 사람 사이에는 매우 강력한 결속이 생기게 된다. 영적인 연합을 기르는 일은 당신의 결혼을 발전시키는 데에 있어서 중요한 부분이 될 것이다.

그러나 이 말이 자신의 영적 경험을 나눌 수 없는 사람과 결혼한 사람은 좋은 결혼 생활을 누릴 수 없다는 뜻은 아니다. 이러한 문제를 다루면서 사도 바울은 믿지 않는 사람과 결혼한 그리스도인들에게 만족스러운 결혼 생활을 하지 못하는 것에 대해 실망하지 말라고 권고했다. 그는 분명하게 그리스도인들이 믿지 않는 사람과 결혼하지 말 것을 충고했지만, 아울러 만족스럽지 못한 결혼 생활에 처한 사람들에게 믿지 않는 배우자와 이혼하지 말아야 할 것도 권고하고 있다. 바울은 믿지 않는 자가 갈리면, "갈리게 하라"(고전 7:15)고 조언하였지만 만일 믿지 않는 자가 관계를 중단하기를 원치 않는다면 믿는 자도 역시 그 관계를 끊으면 안 된다고 말한다(고전 7:12-13).

바울은 그러한 상황에 대해 매우 긍정적이었다. 그가 그 상황을 부분적으로는 좋게 보고 또 부분적으로는 나쁘게 본 것은 아니었다. 바울은 "믿지 아니하는 남편이 아내로 인하여 거룩하게 되고 믿지 아니하는 아내가 남편으로 인하여 거룩하게 되나니"(고전 7:14)라고 말함으로써 이러한 결혼에서 그리스도인들이 엄청난 영향력을 행사하게 될 것임을 주장하였다.

그리스도인들은 자신의 배우자와 영적으로 나눌 기회가 주어지지 않았다고 해서 낙심하거나 자기연민에 젖어서는 안 된다. 대신에 그들은 가능한 한 최선의 결혼을 이루기 위해 그리스도인다운 관계 역학에 따라 살도록 노력해야 할 것이다. 그리스도인들이 결혼을 풍요롭게 하기 위해 헌신하는 것은 믿지 않는 배우자가 믿도록 설득하는 최선의 수단이 될 것이라고 사도 베드로는 말한다(벧전 3:1, 2).

그리스도인들은 그들의 믿음의 연합을 잘 사용해야 한다. 많은 부부들이 이러한 신성한 관계를 유지하는 데에 실패한다. 신학교 학생들을 대상으로 한 조사에 따르면, 절반 이상의 부부가 한 주에 한 번도 함께 기도하지 않는다고 한다. 내가 다른 사람들로부터 얻게 된 지식과 이 조사 결과를 함께 놓고 보았을 때 부부가 연합하여 하나님께 초점을 맞추는 것이 어렵다는 사실을 알게 되었다.

이러한 이유로 인해, 나는 결혼 생활에서 이러한 영역을 발전시키기 위한 몇 가지 제안을 하고 싶다, 거기에는 부부들이 가지고 있는 몇몇 문제들도 포함된다.

언제, 어디서든지 함께 예배할 수 있다

부부가 함께 지적하는 가장 중요한 장애물 가운데 하나가 시간이다. '시간할아버지(Father Time)' - 역자 주: 시간을 의인화한 표현, 대머리에 수염을 길게 기르고, 손에 큰 낫과 물단지(혹은 모래시계)를 든 노인으로 표현됨- 는 그 큰 낫을 이용하여 부부가 정한 시간에 계획대로 예배드리려는 모든 선한 의도들을 잘라 버린다. 이러한 문제를 해결하는 방법 중의 하나가 매일의 삶 속에 더 많은 영적인 경험들을 도입하는 것이다. 우리의 기도시간, 성경공부, 성경과 영적인 문제에 관한 토론 등을 예정된 예배시간과 관련지을 필요는 없다.

'가정 제단'의 특징 중 하나는 휴대할 수 있다는 것이다. 서로가 어느 때든지 어디서든지 하나님에 관해 이야기 나눌 수 있고, 당신의 깨달음과 그분과의 교통을 어떠한 경우에서라도 적용할 수 있다. 하나님께서는 부모들에게 자신의 말씀을 그들의 자녀들에게 전하라고 명하시면서 비공식적인 기회들을 이용할 것을 권고하셨다. "네 자녀에게 부지런히 가르치며 집에 앉았을 때에든지 길에 행할 때에든지 누웠을 때에든지 일어날 때에든지 이 말씀을 강론할 것이며"(신 6:7).

심지어 이런 것들은 계획된 것이 아니라 즉흥적인 것이라 할지라도 가능하다. 서로에 대해 질문을 하는 것은 당신이 신중하게 행할 수 있을만한 일이다. 성경과 삶에 대한 당신의 이해와 관련된 문제들에 관해서 사려 깊은 질문들을 하라. 이러한 질문들이 당신이 말씀을 읽는 것에서, 생각 속에서, 매일의 삶을 사는 가운데서 일어나게 하라.

당신은 깊이 있는 토론을 나눌 수 있을 만한 일들을 할 수 있다. 교회 모임에 참석하거나 영적인 문제에 관련된 특별한 세미나와 강의들을 듣는 것은 당신들 사이에 토론을 촉진할 것이다. 당신이 보는 영화나 TV 프로그램들, 함께 읽는 책들은 당신의 도덕과 가치관과 태도들에 관해 이야기하도록 자극할 것이다. 코코아 한 잔을 나누며 책이나 영화 또는 TV 프로그램들이 영적인 문제에 관한 당신의 생각에 어떻게 관련이 되는지 함께 이야기하라. 그리고 계획하라.

결혼 생활은 친밀함을 바탕으로 하고 있으므로 즉흥적인 기도와 예배를 위한 상황들을 자주 제공할 것이다. 사랑의 행위 이후에 침대에서 서로의 품에 안겨 있는 것은 당신들을 하나로 불러주신 그분께 감사하는 소중한 시간이 될 것이다. 빽빽한 숲이나 호숫가 혹은 다른 멋진 장소에 서 있을 때 당신들은 그분의 놀라우신 솜씨를 함께 찬양할 수 있다.

결혼 기념일이나 새 집에서의 첫날, 아이의 탄생과 같은 특별한 경우들도 그분과 함께하는 특별한 시간들을 제공할 것이다. 이러한 상황들 속에서 드리는 즉흥적인 예배는 모든 것 중에 가장 진실한 것이다. 우리는 시편 기자들처럼 "여호와를 항상" 송축할 수 있다. "그를 송축함이 내 입에 계속하리로다"라고 찬양할 수 있을 것이다.

'셋'을 위한 시간을 계획하라

매일매일의 삶 가운데 영적인 경험들을 나누게 되면, 부부는 예배시간을 그들의 일상 중 한 부분으로 만들 수 있을 것이다. 이런 일이 어떤 이들에게는 매우 어렵게 여겨질지도 모르겠다. 나는 헌신된 그리스도인들이 자신들의 개인적인 예배시간을 가지는 것에는 적극적으로 나서지만 배우자와 함께 규칙적인 헌신의 시간을 유지하는 데에는 망설이는 것을 많이 보아 왔다.

관계의 장애 한 가지: 영적인 성숙

때때로 관계적인 문제가 발생할 수도 있다. 서로 다른 영적 성숙의 수준이 장애물로 작용할 수도 있다. 종종 한 사람이 상대보다 앞서 가는 경우가 많다. 이러한 일은 특히 여성이 좀더 성숙한 사람일 경우에 문제가 된다.

남편은 자신이 천사와 결혼했다는 것을 알면서도 종종 아내가 대천사라는 위협을 느낀다. 그가 겨우 요한복음 3:16이 어떻게 시작되는지 기억하려고 씨름하고 있는 동안 그녀는 시편 전체를 인용할 수 있다. 뿐만 아니라 그들이 신학을 논할 때 그녀는 칼빈, 워필드, 아르미니우스 등을 마치 자기 집 식구인양 언급한다. 부분적으로 문제는 그런 사실이 그를 완전히 난처하게 만든다는 데에 있다. 성경을 읽다가 그는 아말렉, 아레오바고 등과 같은 말들이 나오면 걸려 넘어진다. 그런데 그녀의 입에서는 가정 용어인 것처럼 친절하고 익숙하게 흘러나와서 그가 그것들을 발음할 수 있도록 돕는다.

영적으로 더 앞선 사람이 아내이든 남편이든 간에 수많은 부부들이 이런 문제에 부딪친다. 그러나 그것이 문제가 되어서는 안 된다. 이러한 영적인 불균형이 당신의 영적인 나눔을 방해하도록 허용해서는 안 될 것이다. 만일 그것이 방해가 된다면 당신은 그것에 대해 터놓고 말해야 한다. 아마도 더 "성숙한" 사람이 우월함을 표시하고 있을 것이다. 물론 그것을 의도하지는 않았더라도, 상대방은 자신이 용납되어지지 않는다고 느끼거나 열등하다거나 심지어는 죄의식을 느끼기도 한다. 그런 좋지 않은 감정들은 상대방이 위협적인 "예배"로부터 도망치고 싶게 만들 것이다. 또는 "덜 성숙한" 사람이 잘못하는 경우도 있을 것이다. 지나치게 경쟁적인 자세를 취하고, 상대로부터 배우는 데 필요한 겸손이 부족할 수도 있다.

영적 성숙의 정도가 다르다는 사실을 발견한 배우자들은 이것이 그들의 영적인 관계에 손상을 주지 않도록 매우 조심해야 할 것이다. 대개의 경우 덜 성숙한 그리스도인이 영적인 일에 흥미를 잃어버리는 경우가 많고, 그러다가 그들의 영적인 수준의 간격은 더 벌어지고 만다. 지혜로운 그리스도인들은 함께 성장하고 "생명의 은혜를 유업으로 함께 받을 자"(벧전 3:7)가 되는 경험을 기르는 데 있어서 어떠한 장애도 극복하려고 더욱 열심히 노력할 것이다.

관계의 또 다른 장애: 친밀감

부부가 함께 기도하는 데 있어 또 다른 관계의 장애는 친밀감과 관련이 있다. 왜냐하면 함께 기도하는 것은 너무나도 친밀한 경험이기 때문에 어떤 사람들은 그렇게 하는 것을 매우 어색하고 불편하게 느낄 수도 있다. 어떤 부부들에게는 함께 소리내어 기도하는 것이 일기 예보처럼 간단할 수도 있지만 다른 이들에게는 그것이 매우 어려운 일일 수도 있는 것이다.

헌신된 그리스도인 남성들이 전에 내게 아내와 함께 기도하는 것이 너무나 어려워서 많이 하지 않는다고 말한 적이 있다. 그들은 혼자 기도할 때는 하나님께 다 털어놓고 솔직해지지만 자신들의 아내가 있는 데서도 편안하게 기도할 수 있을 만큼 그들의 관계를 발전시키지는 않았다. 남편과 아내의 어색한 영적인 관계가 회복되기까지는 많은 시간이 필요한데, 때때로 수년이 걸리기도 한다.

다른 장애물들과 마찬가지로 당신은 그것들을 극복하고 온전케하는 영적인 화합점을 찾을 수 있다.

영적인 삶을 함께하기 위한 방법들

다음의 제안들은 영적인 일체감을 계발하는 것이 쉽지 않다는 깨달음을 바탕으로 한 것이다. 그리스도인인 우리는 우리를 거부하는 세 가지 주요한 세력들—세상, 육체, 마귀—이 있다는 것을 알고 있다.

세상은 우리의 시간을 빼앗고 하나님의 가치 체계로부터 멀어지게 할만한 무수히 많은 매력들을 가지고 우리에게 대항한다. 육체는 어리석게도 화려하고 공허한 것을 더 선호하고, 게으르며, 염세적인 속성으로 우리에게 저항한다. 이리하여 사탄은 어떻게 해서든지 우리를 하나님으로부터 멀어지게 하려고 일할 것이다. 야고보는 우리가 하나님께 가까이 가려면 마귀를 대적해야 한다고 제안한다(약 4:7, 8). 다음의 지침들은 당신이 그렇게 할 수 있도록 도울 것이다.

기록하라

당신은 기도에 대한 지침서를 읽을 때나 기도에 관한 얘기를 들을 때 "일정을 잡으라"는 제안을 접한 적이 있을 것이다. 야구 선수가 타구 순서에도 없으면서 본루에 갈 수는 없는 것처럼 당신의 영적인 합일도 달력에 적어 두지 않고서는 일루로 가기 힘들 것이다. 일정표는 그것을 완벽하게 지키지 못했을 때 우리 자신들에게 죄책감을 느끼게 하기 위한 것이 아니라는 사실을 기억하라. 일정은 우리를 얽매이게 하는 쇠사슬이 아니다.

일정표는 깨어지게 마련이다. 융통성 있게 하고 예기치 못한 일들 때문에 일정의 방향이 바뀌는 것을 허용하라. 우리가 앞서서 계획하면 더 많은 것을 성취할 수 있다는 것은 사실이지만, 일정표는 우리가 좀 더 분별력 있고 사려 깊은 순간에 만들어 놓을 수 있는 일종의 자동 관광 안내일 뿐이다. 시편 기자가 "우리에게 우리의 날 계수함을 가르치사"(시 90:12)라고 말할 때, 반드시 하루의 활동들을 일정표로 만들라고 얘기하는 것은 아니다. 그는 우리가 어떻게 시간을 사용해야 하는지 깊이 생각해야 할 것을 제안하고 있는 것이다.

정해진 일정 때문에 또한 내가 앞에서 말한 더 많은 즉흥적인 시간들을 즐기지 못하게 해서는 안 될 것이다. 당신의 일정표에 부부가 함께 기도시간을 갖기에 가장 편한 시간을 적으라. 당신의 태도와 에너지 정도를 고려하여 계획을 실행할 수 있는 시간을 선택하라.

쉽게 하라

두 사람의 기도시간을 단순하고 짧게 하라. 단순하게 할수록 실행하기 쉬우며 시간을 짧게 하면 좀더 실제적이 될 것이다. 나는 약혼한 남녀가 결혼식 이후에 두 사람의 기도시간을 가지기 위한 계획을 짜는 모습을 본 적이 있다. 그들은 적어도 하루에 한 시간은 함께 성경을 연구하고 기도하는 시간으로 만들겠다고 계획했다. 슬프게도 나는 그들이 정성들여 만든 계획들이 얼마나 빨리 쓸모없이 되어버렸는지도 함께 볼 수 있었다.

사람들이 오랜 기간 동안 함께 공부하는 것은 매우 어렵다. 우리의 교육적인 경험들도 우리에게 그러한 준비를 시키지는 못한다. 우리는 혼자 공부하거나 그룹 토론에는 익숙하지만 일대일 대화에는 익숙하지 못하다.

삶에 수반되는 요구들과 계속적인 장애물들도 우리의 희망에 찬 계획들을 지키는 것을 방해한다. 계획을 크게 세우는 것은 결국 아무 계획도 세우지 않은 것과 같은 결과를 낳는다. 너무 많은 것을 하겠다는 계획을 세우면 결국 마지막에 가서는 거의 아무것도 하지 못한다.

이제 막 경건의 시간을 시작하는 부부에게 나는 짧은 절수의 성경 말씀을 읽고, 그것을 가지고 토론하고 같이 기도할 것을 권한다. 그러한 토론의 시간이 어떤 방향으로 흐르든지 내버려두라. 어쩌면 한 시간 내내 활기찬 토론을 하다가 끝이 날 수도 있을 것이고, 어떤 때는 이야기하는 것이 고통스러우리만치 어렵고 진전이 없을 수도 있을 것이다. '경건의 시간' 안내서를 사용하길 원할 수도 있을 것이다. 최근에 나온 조안과 빌 브라운(Joan and Bill Brown)이 쓴 「매일 함께」(Together Each Day)라는 책은 어느 부부라도 이용할 수 있도록 쉽게 쓰여져 있는데 경건의 시간을 시작하는 부부에게 훌륭한 입문서가 될 것이다.

수평적 부부관계도 좋다

하나님을 가까이한다고 해서 부부가 서로 가까이 접촉할 수 없다고 여기지 말라. 만일 당신이 하나님께 나아가는 시간에 서로에 대한 관계도 포함시킨다면 유익할 것이다. 주님은 서로를 통하여 우리를 기르신다. 당신이 서로에게 마음을 열면 서로 안에서 당신 자신을 그리스도에게 열 것이다. 마음 깊숙한 곳에 있는 것을 나누고 듣는 것은 두 사람의 경건의 시간의 기본적인 부분이다. 성경 말씀을 토론하면서, 당신이 먼저 그러한 나눔을 시작할 수 있을 것이다. 당신이 하는 질문의 종류에 따라 당신은 개인적으로 서로에게 관여할 수 있게 된다.

이제 막 시편 31편을 읽었다고 가정하자.

내게 견고한 바위와 구원하는 보장이 되소서
주는 나의 반석과 산성이시니
그러므로 주의 이름을 인하여 나를 인도하시고 지도하소서

⋮

여호와여 내 고통을 인하여 나를 긍휼히 여기소서
내가 근심으로 눈과 혼과 몸이 쇠하였나이다.

당신은 우선 이런 지성적인 질문들을 할 수 있다. "보장이 뭘까요?" "하나님을 바위에 비유하는 것은 어떤 의미일까?", "'고통'이란 말이 의미하는 것은 무엇일까요?"

그리고 난 후 좀더 개인적인 질문들을 한다면 경건의 시간이 풍성해질 것이다. "당신은 그리스도인들이 근심하는 것이 괜찮다고 생각해요?", "어떤 것이 당신을 고통스럽게 하지?", "어떻게 하면 우리가 이렇게 어려운 때에 서로를 도울 수 있을까?"

당신이 감정에 관한 질문을 한다면 특별히 더 가까워질 것이다. "이 구절에 대해 어떤 느낌이 들어요?", "당신은 이 시편기자와 같은 느낌이 든 적 있어?"

이러한 개인적인 접근은 부부의 경건의 시간을 밝게 해 줄 것이다. 이러한 시간들을 통해 하나님만 만나는 것이 아니라 서로를 만나게 된다는 것을 안다면, 당신은 함께 경건의 시간을 보내는 일에 더욱 열심을 낼 것이다.

현실의 삶과 연결시키라

당신의 경건의 시간을 나머지 부분의 삶과 관련짓는 것 역시 그 시간을 풍요롭게 할 것이다. 우리의 영적인 시간들은 우리의 삶과 단절되는 경우가 많기 때문에 성경을 읽고 기도하는 것은 마치 삶의 흐름을 방해하는 것과 같다. 과거에 있었던 일을 쓴 성경은 때때로 오늘날의 우리의 삶과는 너무나 동떨어진 것처럼 보인다는 점에서 이것은 사실이다. TV를 보다가 또는 사포로 의자를 닦다가 엘리야가 이세벨과 싸우는 것에 관심을 돌리기란 쉬운 일이 아니다. 그것이 하나님의 말씀에서 나온다는 것을 알면서도 말이다.

이러한 것을 극복하기 위해 우리의 경건 생활이 현재 우리가 하고 있는 일, 우리가 생각하는 것과 조화를 이루도록 노력해야 한다. 이렇게 하기 위한 방법 중의 하나는 우리가 이미 생각해 오고 있었고 토론의 근거가 되어온 성경의 진리를 이야기하는 것이다.

　내가 일찍이 말한 대로 월요일에는 주일 설교의 본문 말씀을 토론할 수 있을 것이다. 성경의 다른 부분에 서로가 열중하려고 노력하기보다는 우리 마음에 이미 신선하게 자리잡고 있는 것을 가지고 서로 교제할 수 있다. 또는 경건의 시간에 현재의 문제를 생각하는 것으로부터 출발하여 성경에서 해답을 얻으려고 할 수 있을 것이다. 그밖에 어떻게 그 문제가 우리의 믿음에 관계하는지 이야기할 수 있다.

　다시 말하면, 경건의 시간이 언제나 어떤 책이나 성경으로부터 나온 구절들에서 시작되거나 집중될 필요가 없다는 것이다. 우리는 현재 우리가 당면한 것에 초점을 맞출 수 있다. 부부가 함께하는 경건의 시간은 서로가 살면서 겪는 어려움들을 극복하도록 도우려는 시간이다. 따라서 이러한 시간들이 현재의 삶과 가까울수록 더욱 쉽게 그러한 시간들을 가지게 될 것이며 의미있는 일이 될 것이다.

찬양하라

　당신의 영적인 관계에 찬양을 도입하라. 아마도 우리가 경건의 시간들을 멀리하는 이유 중의 하나는 너무 부담스럽기 때문일 것이다. 우리는 우리가 지닌 문제에만 집중하는 경향이 있는데, 이것은 교회의 기도 시간이 종종 이런 방식으로 진행되기 때문일 것이다. 우리는 예배 중의 회중기도를 대개 누군가 작업 중에 들은 치명적인 교통사고나 누군가의 친구의 사촌이 당한 잔학한 행위와 같은 비극적인 것에 중점을 둔 간구로 시작한다. 그리고 나서 우리가 거의 정확하게 그 이름을 발음할 수조차 없는 먼 나라에서 일어나는 혁명 쿠데타나 선교사의 실패 등을 보고한다. 그러한 기나긴 목록이 다 만들어지고 나면 우리는 하나님께서 여전히 지구에서 일어나는 일에 관여하고 계신다는 것을 조금도 확신하지 않는 것처럼 느낀다. 그리고 그것은 우리를 완전히 낙담하게 만든다.

똑같은 일이 우리의 부부 생활에도 일어날 수 있다. 우리는 우리가 생각할 수 있는 모든 문제들을 끌어내다가 그 시간이 삶에 대한 부정적인 느낌만으로 끝이 나게 할 수도 있다. 그러한 비극적인 어려움에 대해 기도하거나 그러한 상황에 처한 사람들을 기억하는 것이 나쁘기 때문이 아니다. 그렇지만 우리는 우리에게 일어나고 있는 좋은 일들도 생각해야 한다. 사도 바울이 모든 것에 대해 기도하라고 권고할 때 그는 "감사함으로" 하라는 말씀을 덧붙였다(빌 4:6).

삶에서 일어나는 모든 무섭고 부정적인 일들을 다 긁어내고서, 우리는 의도적으로 좀더 명랑해질 필요가 있다. 하나님이 주신 선물과 그분의 일들을 찬양한다면 우리는 긍정적인 마음의 틀을 놓을 수 있으며 그것이 우리의 믿음을 북돋울 것이다.

우리는 다음의 질문들을 함으로써 이런 일을 이룰 수 있다. "오늘은 어떤 일이 당신을 즐겁게 했지?" "오늘 누군가 당신에게 기분좋은 말을 했었나요?" "지난 며칠 동안 당신의 삶에서 하나님께서 역사하심을 보셨나요?"

기네스북에 오를 정도로 기쁜 일이 아니더라도, 그것이 당신에게 좋은 일이었다면 배우자와 나눌만한 충분한 가치가 있을 것이다. 진저와 나는 이러한 긍정적인 태도를 발전시키기 위해 다음과 같은 문장의 기도를 이용한다. "주님, … 에 대해 기분이 좋아요." 또는 "하나님, 오늘 제가 감사드릴 것은 …", "주님, 제가 살아있다는 것에 행복을 느낄 수 있게 해 준 오늘의 경험은 …", "아버지, 제 아내와 저와의 관계에서 감사드릴 것은 …."

찬양하는 것을 배우라. 그것은 당신의 경건 생활과 삶 전체에 즐거움의 향취를 더하게 할 것이다.

계피 향기 같은 경건의 시간

당신의 경건의 시간에 다양성을 가지는 것은 양념을 가미하는 역할을 할 것이다. 그것은 정말 조금만 계획하고 창의력을 발동한다면 가능한 일이다. 정기적으로 그렇게 하는 것도 별로 어렵지 않다. 미리 네 주 또는 육 주 동안 어떤 경건의 지침서를 읽기로 결정하라. 그리고 나서 그 다음 한 달 정도는 성경의 한 부분을 읽기로 계획할 수 있다. 그 후에 당신은 또 정신을 고양하는 한 책을 큰 소리로 읽을 수 있을 것이다.

만일 당신이 매일 함께 경건의 시간을 가지기로 결정한다면 다양성은 주중의 일정에도 도입할 수 있다. 매주 월요일은 주일 설교말씀에서 인용된 성경 구절들을 토론하는 데 사용할 수 있다. 화요일은 경건 서적 읽기, 수요일은 찬양과 기도 시간, 목요일은 선교 편지를 읽고 그 내용을 가지고 기도하기, 금요일은 경건 서적을 읽기 등등 다양하게 할 수 있다.

개인화하라

성공적인 영적 교제를 이루는 중요한 요소는 그 시간을 개인적으로 만드는 것이다. 당신의 독특함이 나타나도록 하라. 당신이 어떤 경건 지침서들을 참고하거나 당신이 이제까지 읽은 제안들을 고려할 수도 있지만 당신에게 가장 편안하고 좋은 것을 해야 한다.

어떤 부부들은 너무 어색하고 불안하여 함께 크게 소리내어 기도할 수 없다. 그렇다면 당신은 다른 방법으로 기도함으로써 이러한 것이 영적인 교제를 박탈하지 않도록 예방해야 한다. 아마도 기도 제목을 서로 나누고 서로가 있는 데서 조용히 기도하는 방법을 사용할 수도 있을 것이다. 또는 자유롭게 기도문을 큰 소리로 읽을 수도 있다. 어떤 경건 지침서들은 기도문이 적혀 있기도 하다. 성경의 시편과 찬송가의 노래들도 역시 함께 기도하면서 읽기에 아주 적합하다. 이렇게 시작하는 연습은 결국 서로가 있는 데서 자신의 말로 편안하게 기도할 수 있게 해 줄 것이다.

결혼이라는 빵의 이스트

누가 내게 그리스도인들의 결혼에서 가장 중요한 면이 무엇이냐고 물을 때면 나는 곧바로 영적인 일체감이라고 대답한다. 만일 결혼을 이룩하는 것이 한 덩어리의 빵을 굽는 일이라면 이스트에 비유할 수 있는 성분이 바로 영적인 화합일 것이다. 그 무엇보다도 하나님과 당신의 관계가 당신의 결혼을 성공적으로 일으키느냐 혹은 실망스럽게 무너져 내리게 하느냐 하는 것을 결정할 것이다.

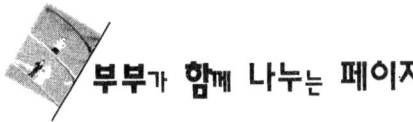 부부가 함께 나누는 페이지······················

영적으로 하나되기

장애물들을 다루기

다음 중 어느 것이 당신이 기도하고 성경을 연구하고 다른 형태의 영적인 합일을 이루려고 하는 데 가장 큰 장애물인가?(각자가 종이 한 장에 이것을 적고 당신의 목록을 비교하며 토론하라.)

시간
기꺼이 마음을 열기
우리 중 한 사람이 어색해 한다
우리 중 한 사람이 영적으로 열등감을 느낀다
계획 부족
가치를 느끼지 못한다
영적인 합일에 우선순위를 두지 않는다
영적인 합일을 이루려고 충분히 노력한 적이 없다
방법에 대한 충돌
너무 지루하다
주위를 산만하게 하는 것들(아이들, 전화, 제한된 둘만의 시간)
실패에 대한 두려움
어떻게 해야 할지 모른다
훈련의 부족
기독교 신앙에 대한 다른 생각

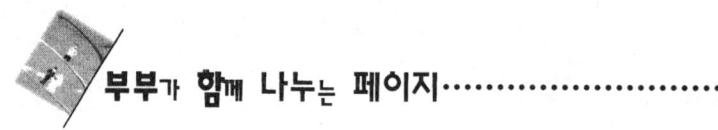 부부가 함께 나누는 페이지……………………………

그 외 _____

가능성 점검

이 장에서 나오는 다음의 견해 중 어떤 것이 당신의 마음에 와 닿는가?(당신의 답을 종이에 적은 후 비교하며 토론하라.)

조용하게 함께 기도하기
시편과 같은 기도문을 읽기
숲속을 걸을 때나 사랑의 행위 후에 즉흥적으로 기도하기
주일 설교에 대해 토론하기
성경에서 읽은 내용으로 인해 생긴 느낌을 이야기하기
성경의 한 부분을 함께 토론하기
매일 조금씩 함께 성경을 통독하기
경건 서적을 읽기
"주님, ……에 관해 기분이 좋아요"와 같은 한 문장을 완성하는 기도를 사용하여 하나님께서 우리를 위해 하신 일을 찬양하기
경건의 목표들을 단순화하기
경건의 시간을 다양하게 만들기 위해 한 달 정도 할 경건 생활의 내용(성경의 한 부분을 읽는 것과 같은)을 계획하고, 그 다음에는 또 그 밖의 다른 것(경건 서적을 읽는 것)을 계획하기
주중에 매일 다른 것들을 계획하여 한 주간의 경건의 시간을 다양하게 만들기

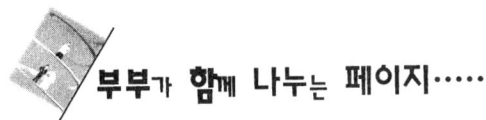부부가 함께 나누는 페이지

가능성 있는 일을 계획하기

위의 토론을 지침으로 하여 다음 달 경건의 시간에 함께하고자 하는 것들에 대한 계획을 세우라.

행복한 결혼으로 가는 길
남편과 아내의 역할

그리스도인 남편과 아내는
서로 경쟁하는 것이 아니라 보완해 주는
서로 다른 개인인 것이다.

13. 행복한 결혼으로 가는 길

남편과 아내의 역할

다이애나 스팬서(Diana Spencer)가 찰스 황태자(Prince Charles)와 결혼할 때 찰스는 그녀의 남편이 된 것이었지 주인이 되었던 것은 아니었다. 그 부부는 왕실의 혼인 선례를 깨고, 처음으로 왕비로서의 전통 서약을 하지 않았다. 그녀는 "그를 사랑하고, 위로하며, 존중하고 함께할 것"을 약속했지만 그에게 순종할 것을 동의하지는 않았다.[1] 이제는 황태자의 집이라도 그의 성(城)은 아니다.

만일 현대의 결혼관에서부터 전통적인 영국 왕실의 결혼으로 되돌아 가려면 실로 먼길을 가야 할 것이다. 그것은 과거의 양식이 새로운 양식에게 자리를 내어 준다는 또 하나의 분명한 신호이다.

여성의 역할이 어떻게 변하고 있는지를 다루는 최근의 잡지 기사에서 '혼란'은 중요한 단어였다. 여성들이 자신들의 역할을 바꾸고 있기 때문에 남성들이 자신들의 역할에 관해서 불분명해 한다는 것이다.

이러한 현대의 상황이 반드시 새롭다고 할 수는 없다. 심지어 사회가 어떤 방식으로 남편과 아내가 결혼이라는 게임을 해야 하는지에 대해 분명한 규정을 내리고 있던 시대에도 부부는 권력 투쟁을 했었다. 오래된 책이든 새로 나온 책이든 부부에 관한 농담은 물론이고 부부간의 싸움에 대한 기사로 가득 차 있다.

"아내와 나는 타협이 잘 이루어져서, 내가 큰 일을 결정하고 그녀는 사소한 일들을 결정하기로 했지. 다행히 결정은 효과적이어서 우리는 20년의 결혼 생활 동안 한번도 다툰 적이 없어. 하지만 20년 동안 한번도 큰 결정을 내릴 일이 없었단 말야…"

이처럼 분명히 사람들은 역사 속에서 결혼 생활과 관련한 힘과 결혼 생활의 내부에 있는 압력들을 느슨하게 하려는 계획들에 관하여 웃으며 얘기해 왔을 것이다. 사람들은 권력 다툼이 서로 사랑하는 사람들 사이에서는 정말 어울리지 않는 일이라고 생각하며, 결혼이라는 것은 사랑하는 이들간의 관계이므로 군주와 신하와의 사이에서 이루어지는 일종의 협정으로 전락할 수 없다고 생각한다.

이런 이유 때문에 어떤 이들은 성경이 남편과 아내의 역할을 어떻게 규정하고 있는지 그리고 남편과 아내의 역할은 어떠해야 하는지에 관해 질문을 한다. 어떤 복음주의자들은 아내가 복종하는 역할을 한다는 전통적인 견해에 이의를 제기한다. 그들은 상호 복종에 강조점을 두고 그리스도의 사랑으로 남편과 아내가 서로의 필요에 복종할 것을 강조한다. 팻 건드리(Pat Gundry)는 다음과 같은 말을 한다. "상호 복종의 원리에 근거한 결혼은 서로의 역할이라든지 하는 판에 박힌 관습을 넘어서서 그러한 것들을 불필요한 것으로 만들어 버린다. 그것은 동등한 사람들의 결혼이 될 것이며, 오늘날 수많은 사람들이 갈망하는 친밀감을 만들어 줄 것이다."[2]

성경은 남편과 아내의 특별한 역할을 규정하는가? 하나님께서는 아내에게 "아내여 남편에게 복종하라"고 명하셨는가? 만일 그렇다면 이러한 역할들이 그들의 친밀한 관계를 방해하는가? 그리스도인 부부들은 자신들의 고유한 결론에 도달하기 위해 다양한 견해들을 검토하려고 할 것이다. 각자의 역할에 대해 상대와 의견을 나누어 합의하는 것도 좋지만 자신들의 입장이 하나님 말씀의 지침을 따르는 것이라고 확신하는 것은 더욱 더 좋은 일이다.

동등한 사람-동등한 힘

전통적인 역할에 이의를 제기하는 사람들은 자신들을 평등주의자(egalitarians)라고 부른다. 그들은 결혼이 민주적인 협정이라는 입장을 고수한다. 남편과 아내가 하나님 앞에서 동등하기 때문에 서로의 앞에서도 동등하다는 것이다. 힘은 오십 대 오십으로 나뉜다. 각자는 상대와 마찬가지로 자신의 권력을 추구할 자유가 있다.

그들은 이러한 입장을 뒷받침하는 성경적인 근거를 제시한다. 그들은 남자와 여자가 각각 동등하게 창조되었다고 주장한다. 단지 사람이 타락한 이후 심판의 결과로 남자가 여자를 다스리도록 되었다는 것이다. 그러나 이제 예수 그리스도께서 십자가에서 죽으심으로 말미암아 이 모든 것을 무효화하셨다는 것이다. "너희는 유대인이나 헬라인이나 종이나 자주자나 남자나 여자없이 다 그리스도 예수 안에서 하나이니라"(갈 3:28)라고 바울은 말했다. 남편과 아내가 그리스도 안에서 동등하기 때문에 결혼 생활에서 역할의 차이를 둘 근거가 없다는 것이다.

전통적인 입장을 폐지하기

그러나 평등주의자들은 남편이 가정의 머리가 되어야 한다고 말하는 수많은 신약의 구절들에 부딪친다. 바울은 에베소에 보내는 그의 편지에서 이렇게 말한다. "아내들이여 자기 남편에게 복종하기를 주께 하듯 하라 이는 남편이 아내의 머리됨이 그리스도께서 교회의 머리됨과 같음이니… 그러나 교회가 그리스도에게 하듯 아내들도 범사에 그 남편에게 복종할지니라"(엡 5:22-24). 베드로도 그의 서신 중 하나에서 복종을 권고했다. "아내된 자들아 이와 같이 자기 남편에게 순복하라 … 사라가 아브라함을 주라 칭하여 복종한 것같이"(벧전3: 1, 6). 그러나 평등주의자들은 기본적으로 이러한 말씀들이 성서 시대의 사회적 관습에만 해당하는 것이라고 주장한다. 복음이 양자 모두에게 자유를 선포했음에도 불구하고, 마치 노예가 당시의 노예제도에 복종해야 한 것처럼 여성들도 문화에 적응해야 했다고 주장한다. 이러한 경우에 복종은 기독교의 사랑을 실천하는 행위였다.

그러나 평등주의자들은 모든 부부관계에 관한 구절들을 이런 방식으로 취급하는 데 어려움을 겪는다. 바울은 단지 문화적 관습만으로 복종을 할 이유를 제시하고 있지는 않기 때문이다. 그는 그리스도께서 교회의 머리되심같이 남편이 아내의 머리가 된다고 말하고 있다. 바울이 그리스도의 머리되심을 남편의 머리됨에 비유할 때 그는 가정에서의 남편의 특별한 역할에 대한 근본적인 이유들을 제시하고 있는 듯이 보인다. 바울은 노예가 그들의 주인에게 복종해야 할 이유들을 제시한 적은 없었다. 다시 말해 바울은 노예제에 대한 신학적 이유를 제공하지 않으나, 남편의 머리됨에 관해서는 근거들을 제시하고 있는 것이다.

신학을 폐지하기

이런 문제에 대해서 중간적인 입장을 표명하는 사람들은 다음의 성경 구절들에 나타나는 근거들을 폐지한다. 에베소서 5장의 "이는 남편이 아내의 머리됨이 그리스도께서 교회의 머리됨과 같음이니"라는 말씀에서 머리의 개념을 다시 정의함으로써 그 근거들을 사라지게 하는 것이다. 그들은 머리됨이 지도력을 의미하는 것은 아니라고 말한다. 신약 시대에 머리됨은 그 밖의 다른 것—머리는 영양분의 원천이다—을 의미한다는 것이다. 팻 건드리(Pat Gundry)는 그리스도의 머리되심에 대해 말씀하시는 구절에서, "그리스도는 사랑하시며 섬기고 하나되게 하시며 영양을 공급하시고 나누어주시는 구세주이시다"라고 결론을 짓는다.[3] 이런 개념대로 머리로서의 권한이 결혼에 적용될 때, 그것은 남편이 지도자가 아니라 공급자요 보호자가 되어야 한다는 것을 의미한다.

에베소서 5장의 논증을 폐한다고 해서 남편의 지도자로서의 권한에 관한 모든 신학적 논쟁들이 폐지되는 것은 아니다. 고린도전서 11장에서 사도 바울은 남편과 아내가 서로 다른 역할들을 지니고 있는 이유를 두 가지로 입증한다. "남자가 여자에게서 난 것이 아니요 여자가 남자에게서 났으며 또 남자가 여자를 위하여 지음을 받지 아니하고 여자가 남자를 위하여 지음을 받은 것이니"(고전 11:8-9). 이렇게 함으로써 사도 바울은 창세기 2장의 창조의 기사에서 남자와 여자의 차이점을 유출해 내고 있다. 평등주의자들의 생각은 남녀의 역할의 차이가 창조에 근거한 것이라는 것을 부인하는 것이므로 이러한 구절들은 그들의 입장을 매우 손상시키는 것이 된다.

성경의 이러한 부분들에 대한 접근은 매우 다양한 방법으로 시도되고 있다. 폴 즈위트(Paul Jewett)는 대단히 설득력 있는 논의를 펼치지만, 그 논증 과정 속에서 성경말씀의 영감을 일반적인 복음주의자들만큼 존중하지는 않는다. 그는 바울의 이러한 논쟁이 한 유대의 랍비된 자로서의 생각이었다고 말한다. 바울이 기독교 신앙의 새로운 개혁적인 입장과 이러한 랍비들의 사상 사이에서 어느 것이 옳으냐에 대해 고심하고 있는 모습이 이 성경 구절에 나타나고 있다는 것이다. 즈위트는 이러한 주장을 폄으로써 그리스도인인 우리가 이러한 논쟁들을 따를 수 없다고 말하고 있다.

동등한 사람-다른 역할

그러나 이러한 평등주의자들의 입장에 반대하며 많은 복음주의자들은 결혼에서의 역할에 대한 좀더 온건한 견해를 취한다.

그들은 기본적으로 남편이 가정에서 지도자의 역할을 지닌다고 믿지만 평등주의자들의 입장과 17-18세기 유럽 문화에 뿌리 박혀 있는 극단적인 권위주의자들의 입장 사이에서 중간의 입장을 찾으려고 한다. 그 당시에는 아내가 어느 정도 남편의 소유물처럼 여겨졌었다. 아내는 "더 나은 반쪽"이라고 불려져 왔을 것이나, 남편이 훨씬 더 좋은 대우를 받았다.

이러한 지나치고 거의 독재에 가까운 견해를 아직도 우리 주변에서 찾아볼 수 있다. 어떤 근본주의자 목사는 자기 교회의 여성도들에게 장기놀이(checkers)에서 남편이 그들을 이기게 하여 남성적인 자아를 북돋워 주라고 조언한다. 또 어떤 연설자는 아내들에게, "당신은 남편이 과속으로 운전하는 것에 대한 두려움을 어떻게 극복하십니까? 하나님께서 간섭하고 계시고 무슨 일이 일어나든지 그의 섭리 안에 있다는 사실을 인정하십시오…. 그리고 '모든 것은 하나님의 뜻대로 이루어진다' 는 원리를 염두에 두고 아내는 차라리 '경관에게 들키지 않게 해 주십시오' 라고 기도하십시오"라고 충고한다.[4]

복종에 대한 성경적인 입장이 장기놀이에서 아내가 남편에게 계속 져야 한다는 것과 자동차 핸들을 쥐고 있는 광기 어린 사람 옆에서 절망적인 침묵을 지키라는 결정을 내리는 것은 아니다.

중간 입장에 있는 사람들은 이러한 제안들이 복종의 개념들을 실제의 의미보다 더 과장하는 것이라고 생각한다. 머리로서의 권한이 독재를 뜻하는 것은 아니기 때문에 복종이라는 말이 예속과 동의어로 사용되어서는 안 된다는 것이다.

성경적인 근거를 설명하기

남편이 머리로서의 권한을 지니고 있다는 확실한 성경적 근거를 통해 우리는 평등주의자들의 견해를 취하는 것이 성경의 입장을 포기하게 되는 것이라는 것을 알 수 있다. 하나님께서는 남편이 아내의 머리라고 너무나 분명히 말씀하신다. 따라서 평등주의자들이 "머리됨"이라는 용어에 포함된 지도자로서의 임무의 개념을 표백시키려는 시도는 무익해 보인다. 물론 누구나 인정하는 바와 같이 머리됨이라는 말에는 머리가 영양과 힘의 근원이라는 뜻이 포함되어 있다. 그러나 평등주의자들은 머리됨과 관련된 다른 말씀들을 지나쳐 버린다. 그리스도에 관해 말할 때 바울은 머리되심과 권위를 관련짓는다. "또 만물을 그 발아래 복종하게 하시고 그를 만물 위에 교회의 머리로 주셨느니라 교회는 그의 몸이니"(엡 1:22-23). 그리고 그리스도의 머리되심을 남편에게 비유할 때, 바울은 자신이 지도자의 권위에 대해 말하고 있다는 사실을 매우 분명히 하고 있다. "그러나 교회가 그리스도에게 하듯 아내들도 범사에 그 남편에게 복종할지니라"(엡 5:24).

이러한 머리의 권한과 복종의 관계를 주장하는 사람들은 신약이 그에 관한 근거를 제공한다는 사실을 지적하고 있다. 이미 말한 고린도전서 11장 말씀에서 바울은 자신의 사상의 근거를 창조기사에 둔다. "여자의 머리는 남자요… 남자가 여자에게서 난 것이 아니요 여자가 남자에게서 났으며 또 남자가 여자를 위하여 지음을 받지 아니하고 여자가 남자를 위하여 지음을 받은 것이니"(고전 11:3, 8, 9). 만일 평등주의자들의 주장대로 바울이 단순히 그리스도인들에게 그들의 문화적 관습에 맞추어 살 것을 권고했다면 구약 성경에 근거하여 이유들을 제시하지 않았을 것이다.

평등주의자들은 서로 다른 역할들을 정하는 것이 남자와 여자를 동등하지 않게 만든다고 주장한다. 그러나 중간 입장에 서 있는 사람들은 이것을 부정한다. 그들은 하나님께서 남편과 아내를 동등하게 지으셨지만 또한 다르게 만드셨다고 말한다. 동등한 사람들 가운데 한 사람을 지도자로 세우는 것은 논리적으로 아무 무리가 없다. 바울이 "그리스도의 머리는 하나님이시라"(고전 11:3)라고 말할 때 아무런 문제가 없었다. 하지만 우리는 아버지와 아들과 성령을 동등하게 여긴다. 또한 우리가 교회 지도자들 밑에 있다고 해서 그들이 우리보다 월등한 것은 아니다(히 13:17). 결혼 관계에서 서로 다른 역할들을 지니고 있다고 해서 남편과 아내가 그리스도 안에서 공동 상속인이라는 사실을 부인할 수는 없다. 그리스도인 남편과 아내는 서로 경쟁하는 것이 아니라 보완해 주는 서로 다른 개인들인 것이다.

냉혹한 과거를 바라보기

그러므로 머리의 권한은 하나님께서 어떻게 우리를 창조하셨는가에 근거한다. 그것은 사람들의 죄악의 결과가 아니다. 여성에게 냉혹하고 독재적이고 억압적인 태도로 대하는 것은 인간의 죄성에서 비롯된다. 하나님께서 첫 번째 죄악으로 인해 남자가 여자를 지배할 것이라고 미리 말씀하실 때 그분은 인간성의 타락으로 인해 어떤 일이 일어날 것인지를 말씀하고 계셨다.

죄악된 남성들은 여성들을 지배하려는 경향이 있다. 심지어 과거의 그리스도인들이 여성에게 취한 태도에는 무시무시한 생각이 담겨있다. 3세기에 터툴리안은 자신의 회중 속에 있는 여성들에게 다음과 같은 말을 했다.

당신들 각자가 이브란 사실을 모르십니까. 하나님의 심판이 이 시대에 당신들의 삶 가운데 있을 뿐 아니라 교활한 사탄도 당연히 존재합니다. 여러분들은 악마의 통로요, 그 금지된 나무를 범한 자들이요, 신의 율법을 버린 자들이요, 악마가 감히 용기를 내어 공격할 수 없었던 남자를 꼬인 바로 그 여자입니다. 여러분들은 너무도 쉽게 하나님의 형상인 남자를 파괴했습니다. 여러분의 디저트 때문에—그 자체가 죽음을 의미하는—심지어 하나님의 아들도 죽으셔야 했습니다.[5]

교회사를 살펴보면 여자를 악으로, 악마의 제자로, 속임수의 근원으로 그리고 심지어는 '성자들을 좀먹는 녹'으로 공격하는 수많은 심한 진술들을 찾아볼 수 있다.[6] 분명히 이러한 견해들은 신약 성경에 합당한 것이 아니다. 그렇지만 신약은 남편에게 지도자로서의 책임을 부과하는데, 이것은 심판으로서가 아니라 창조시의 하나님의 뜻으로부터 기인한 것이다.

부부가 다른 역할을 가지고 있다는 것의 근거를 성경적 사실에 둘 때, 우리는 평등주의자들의 불평에 대답하게 될 뿐만 아니라 일부 복음주의자들의 해를 끼칠 만큼 과도한 견해들을 제거할 수 있을 것이다. 이 두 가지 입장 사이에서 우리들은 부부의 역할들에 대한 다음과 같은 특징들을 볼 수 있다.

머리됨(head+ship)은 머리가 제멋대로 이끄는 항해(head trip)가 아니다

머리가 되는 것은 명예나 특권이 아니라 책임이다. 하나님께서는 가정이 제 기능을 다하도록 남자에게 지도자의 역할을 부여하신 것이다. 남편은 가정의 활동과 토론을 주도하고 가정의 일들을 안내해야 한다.

그렇다. 그는 최종적인 결정권이 있지만 그것에 대한 책임 역시 져야 한다. 그는 자신의 역할을 자신이 이기적으로 원하는 것을 얻기 위한 기회로 삼아서는 안 된다. 그의 아내는 돕는 자이지 노예가 아니다. 돕는 자를 가리키는 히브리어는 구약 성경에서 다른 어떤 경우보다도 하나님을 설명할 때에 더 많이 쓰였으며, 따라서 그 말이 열등하다는 의미를 포함하고 있는 것은 아니다.

우리의 가정은 지도력을 필요로 한다. 그런데 권력 투쟁이 아니라 오히려 힘의 진공상태가 존재하는 가정이 대부분이다. 현대의 남편들은 자신의 위치를 남용하기보다는 쉽게 포기해 버리고 만다. 그래서 여성들은 종종 원치 않는 책임을 지도록 강요당한다. 심리학자 로렌스 크랩(Lawrence Crabb)은 남편들이 "나를 귀찮게 하지 마"의 태도로 흐르는 경향이 있다고 말한다. 직장에서 돌아와 권좌에 앉기보다는 안락의자에 파고 들어 버리는 것이다.

머리의 권한에 대해 온건한 입장을 지닌 사람들은 가정이라는 작은 그룹에는 지도력이 반드시 필요하다고 주장한다. 남자에게 그 임무가 주어졌는데, 그가 그 역할을 감당하지 않으면 아내가 그 역할을 수행해야 한다. 지도력을 공유해야 한다는 주장이 있지만 그것을 주장하는 사람들 사이에서조차 지도력이 실제로 공유되는 일은 드물다고 일부 전문가들은 말한다. 미네소타 대학의 데이비드 올슨(David Olson) 박사와 코네티컷 대학의 로버트 라이더(Robert Ryder) 박사는 어떻게 역할이 충돌을 해결하는가에 대해 연구하면서, 인터뷰한 부부들 중 80퍼센트가 결혼 생활에서 지도권을 공유한다고 대답하면서도 실제로 그렇게 행동하는 부부는 20퍼센트에 지나지 않는다는 사실을 발견했다.[7] 어떤 결혼이든지 조화로운 음악을 이끌어내는 역할은 그것을 이끄는 사람에게 있는 것이다. 이것이 두 사람이 의식적 또는 무의식적으로 권력을 쟁취하기 위해 투쟁하다가 한 사람 또는 다른 한 사람에 의해 지배당하는 것으로 끝이 나는 것보다는 낫지 않은가?

머리가 이끄는 배(The Head Ship)는 사랑의 보트

머리됨(Headship)은 사랑으로 채색되어야 한다. 기독교의 리더십은 방법이나 목적에 있어서 독재적이지 않다. 그리스도가 교회의 유익을 위하여 인도하시는 것처럼 남편들도 아내의 유익을 위하여 인도해야 한다. 머리의 권한은 희생을 포함한다("그리스도께서 교회를 사랑하시고 위하여 자신을 주심같이 하라"). 또한 그것은 아내에게 최고의 것을 주기 위한 관심으로 꽉 차 있다("거룩하게 하시고…자기 앞에 영광스러운 교회로 세우사 티나 주름잡힌 것이나 이런 것들이 없이"). "이와 같이 남편들도 자기 아내 사랑하기를 제 몸같이 할지니 … 누구든지 언제든지 제 육체를 미워하지 않고 오직 양육하여 보호하기를 그리스도께서 교회를 보양함과 같이 하나니"(엡 5:25-29).

이것을 읽고도 어떻게 "당신은 푸른색으로 집을 칠하고 싶어하지만 나는 녹색으로 하고 싶어. 우리 타협하고 내가 원하는 대로 녹색으로 합시다"라고 말하는 남편이 있겠는가? 또, 이 말씀의 참뜻을 이해한다면, 자신의 일에서 성공하는 것이 아내의 삶에서 중요하고, 그것이 남편과 가정에 대한 책임을 방해하지 않는데도 어떻게 그것을 거부하는 남편이 있을 수 있단 말인가? 사랑으로 가득 찬 남편에게 이끌림을 받는다는 사실이 어쨌든 여성이 누리는 자유와 자신이 원하는 것을 성취하는 것을 침해해서는 안 된다.

가사일이 모두 아내의 임무는 아니다

성서적인 역할이 아내의 위치를 가정에만 국한시키지는 않는다. 가정은 아내가 있어야 할 곳인 동시에 남편 역시 있어야 하는 공간이다. 그러나 어떤 이들은 하나님께서 여성들에게 가정에 가까이 있어야 한다고 교훈하셨다고 믿는다. 그리고 그 견해에 대해 바울이 디도에게 한 말을 증거로 삼는다. "늙은 여자로는 이와 같이 행실이 거룩하며 … 저들로 젊은 여자들을 교훈하되 그 남편과 자녀를 사랑하며 근신하며 순전하며 집안 일을 하며"(딛 2:3, 4, 5).

그러나 여자들을 부엌 스토브에 속박하는 데 이 구절을 사용해서는 안 된다. 바울은 당시의 특수한 상황을 말하고 있는 것이다. 그 당시 젊은 여자들은 남의 말을 하길 좋아하고 가정에서의 의무는 무시하고 여기저기 돌아다니는 경향이 있었다. 그래서 바울은 그들에게 아내된 자로서의 의무를 다하라고 권고하고 있으나 이것이 그들의 유일한 일이라고 말하고 있었던 것은 아니다.

바울 자신의 전통이었던 구약의 전통을 살펴보면, 여성들은 집안일에만 매여 있지 않았다. 잠언 31장에 묘사된 이상적인 여성은 다른 일들에도 관여하고 있었다. 그녀는 부동산에, 제조업에, 물건을 파는 일에 관여한다. 그녀는 땅을 샀고, 포도원을 만들고, 공공 시장에서 그녀가 만든 옷이나 다른 품목들을 팔았다.

이러한 가정에 경제적으로 기여하는 여인에 대한 구약의 묘사는 역사를 통하여 볼 때 전형적인 것이었다. 근대에 와서 남성들이 공장으로 나가기 전까지 가정과 경제는 서로 밀접하게 연결되어 있었다. 여성들은 농장의 일 그리고 오두막을 만드는 일을 함께 했다. 단지 현대에 와서 남성이 집밖에서 하는 일과 여성이 집에서 하는 일 사이에 이러한 전문적인 노동이 구분되기 시작한 것이다.

가정에 대한 자신의 의무를 다한다면 아내는 얼마든지 자신의 일을 추구할 수 있고 그것은 그녀의 성경적인 역할에 위배되지 않는다. 이것은 남자의 경우에도 마찬가지이다. 남편도 아내와 마찬가지로 자신의 일이 결혼 생활을 방해하게 해서는 안 된다. 남편과 아내 모두 가정에서 일정한 위치를 감당해야 한다. 전문가들은 아버지의 부재가 어머니의 부재만큼이나 해를 끼친다고 주장한다.

아내나 남편 모두 가정 밖에서의 일을 가정의 의무보다 우선해서는 안 된다. 서로에 대한 배려와 아이들에 대한 관심이 다른 어떤 추구, 심지어는 교회 사역에 관련된 것보다도 우선권을 가져야 한다. 최근에 와서 우리는 가정에서의 사역을 희생하는 대가로 얻은 사회에서의 일에 가치를 부여하는 것 같다. 남성과 여성이 자신의 경력이나 직업에서 자아 실현이나 가치를 찾는 것은 잘못된 일이 아니다. 그렇지만, 이것을 위해서 남편 또는 아내가 되는 것과 아버지 또는 어머니가 되는 것의 존엄이나 중요성을 무시해서는 안 된다.

계단을 오르고 음식을 마련하는 것보다 전선주에 올라 전선을 고치는 데에서 더 큰 가치를 찾을 필요는 없다. 요람을 흔드는 손으로 다른 일들을 할 수 있지만 이것이 아내나 어머니로서의 영향의 가치를 하락시키게 해서는 안 된다. 이것이야말로 그리스도인들이 저항할 문화적 상황인 것이다.

순종을 침묵으로 해석해서는 안 된다

순종하는 아내도 경우에 따라 여전히 자신의 권리를 주장할 수 있으며 자신의 생각을 밝힐 수 있다. 그렇지만 다음 글에서 한 여성은 그녀와 그녀의 친구들이 복종을 왜 침묵과 같다고 생각했었는지 설명하고 있다.

우리는 여성에 관한 성경의 모든 말씀을 지극히 문자적인 의미로 이해하기 시작했다. 어떤 여성들은 복종을 나타내기 위해 머리에 수건을 쓰기 시작했다. 우리는 남편들이 더욱 적극적인 역할을 할 수 있도록 우리가 늘 교회에서 행해오던 성령의 은사들을 신중하게 억제하라는 가르침을 받았다. 이브가 속임을 당했고 여성이라는 성은 영원히 어떠한 종류의 결정권이나 행정에도 어울리지 않기 때문에 남성들의 지도력이 얼마나 중요한가 하는 사실들은 계속해서 강조되었다.
여기저기에서 당신은 여성이 "반항"한 것에 대한 사례들을 들을 수 있을 것이다. 예를 들면 내 친구 중 하나는 여러 가지 합병증 때문에 아주 고통스러운 출산을 하게 되었다. 그녀는 내게 이것이 불순종에 대한 하나님의 심판이었다고 말했다. 자신의 남편이 나팔관 결찰 수술을 하도록 권했을 때 그녀는 별로 동의하고 싶지 않았다. 병원으로 가는 동안 줄곧 눈물이 뺨을 타고 흘러 내렸지만 결국 그녀는 수술을 받았다. 후에 그녀는 깊은 우울증에 빠지게 되었고 자신의 성적인 느낌들을 잃어버리고 말았다. 그녀가 이 문제에 대해 목사에게 이야기했을 때 그러한 감정을 숨기도록 충고를 받았다.[8]

여성들의 이러한 복종에 대한 자세는 성경의 모든 자료들을 고려하지 않은 것이다.

나팔관 결찰을 하는 데 복종한 이 여성은 자신이 남편의 말에 동의하지 않으면 안 된다는 잘못된 관념을 가지고 있었다. 하지만 성경에 나타난 유순하고 조용한 아내의 모습을 살핀다면 그들이 가지고 있던 관념이 사실이 아니라는 것을 알 수 있을 것이다. 사라는 남편에게 자신의 몸종 하갈과 그녀가 아브라함에게 낳아준 아들에 관한 불평을 한다. 그렇지만 베드로는 여전히 여성들에게 사라의 예를 순종적인 아내의 모습으로서 따를 것을 권고한다.

아내에게는 자신의 권리에 관련된 문제가 발생하면 거리낌없이 이야기할 권리가 있다. 사라의 경우를 보면 그녀가 속한 사회에서는 그녀가 자신의 몸종인 하갈을 마음대로 할 수 있는 권한을 가지고 있었다. 그러나 그녀는 어떠한 행동을 하기 이전에 아브라함의 말이 있어야 한다는 것을 알았기 때문에 그 문제를 그에게 가지고 왔던 것이다. 아브라함은 그녀의 요구 때문에 매우 의기소침해 있었다. 그가 기도했을 때 하나님께서 말씀하셨다. "사라가 네게 이른 말을 다 들으라"(창 21:12).

여성은 도덕적이거나 영적인 문제가 일어났을 때 자신의 남편에게 저항할 책임이 또한 있다. 바울은 아내가 범사에 복종할 것을 말하나(엡 5:24) "범사"란 말에는 분명히 어떤 문제가 있을 때에는 해당하지 않는다는 의미가 포함되어 있다. 아내가 남편에게 복종하기 위해 간음을 해서는 안 되며, 남편은 아내에게 누구에게 투표하라고 말할 수 없다.

또한 우리는 윤리적으로 사람이 아닌 하나님께 순종해야 하기 때문에 개인의 양심에 관한 문제는 "범사에"란 말에 해당하지 않는다(행 5:29).

바울이 '범사(everything)'란 말을 사용할 때 그는 이것을 제한적인 방법으로 사용했다. 당신은 장을 보고 온 배우자에게 "전부 다 샀어요?"라는 질문을 한 적이 있을 것이다. 하지만 그 말을 하면서 당신은 시장의 물건 전부를 실어다 내릴 트럭들이 당신 집 앞길에 늘어서 있으리라고 상상하지는 않을 것이다. 이때 당신이 의미하는 '전부(everything)'는 그가 사려고 했던 것을 다 샀느냐는 말이다. 이처럼 바울이 아내들에게 범사에 남편들에게 순종하라고 말할 때에, 그는 결혼 생활의 합법적인 영역들을 언급한 것이다.

민감한 남편이라면 중요한 결정을 내리기 전에 아내의 의견이나 감정을 알고 싶어할 것이다. 아내에게 나팔관 결찰 수술을 하도록 압력을 가한 그 남편은 그녀의 입장과 깊은 감정적인 저항을 이해할 수 있도록 마음을 열었어야 했다. 그녀는 이러한 마음을 남편과 나누어야 했으며 좀더 주의깊게 생각하기 위해 그 결정에 반대하거나 연기했어야 했다.

순종은 배제가 아니다

남편의 지도력을 인정하는 일이 여성에게 자신의 능력을 창고에 처박아 놓도록 요구하는 것이 되어서는 안 된다. 남편에게 지도력이 있다고 해서 어떤 일을 결정할 때 아내와 의논하지 않거나 심지어 아내의 지성이나 결정 능력이 월등할 수도 있다는 사실 자체를 부정하는 것은 옳지 못하다. 하나님께서 그를 지도자로 세울 때 그가 어떠한 결정을 해야 할지를 귀엣말로 속삭여 주시거나 어떤 초자연적인 방법으로 말씀해 주시기로 약속하시지는 않으셨다. 그리스도인 지도자는 모든 사실들을 종합하여 생각하고 기도하는 마음으로 결정해야 한다. 아내는 이러한 영역에서 남편에게 매우 도움이 될 것이다.

실제적으로 머리의 권한도 모든 결정권을 남편이 갖는다는 뜻은 아니다. 평등주의자들의 입장을 가진 사람들은 역할에 대한 전통적인 견해들이 이것을 강요한다고 생각하는 것 같다. 그래서 그들은 동등한 입장의 결혼관이 실제 생활에서 더 이로운 점이 많다는 시각을 갖는 것이다.

사소한 결정이라면 그 결정에 관련된 일이나 책임의 영역에 있는 사람이 한다. 만일 남편에게 자동차 관리에 대한 책임이 있다면, 그는 왁스를 칠하거나 기름을 넣거나 언제 세차를 해야 할 것인지와 같은 문제를 아내와 상의할 필요가 없다. 그녀는 평가하는 시간이나 그 외의 시간에 그 문제에 관해 제안을 하거나 반대의사를 드러낼 수도 있지만 사소한 선택은 그가 결정하도록 되어 있다. 다른 어느 영역이든지 그와 마찬가지일 것이다. 이것으로 인해 양쪽 모두가 많은 불필요한 의견차이로부터 자유롭게 될 것이다.[9]

오랜 세월 동안 나는 남편의 머리로서의 권한을 인정하고 있지만 이런 방식으로 살아가고 있는 부부들을 수도 없이 보아 왔다. 그들은 중요한 문제에 있어서 의견이 서로 다를 경우 남편이 최종적인 결정을 할 것이라는 개념을 여전히 지키고 있었다.

순종이라는 것이 "아내가 주도권을 취하지 말라"는 명령은 결단코 아니다. 심지어 성과 같은 미묘한 부분에 있어서도 때때로 아내가 적극적으로 추구할 수도 있다. 어떤 경우에 그녀가 남편에게 문제를 일으킬 수도 있지만, 그것은 그녀가 단지 지나치게 또는 생각없이 적극적으로 나올 때이다. 어떤 남성들은 이러한 문제에 대해서 어려움을 느끼기도 한다. 그러나 여성들과 마찬가지로 남성들도 역시 생각없이 지나치게 적극적일 경우가 있다. 이러한 영역에서 주도권을 취하는 것이 두 사람 모두에게 잘못은 아니지만 그릇된 방법으로 행동한다면 잘못일 수 있다.

순종은 강탈이 아니다

남편이 머리의 권한을 강탈해서는 안 된다. 아내가 기꺼이 순종하려고 할 때만 그는 그 역할을 맡을 수 있다. 신약성경은 그리스도인 아내에게 자신의 머리에 순종할 것을 말씀하시며, 이것을 주께 하듯 하라고 하셨다. 그녀가 그리스도와 그분의 계획에 대해 충성하며 헌신하기로 다짐했기 때문에 양보할 수 있는 것이다.

따라서 남편은 자신의 뜻에 따르지 않는 아내를 결코 심하게 다루어서는 안 된다. 그리스도인 남편은 '아내를 자신의 뜻에 따르도록 하기 위해' 육체적으로든 언어로든 간에 폭력을 사용하는 것을 결코 정당화할 수 없다. 만일 아내가 그의 지도권에 순종하지 않는다 할지라도 그는 그녀에게 비난을 퍼붓지 말고 사랑하도록 명령을 받았다.

나는 복음주의 기독교인인 남성들이 아내가 순종해야 할 때라고 생각하는데도 그녀가 순종적인 역할을 다하지 않을 때마다 불쾌해하고 화를 내는 것을 종종 보아 왔다. 나는 이미 아내가 집안 청소를 하지 않는 것에 대해 격분하는 한 남자에 관해 말한 바 있다. 그는 그것을 반항으로 생각했고 너무나 화가 나서 아내를 구타하게 될까 봐 두려워했다.

그의 분노는 아마도 실망에서 비롯된 것이었을 것이다. 그는 진지한 마음을 지닌 그리스도인이었기 때문에 아내가 자신에게 순종하라는 하나님의 뜻에 순종하기를 원하지 않는다는 사실에 실망을 느꼈던 것이다. 그는 실제로 그녀가 집안 일에 책임을 다하지 않는다는 사실을 공격한 것이 아니라 그녀의 영적인 부분을 공격하고 있었던 것이다.

어떤 경우에는 역할을 다하지 못하는 것을 가지고 남편을 공격하고 압력을 가하는 사람이 아내일 수 있다. 여성들은 남편이 자신들을 실망시켰다고 생각할 때는 언제든지 비판적이 된다.

이러한 반응들은 불필요하다. 상대가 성경적인 역할을 해내지 못한다고 해서 그것을 강요하는 일은 적절하지 못한 반응이다. 베드로가 아내들에게 남편들이 그리스도인이든 아니든 간에 순종할 것을 명한 것과 마찬가지로, 바울은 남편들에게 아내들이 순종을 하든 안 하든 사랑할 것을 명한다.

나는 결혼 생활에서 역할을 지나치게 강조하기 때문에 사랑이 없는 행동들이 나타난다고 생각한다. 다음 부분은 이것이 어떤 의미인지 분명하게 알려줄 것이다.

행복한 결혼 생활을 위한 나만의 방법을 개발하라

머리의 권한과 순종의 타협이 결혼의 만병통치약은 아니다. 내가 볼 때 일부 전통주의자들의 주장은 성경의 주장보다 지나친 면이 있다. 그들은 남성의 지도력 결핍이 모든 가정 문제들의 핵심이라고 말하는 것 같다. 때때로 극단주의자들은 심지어 이 개념을 가정을 넘어서서 사회로까지 확대시킨다. 천국으로 가는 열쇠가 남편의 호주머니에 있고, 그는 인도하는 것을 배워야 한다고 그들은 말한다.

　하나님의 축복과 결혼에서의 성공은 역할을 준수하는 것과 상관있는 것이 아니다. 베드로는 부부의 기도생활이 방해를 받을 수 있다는 경고를 하면서 그 원인이 인도하는 데 실패하기 때문이 아니라 사랑하는 데 실패하기 때문이라고 밝힌다. 그는 "남편된 자들아 이와 같이 지식을 따라 너희 아내와 동거하고 저는 더 연약한 그릇이요 또 생명의 은혜를 유업으로 함께 받을 자로 알아 귀히 여기라 이는 너희 기도가 막히지 아니하게 하려 함이라"(벧전 3:7)라고 쓰고 있다. 배려나 이해의 부족과 존경의 결핍이 영적인 생활과 결혼 생활을 파괴하는 것이다.

　우리의 교만, 이기심, 그리고 온유치 못함은 우리로 하여금 우리의 역할을 잘못 사용하게 하며 관계에 상처를 입힌다. 역할이 효과적으로 수행되기 위해서는 역할과 사랑이 함께 짝을 이루어야 한다.

　이 사실은 평등주의자들이 최종적인 대답을 가지고 있지 못한 것에 대한 이유도 된다. 서로에게 동등한 힘을 부여한다고 해서 부부가 즉시 공평의 나라로 가는 것은 아니다. 평등주의자들은 역할 조정을 잘못 사용하는 전통주의자들과 마찬가지로 서로를 괴롭히고, 못살게 굴고, 서로 경쟁하고, 결국에 가서는 서로를 증오하며 끝내게 할 수 있다.

　물론 양쪽 중 어느 한쪽도 만족하지 못했는데도 평화적인 관계를 맺을 수는 있다. 그러나 그렇게 되면 부부가 민주적인 관계 속에서, 또는 머리의 권한과 복종의 관계 속에서 조화롭게 살 수 있을지는 모르지만 "한 몸"을 이루는 일의 본질이 되는 친밀함과 이해는 거의 가지지 못할 것이다.

신약 성경에서 '결혼'에 대해 내린 처방의 핵심은 서로 사랑하라는 것이다. 부부가 좋은 결혼 생활을 이루려면 상대방이 완벽한 역할을 해내기를 기대하는 것이 아니라, 가정을 무엇보다도 사랑의 장소로 만들기 위해 서로 노력해야 할 것이다.

성경은 역할과 친밀감 모두를 요청한다

사랑의 중요성을 인식한다면 역할과 친밀감이 공존하지 못할 아무런 이유가 없다. 역할 때문에 남편과 아내가 서로 친밀할 수 없다는 주장은 사실이 아니다. 하지만 어떤 사람들은 역할에 의한 결혼의 중요성을 부정하기 위해 다음처럼 평등주의 결혼의 유익들을 지적할 것이다.

> 그들은 서로가 자신이 가진 모습 그대로 있는 것이 좋다는 것을 알기 때문에 자신들의 생각과 감정, 그리고 꿈과 문제들을 자유롭게 나눌 수 있다. 이것은 서로가 자신이 아닌 다른 어떤 이가 되려고 애쓰는 결혼에서 성취할 수 있는 친밀감을 훨씬 넘어선 개인적인 친밀감에로 인도할 것이다. 당신이 자신 아닌 다른 어떤 사람이 되려고 너무나 열심히 노력한다면, 어떻게 내가 진정한 당신의 모습을 사랑할 수 있단 말인가. 또한 내가 내 자신이 아닌 누군가가 되려고 노력한다면 어떻게 당신이 진정한 나를 사랑할 수 있단 말인가. 그들은 서로와 게임을 하는 두 명의 외로운 사람들일 뿐이며, 결코 진정으로 영혼을 어루만지지 못할 것이다.[10]

나는 친밀감과 사랑에 근거한 결혼보다 역할에 근거한 결혼이 우월하다고 여기는 사람들이 있다는 사실에 동의한다. 초기 유럽 이민자들은 결혼을 친밀한 것이 아닌 제도화된 장치로 보는 경향이 있었다.

그렇지만 평등주의자들의 주장과 같이 역할들이 친밀감을 방해하는 것은 아니다. 과거의 제도적인 접근은 역할을 지정하는 것에 문제가 있었다기보다는 친밀감을 무시하는 데에 더 많은 잘못이 있었다. 오늘날 내가 아는 부부들은 성경이 지시하는 대로 역할과 친밀감 모두를 가지고 있다. 결혼 생활에서 어떤 역할을 받아들일 때, 우리는 이상적인 자아를 완성하기 위해 분투하면서도 얼마든지 진정한 우리 자신들이 될 수 있다. 남편은 아내와 자신이 느끼는 불안정함에 대해서 이야기 나눌 수 있으며, 지도자로서의 힘을 나타내는 외식적인 가면 뒤에 언제나 숨을 필요는 없다. 아내도 남편에게 경건한 아내가 되기 위해 노력하면서 그녀가 겪는 몸부림을 솔직하게 털어놓을 수 있다.

하나님이 정하신 역할들을 막기보다는 받아들이는 것이 친밀감이 번성할 수 있는 조화로운 상황을 제공하는 것이다.

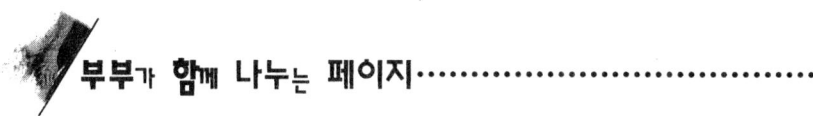 **부부가 함께 나누는 페이지**

서로가 기대하는 것이 무엇인지 이야기하기, "그것이 이루어질 것이라고 믿으면서."

제 1 단계

결혼 생활에서 남편과 아내의 역할을 다루고 있는 중요한 부분인 다음의 성경 구절들을 큰 소리로 읽으라.

그리스도를 경외함으로 피차 복종하라 아내들이여 자기 남편에게 복종하기를 주께 하듯 하라 이는 남편이 아내의 머리됨이 그리스도께서 교회의 머리됨과 같음이니 그가 친히 몸의 구주시니라 그러나 교회가 그리스도에게 하듯 아내들도 범사에 그 남편에게 복종할지니라
남편들아 아내 사랑하기를 그리스도께서 교회를 사랑하시고 위하여 자신을 주심같이 하라 이는 곧 물로 씻어 말씀으로 깨끗하게 하사 거룩하게 하시고 자기 앞에 영광스러운 교회로 세우사 티나 주름잡힌 것이나 이런 것들이 없이 거룩하고 흠이 없게 하려 하심이니라 이와 같이 남편들도 자기 아내 사랑하기를 제몸같이 할지니 자기 아내를 사랑하는 자는 자기를 사랑하는 것이라 누구든지 언제든지 제 육체를 미워하지 않고 오직 양육하여 보호하기를 그리스도께서 교회를 보양함과 같이 하나니 우리는 그 몸의 지체임이니라 이러므로 사람이 부모를 떠나 그 아내와 합하여 그 둘이 한 육체가 될지니 이 비밀이 크도다 내가 그리스도와 교회에 대하여 말하노라 그러나 너희도 각각 자기의 아내 사랑하기를 자기같이 하고 아내도 그 남편을 경외하라(엡 5:21-33).

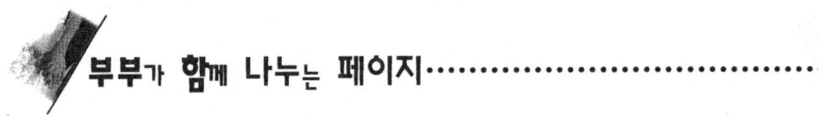 부부가 함께 나누는 페이지......................................

제 2 단계

각자가 목록을 만들라.

1. 아내는 성경 말씀대로 순종하는 남편에게서 자기가 기대하는 것을 정확하게 열거하라. 실제적이고 구체적으로 만들려고 노력하라.
2. 남편은 이 말씀대로 순종하는 아내로부터 자기가 기대하는 것을 정확하게 열거하라. 실제적이고 구체적으로 만들려고 노력하라.

제 3 단계

아내가 먼저 시작하여, 각자가 자신이 만든 목록을 이야기 나누고 나서 결혼 생활 중에서 당신이 맡은 역할들을 어떻게 감당할 것인지 토론하라.

14

어려움을 만났을 때
인생의 위기들을 함께 극복하기

위기는 접착제의 역할을 할 수도 있다.
문제가 부부 사이의 유대를
더욱 강하게 할 수 있는 것이다.

14. 어려움을 만났을 때

인생의 위기들을 함께 극복하기

많은 사람들은 대부분의 결혼이 부딪치게 되는 암초가 바로 침대 위에 있다고 생각한다. 그러나 결혼에 관해 연구하는 이들 중에 그 사실에 동의하지 않는 사람들도 많다. 성적으로 서로에게 적응하는 것이 복잡하고 문제를 일으키는 것이기는 하지만 그 문제만큼이나 적응하기 어려운 문제들이 많이 있다는 것이다. 그런 문제들 중의 하나가 위기의 순간들이 다가오는 것이다. 그것이 크건 작건 간에, 이러한 문제들은 예수의 비유에 나오는 폭풍우와 같이 우리들을 끊임없이 흔들어 놓을 것이다. "비가 내리고 창수가 나고 바람이 불어 그 집에 부딪히되 …"(마 7:25)라고 그분은 말씀하셨다. 예수께서 문자적인 집을 언급하시는 것은 아니지만 그의 비유는 평범한 가정 생활에 있을 법한 일을 묘사하고 있다.

위기를 접착제로 만들기

이러한 위기들은 어떠한 결혼 생활에서 발생하는가에 따라 각각 다른 모습으로 다가온다. 위기가 어떤 이에게는 끊임없이 때리는 망치와 같이 결혼을 거의 붕괴되는 지점까지 몰고 갈 수도 있다. 그러한 변화와 어려움들이 우리 개인들에게 압력을 가할 때, 그것은 관계에도 엄청난 긴장을 가져다준다.

어떤 아내의 모친이 돌아가신 상황을 생각해 보자. 과도한 그리고 오래 지속되는 슬픔의 반응으로 인해 충격을 받은 아내는 움츠러들고 우울하게 된다. 남편은 처음에는 위로하려고 노력하겠지만, 그러한 상황이 여러 달 계속 되면 참지 못하고 불쾌해질 것이다. 빈번한 싸움은 그들의 사이를 더욱 더 벌어지게 할 것이며, 그는 아내가 도움을 얻고 "기운을 회복"하는 데 실패한 것을 원망할 것이다. 그녀의 성적인 무반응은 그들에게 거의 육체적인 친밀감을 주지 못할 것이다. 개인적인 위기는 이제 결혼 생활에까지 영향을 미치게 되었다.

때로 위기는 전기 증폭기와 같은 기능을 한다. 마치 공공 장소에서 연설할 때 연설자의 작은 속삭임이 대중에게는 귀가 막힐 것 같은 큰 소리로 전달되는 것처럼, 위기는 우리에게 최선의 것이나 최악의 것으로 다가오고 확대될 수 있다. 그것은 관계 속에서 문제를 과장하거나 개인의 잘못을 확대시킬 수도 있다.

여기 교통사고를 당한 한 여성이 있다. 공포스러운 사고의 기억 때문에 여전히 고통스러운 그녀는 남편을 부르기 위해 병원 침대 옆에 놓인 전화기를 집어들 것이다. 신호음이 가는 동안 귀에다 전화기를 댄 채, 그녀는 자신을 통제하지 못하고 자신의 차가 다른 차를 쾅 하고 들이받던 것, 멍한 혼란상태, 사이렌 소리, 불안해하며 앰뷸런스에 올라타던 것 등의 위기를 다시 기억해낸다. 그리고 이 모든 기억들은 자신이 심각하게 부상당하지 않았다는 현재의 안도감에 뒤섞인다. 그녀는 남편에게 이 모든 일들을 말하고 그로부터 위로와 힘을 얻고 싶어한다. 수화기를 통해 들리는 귀에 익은 "여보세요" 하는 소리에 그녀는 마음이 놓였다. 그리고 서둘러 "자동차 사고가 났었어요" 하고 말한다.

그러나 그녀가 더 말을 잇기도 전에, 그는 인정사정 없이 그녀의 말을 가로챘다, "당신, 차를 얼마나 망가뜨린거요?" 전에도 그녀는 남편이 그녀를 생각해 주지 않고 그녀의 존재를 당연하게 여기고 있는 것같아 용기를 잃어 왔었다. 그런데 지금 그는 즉각적으로 그녀보다는 자동차를 걱정하고 있는 것이다. 그녀가 병원 침대에서 전화하고 있다는 사실을 알게 되었을 때, 그는 자신이 결코 돌이킬 수 없는 실수를 저질렀음과 그가 내뱉은 몇 마디 말들을 만회하려면 오랜 시간이 걸릴 것이라는 사실을 알았다.

진저와 내가 우리의 오랜 결혼 생활을 회고할 때, 우리는 우리에게 닥쳤던 이러한 위기의 파급효과들을 볼 수 있었다. 우리가 지금까지 서로에게 가장 상처를 입혔던 말들은 어떠한 긴장된 경험을 하는 동안에 한 것이었다.

하지만 위기는 접착제의 역할을 할 수도 있다. 문제가 당신들 사이의 유대를 더욱 강화할 수 있다. 부부의 친밀감에 대해 책을 쓰는 저자들은 그것을 이루는 아주 중요한 방법 중 하나로 위기의 친밀감을 포함시킨다. 안타까운 상황 속에 있는 것이 웃을 만한 일은 아니지만 그것은 당신들 둘을 함께 어우러지게 할 것이다. 두려움에 찬 아내는 수술실로 실려 가면서 자신의 손목을 꽉 움켜 쥔 남편의 손에서 안심하게 될 것이다. 아내에게 이제 막 직장을 잃게 된 사실을 알리고 난 후 남편은 그녀의 강한 포옹 속에서 자신을 지탱할 수 있을 것이다. 비탄의 눈물은 사랑의 감촉만큼이나 서로를 붙들어 매어 줄 것이다.

준비된 결혼 생활

위기가 서로의 관계를 강하게 하느냐 아니면 긴장을 조성하느냐 하는 것은 그것을 어떻게 다루느냐 하는 것에 달려 있다. 이것이 바로 우리가 모든 위기에 대응할 수 있게 준비해야 하는 이유인 것이다.

그렇다고 해서 우리가 항상 완벽하게 준비할 수 있다는 것은 아니다. 위기들은 언제나 우리의 허를 찌르는 것처럼 느껴진다. 위기가 찾아 올 때 우리는 대개 "만일 이 문제가 아닌 다른 문제였더라면 내가 잘 대처할 수 있었을 텐데 이 문제에 관해선 준비가 되지 않았어"라는 말을 하곤 한다. 모든 종류의 문제에 관해서 준비되어지기는 불가능하기 때문에, 아마도 우리는 이러한 말을 하게 되는 것이리라. 우리가 문제 해결에 대한 글을 읽을 수는 있으나, 읽는 것은 문제를 참아내는 것과는 별개의 문제이다. 심지어 상대방의 문제 때문에 고통을 받는 일이 있어도 우리 자신이 그 문제를 직접 겪는 것과는 결코 같지 않다.

그러나 어떠한 어려움이 오든지 간에 그에 대처하기 위해 우리는 무언가 준비하고 있어야 한다.

최근에 빌리 그래함(Billy Graham) 목사는 미래에 닥쳐올 재난인 아마겟돈(Armageddon) 준비에 대한 책을 썼다. 그러나 그는 단지 미래에 닥칠 이 운명의 날에 관하여만 쓴 것은 아니다. 자신의 독특한 언어로 그는, "다음이 바로 내 책에서 말하고자 하는 핵심이다. 언젠가 닥칠 엄청난 아마겟돈을 위해서도, 우리의 삶 속에서 각자가 부딪치는 작은 '아마겟돈들'을 위해서도 어떻게 하면 모두 준비되어 있을 수 있을 것인가…. 우리들 각자는 늘 문제를 만난다—질병, 가정문제, 경제적인 위기—우리는 바로 지금 그러한 때들을 준비해야 한다."[1] 라고 말한다. 바람직한 결혼 준비는 여기서 말한 '작은 아마겟돈들'을 위한 준비를 포함한다.

준비 작업은 당신의 머리에서부터 시작된다. 바로 문제와 고통에 대한 올바른 생각과 태도를 기르는 것이다. 당신의 삶에 가장 큰 영향을 미치는 것이 바로 이러한 문제들을 대하는 당신의 영적인 상황이다. 예수께서는 그분의 말씀 위에 세워진 집이어야만이 폭풍우에도 견딜 수 있다고 말씀하셨다. 여기에 그리스도인들이 누리는 축복이 있다. 우리의 신앙은 인간의 고통에 대한 해답을 준다. 사도 바울은 인생의 고난에 대해 담대한 자세들 중 하나를 취했다. "내게 능력 주시는 자 안에서 내가 모든 것을 할 수 있느니라"(빌 4:13).

바울의 이러한 태도는 염세적인 것도 낙관적인 것도 아니다. 그는 괴로움의 때가 오리라는 것을 알았다. 그는 그러한 일들이 닥치지 않으리라고 낙관적으로 확신하지 않았다. 그렇다고 그는 미래의 비극에 대한 음울한 생각을 만들어 내고 그리스도 안에서 누리는 자신의 기쁨을 죽이는 염세주의에 빠지지도 않았다. 바울은 단지 준비가 되어 있을 뿐이었다.

훈련(discipline)은 자녀됨의 표시이다

바울의 준비는 인간이 왜 고난받는가에 대한 이유를 올바르게 이해하는 것에 바탕을 두고 있다. 그리스도인이라고 해서 고통이 덜한 것은 아니기 때문에 그들에게도 역시 고통에 대한 설명이 필요하다.

그리스도인들의 고난에 대한 말씀 중에서 주목할 만한 것은 히브리서 기자가 그리스도인들의 삶의 분투를 "주의 징계하심"(히 12:5)으로 묘사한 것이다. 징계는 부모가 자식에게 하는 일종의 훈련이다. 이 말씀은 하나님께서 아버지처럼 고난을 통하여 그분의 자녀를 훈련하신다고 말씀하신다.

그분의 자녀라면 어느 누구도 예외가 없다. 이것은 어떤 그리스도인들의 생각과는 정반대이다. 그리스도인이 된다고 해서 고통으로부터 자유로워지는 것은 아니며 오히려 당신에게 고통을 약속해 줄 수도 있다. "너희가 참음은 징계를 받기 위함이라 하나님이 아들과 같이 너희를 대우하시나니 어찌 아비가 징계하지 않는 아들이 있으리요 징계는 다 받는 것이거늘 너희에게 없으면 사생자요 참 아들이 아니니라"(히 12:7-8). 하나님의 자녀가 된다는 사실은 당신으로 하여금 고통을 받게 하는 것이지, 받아야 할 고통으로부터 자유롭게 하는 것은 아니라는 뜻이다. 빌리 그래함은 말한다. "나는 우리가 만일 예수를 따르는 사람이라면 우리의 삶에 문제가 없어야 한다고 말하는 사람들의 말에 동의할 수 없다."[2]

고통에 제대로 대처하지 않는 가장 좋은 방법은 고통이 닥칠 것이라고 전혀 기대하지 않는 것이다. 그러면 고통은 참으로 가혹하게 우리에게 타격을 가할 것이며, 더 많은 상처를 줄 것이다.

병원의 목사로 있는 기간 동안 나는 이러한 사실을 분명히 알 수 있었다. 질병으로 인해 큰 어려움을 겪는 그리스도인들은 대개 자신들에게는 그런 문제가 닥치지 않을 것이라고 생각했던 사람들이었다. 그들은 육체적으로만 질병을 앓고 있었던 것이 아니라 감정적으로도 침체되어 있었다.

나는 이러한 예들 중에 한 가지 극단적인 경우를 본 적이 있었다. 병실에 들어서서 그녀를 보자, 나는 육체적인 것 외에 어떤 문제가 더 있다는 사실을 직감했다. 그 여인의 얼굴 표정에서 일종의 절망의 빛을 볼 수 있었던 것이다. 그녀는 자신의 주변 분위기를 침울함으로 오염시키고 있었다. 내가 그녀에게 우울한 이유를 물었을 때 그녀는 아침에 수술을 하게 될 것이기 때문이라고 설명했다. 그렇지만 나는 얼마 전에 그녀보다 훨씬 더 심각한 수술을 받는 여러 명의 환자들과 이야기했었는데 그들의 감정 상태가 그녀처럼 엉망은 아니었다. "제가 다니는 교회 사람들과 저는 병이 낫기를 기도해 왔었지요. 그래서 저는 이제까지 수술을 연기해 왔었구요. 그런데 여전히 상황은 바뀌지 않았고 의사는 이제 더 이상 수술이 지체되어서는 안 된다고 했어요. 하나님께서 저를 고쳐 주시지 않은 것을 보고 저는 제가 분명히 그분의 자녀가 아니라고 생각하고 있습니다."

그 당시 나는 아픔을 느낄 뿐만 아니라 버림을 받았다고까지 느끼던 이 여인을 보고 얼마나 안타까웠는지 모른다. 그녀에게 제대로 전달되지는 않았지만, 나는 히브리서 12장의 말씀을 설명하려고 노력했었다. 자신이 하나님의 자녀라는 사실을 확인하기 위해 그녀에게 반드시 치유가 필요했던 것은 아니다. 하나님은 우리를 그분의 자녀로 대우하신다. 그분은 우리의 믿음을 시험하기 위해, 그리고 우리를 만들어 가시기 위해 어려움 가운데 놓으실 것이다. 이것은 우리에게 위협이 아니라 약속이 된다. 하나님은 우리가 그분의 뜻에서 멀리 벗어나도록 두지 않으실 것이다. 그분은 환경적인 훈련을 통하여 우리를 올바른 궤도로 이끌어 가실 것이다.

훈련은 사랑의 표시이다

그분이 우리를 미워하시거나 우리를 파멸시키기를 원하셔서 우리에게 위기가 닥치도록 두시는 것은 아니다. "주께서 그 사랑하시는 자를 징계"하시기 때문이다. 징계는 그분의 사랑을 드러내는 것이지 분노를 나타내는 것은 아니다. 그분은 믿지 아니하는 자에게 노하시며 심판을 내리시지만 그리스도인들을 사랑으로 은혜롭게 훈련하신다. 바울은 "우리가 판단을 받는 것은 주께 징계를 받는 것이니 이는 우리로 세상과 함께 죄 정함을 받지 않게 하려 하심이라"(고전 11:32)고 설명한다.

하나님의 훈련은 힘든 상황들이 우리에게 다가오는 것을 허용하시는 방식으로 이루어진다. 히브리인들에게는 그것이 믿지 않는 자들에 의한 박해의 형태로 찾아왔다. 그들은 예수를 믿지 않는 유대인들로부터 배척을 당했으며, 아마도 회당에서 추방을 당했을 것이고, 그 공동체 속에서 거래 활동을 하는 것이 금지되었을 것이다. 그렇지만 이러한 고난은 여전히 하나님의 훈련으로 불려진다. 우리의 시험 뒤에 있는 하나님의 사랑을 발견하게 된다면 우리는 그러한 문제들을 다른 각도에서 그리고 개혁적인 시각으로 바라보게 될 것이다.

하나님께서 사랑하시는 자를 징계하신다는 진리를 한번 자신의 머릿속으로 적용해 보라. 아내가 집으로 들어간다. 좀 전에 그녀는 의사를 만나 중요한 검사를 하기 위해 병원에 입원하기로 결정했다. 문으로 들어서면서 그녀는 남편을 부른다. "여보, 좀 나와보세요. 하나님께서 오늘 우리에게 어떤 방법으로 그분의 사랑을 나타내셨는지 말하고 싶어요." 또는 남편이 식탁에 앉아 아침에 온 우편물들을 열어 보고 있는 모습을 상상하라. 그는 예상보다 몇 백불이나 더 나온 청구서를 보면서도, 분노와 낙심과 싸우며 이렇게 혼잣말을 한다. "주님, 저는 당신이 오늘 제게 어떻게 당신의 사랑을 보여 주실지 궁금했습니다."

징계가 극단적으로 해석되어서는 안 된다

하나님의 사랑의 표시로서 그러한 어려움을 받아들인다고 해서 어떠한 극단적인 입장을 취해서는 안 된다. 어떤 연설자들이나 저자들은 우리가 모든 것으로 인해 하나님께 감사할 수 있을 정도로 불행을 환영해야 한다고 제안한다. 그러나 인생의 비극들을 받아들인다고 해서 꼭 그 상황 자체까지 감사할 수 있어야 하는 것은 아니다. 그리스도인들은 악을 인정하고 "하나님을 사랑하는 자 곧 그 뜻대로 부르심을 입은 자들에게는 모든 것이 합력하여 선을 이루느니라"(롬 8:28)는 말씀으로 인해 하나님께 감사할 수 있어야 한다. 그러나 그 말이 악으로 인해 감사하라는 권고는 아니다. 어린 아기의 죽음이나 자매가 강간 당한 상황을 감사하라고 말하는 것은 그릇되고 왜곡된 생각이다. 바울은 우리에게 범사에 감사할 수 있어야 한다고 말했지만 그것이 우리에게 일어나는 모든 일들에 감사해야 한다는 의미는 아니었다.

위기를 당한 사람들이 피해야 할 또 다른 위험스러운 극단적인 태도가 있는데, 그 사건 뒤에 숨겨진 어떤 특별한 죄를 찾아내려고 하는 경향이다.

하나님께서 잘못을 징계하시기 위해 매를 드시는 일도 있다. 그러나 "징계"라는 말은 하나님께서 몽둥이를 사용하시는 행위 이상의 의미가 있다. 인류가 범죄했기 때문에 인간에게 고통이 임하게 되었지만, 모든 위기가 다 죄에 대한 징계는 아니다. 하나님께서는 우리의 길에 힘든 상황을 가져다주시기도 하는데, 이는 우리를 바르게 뻗어 나가게 하시고 자라게 하시기 위함이다. 그런데도 우리 주변에는 우리에게 닥친 모든 부정적인 일들을 보고 자신이나 다른 사람들을 비난하는 그리스도인들이 많이 있다.

불행 뒤에서 잘못한 점을 찾는 것은 특히 부부관계에 치명적인 손상을 줄 수 있다. 늘 "왜 이런 일들이 우리에게 일어났는가?" 하고 묻는다면 당신은 죄의식 때문에 문제에 올바로 직면하기 어려운 것이다. 그게 아니면 개개인이 내부적으로나 외부적으로 서로에게 비난을 가하기 시작할 것이다. 당신이 어떤 위기에 직면하였을 때 마음속으로 영혼의 점검을 하는 것은 확실히 좋은 일이기는 하다. 고통은 우리가 올바른 길을 걷게 하기 위해 예정된 것이기도 하기 때문이다. "무릇 징계가 당시에는 즐거워 보이지 않고 슬퍼 보이나 후에 그로 말미암아 연달한 자에게는 의의 평강한 열매를 맺나니"(히 12:11).

위기에 처했을 때 당신 자신을 시험하라. 하지만 지나치지 않도록 주의하라. 당신은 또한 뒤만 돌아보지 말고 앞을 내다보는 데에 집중해야 할 필요가 있다. 자기 자신이나 그 외의 다른 사람들을 비난하기에 급급한 사람들은 무엇보다도 어떤 행동을 해야 할 때가 되었을 때 아무것도 할 필요가 없는 것처럼 여기게 된다. 문제를 해결하는 것이 우선인데, 만일 우리가 우리 자신들이나 다른 이들을 판단하는 데에만 사로잡혀 있다면 정말로 필요한 올바른 판단을 할 기회를 놓치게 될 것이다.

징계는 성장을 위한 것이다

우리의 성장을 위해 징계하신다는 사실을 인식하게 되면 그것에 대해 긍정적인 자세를 가지게 될 것이다. 은혜 안에서 자라가는 것은 그리스도인의 삶에서 대단히 중요한 과정이다. 성공적이고, 유용하고, 건강하고, 행복하게 되는 것은 모두 '그리스도의 형상에 이르기까지 자라는 것'에 비한다면 중요하지 않은 것들이다. 그렇기 때문에 하나님께서 실패와 질병과 불행을 사용하셔서 그분의 더 큰 목적을 성취하시는 것이다. 만약 그렇지 않다면 위기가 닥칠 때 그러한 상황들로 인해 우리는 하나님이 우리를 미워하신다거나 버리셨다고 또는 우리를 전적으로 저주하신다고 생각하게 될 것이다. 그러나 그것은 우리가 고난당할 때 느껴야 할 메시지가 아니다.

나치 수용소에서 끝까지 생존하고, 말로 표현할 수 없는 고통을 지켜보았던 심리학자 빅터 프랭클(Victor Frankle)은 사망이 아니라면 어떤 경험도 우리에게 좋은 것이 될 수 있다는 결론을 내렸다. 나는 빅터 프랭클이 겪은 것과 같은 고통을 본 적도 겪은 적도 없다. 하지만 그가 한 말이 진실임을 확인하게 해 주는 많은 사람들을 알고 있다. 나는 죽을병에 걸린, 한 젊은 남편이요 아버지인 사람에게서 어떤 일에서든지 우리가 얻을 점은 있다는 믿기 어려운 말을 들은 적이 있다.

나는 어느 화창한 여름날 한 남성 수련회에서 그와 함께 호숫가에 앉아 있었다. 우리는 이제 막 오두막 숙소에서 나왔는데, 나는 그가 화학 성분으로 가득 찬 피하주사를 그의 배에 있는 구멍을 통해 튀어 나와 있는 플라스틱 튜브에 놓으며 고통으로 얼굴을 일그러뜨리는 모습을 지켜보았다. 하루하루 생명을 잃어가고 있는 그를 암으로부터 지켜줄 수 있는 마지막 남은 치료 방법은 이 하루 분량의 화학 약품뿐이었다. 바로 이 사람 때문에 그 당시 그 교회의 남성들과 내가 그 캠프에 있었던 것이다. 그가 다음 한 달을 미처 넘기지 못할지도 모른다는 염려 때문에 캠프 위원회는 날짜를 변경해서 그와 마지막 수련회를 함께 보낼 수 있도록 하였던 것이다. 그것은 사랑과 슬픔이 어우러진 평범하지 않은 사례였다.

　건강하고 활동적인 남성들이 저 아래에서 시끄럽게 야단법석을 떨며 호수를 휘젓고 다니는 것을 내려다보며, 나는 그 아픈 친구에게 솔직한 대화를 나누자고 제안하였다. 그런데 그는 내게 자신의 질병이 이제까지 그에게 일어났던 일 중에 가장 좋은 일이었다고 말했다. 나는 그에게 "정말인가요?" 하고 물었다. 그리곤 "많은 사람들이 그와 같이 이야기하는 것을 들은 적이 있지요. 하지만 위선적인 말도 하지 말고 농담하지도 말고 그 말이 당신의 진심인지 말해주십시오"라고 다시 물었다.

　그의 거짓 없는 미소는 창백한 얼굴에 일시적으로 생기를 가져다주는 것 같았다. "지난 2년은 내 인생에 있어서 최고의 시간이었습니다" 그는 확신에 찬 목소리로 말했다. 그 후에 그는 자신의 아내와 발전시켜 온 아름다운 관계에 대해, 그리고 자신의 세살박이 아들과 보낼 수 있었던 너무도 행복한 시간들에 대해 말해 주었다. 암으로 인해 그가 전에는 결코 기대할 수 없었던 질높은 삶을 경험할 수 있었던 것이다. 두 주가 지난 뒤 어떤 사람이 전화로 내게 그의 죽음을 알려 주었을 때, 나는 그가 그러한 고통을 성장의 기회로 바꾸었던 것에 대해 하나님께 감사를 드렸다.

위기를 극복하는 실마리

인생의 위기들이 언제나 죽음, 사고, 시한부의 질병들처럼 큰 꼬리표를 달고 다가오는 것은 아니다. 우리에게 가장 큰 해를 끼치는 어려움은 대개 아주 사소한 것들이다. 우리가 위기에 대처할 수 있다고 생각할 때, 인생 가운데 한두 번 일어날까 말까 한 비극만을 염두에 두어서는 안 될 것이며, 매일 일어나는 문제들을 생각해야 한다. 마치 작은 흰개미가 엄청나게 큰 참나무를 쓰러뜨릴 수 있는 것처럼 사소한 매일의 문제들은 우리와 우리의 관계를 먹어 치울 수 있다. 어떻게 이 사소한 문제들을 다루는가 하는 것이 결국 부부관계의 성공여부를 결정할 것이다. 사소한 문제들을 성공적으로 처리하는 것이 큰 문제에 대처하는 최선의 준비일 것이다.

모든 것에 관해 기도하라, 아무것도 염려하지 말라

매일의 위기를 어떻게 극복할 것인가 하는 것이 염려에 어떻게 대처할 것인가를 말한 바울의 충고 속에 숨어 있다. "아무것도 염려하지 말고 오직 모든 일에 기도와 간구로 너희 구할 것을 감사함으로 하나님께 아뢰라"(빌 4:6). 큰 문제뿐만이 아니라 모든 일에 대해 기도하라고 바울은 말했다. 이 말씀을 언급하면서 어느 연설자가 말했다. "모든 일에 대해 기도하고 아무것도 염려하지 마십시오. 그렇지 않으려면 아무엇도 기도하지 말고 모든 일에 걱정하십시오."

당신을 괴롭히는 일들을 들고 규칙적으로 하나님께 나아가는 데 익숙해지라. 만일 당신이 작은 문제를 놓고 기도한다면, 더욱 중대한 문제가 닥칠 때에도 습관이 될 것이다.

기도는 단지 문제 해결의 시작일 뿐이다.

믿으라

문제가 무엇이든 간에 직접 그것에 맞서지 않으면 해결할 수 없다. 우리는 자주 문제를 부인하거나 무시하고, 그러한 것들이 아침 안개와 같이 사라질 것이라고 생각한다. 의사들은 우리에게 너무나 늦어서 치료할 수 없어질 때까지 병의 증세들을 무시한 암환자들에 대해 이야기해 준다. 심리학자들도 우리에게 문제가 크고 복잡해질 때까지 도움을 구하지 않고 내버려 둔 부부들에 대해 이야기해 준다.

그리스도인이 되는 것은 우리에게 문제가 없는 것처럼 가장하지 않고 문제에 대처할 수 있는 믿음을 준다. 말콤 존스(Malcom Jones)는 비극적인 상황 속에서도 자신을 잃지 않고 그 상황을 빠져나온 사람이었다. 그는 어떻게 문제에 대처하는 방법을 습득했는지에 대해 이렇게 말한다. 그가 타고 있었던, 엔진이 하나 달린 비행기가 플로리다의 에버글레이즈 한가운데에 추락했다. 옆의 의자에 엎드러진 조종사는 심하게 피를 흘리고 있었다. 그 핏줄기로 보아 존스는 친구를 위해 도움을 구할 만한 시간이 충분하지 않다는 것을 알았다. 그는 인근의 마을을 향해 늪지대를 헤치고 나가기 시작했다. 때때로 허리까지 차 오르는 진흙탕을 100피트 정도 지나다가 그는 자신의 앞에 보이는 것 때문에 엄청난 두려움에 사로잡혔다. 달빛 아래 물 속에서 커다란 두 개의 눈이 반짝이는 것을 볼 수 있었던 것이다. 그는 어미 악어가 내는 큰 소리와 성난 입으로 흙탕물을 튀기는 소리를 들을 수 있었다. 그 어미 악어 옆에 있는 여러 쌍의 조금 작은 눈들로 존스는 자신이 악어들의 보금자리 한가운데 서 있다는 사실을 깨달았다.

그 순간에 그는 그 지역에서 오래 살던 사람들의 말이 기억났다. "악어의 보금자리에는 결단코 들어가지 마시오." 그리고 이어서 그의 마음속에서 이런 몇 마디 말이 떠 올랐다. "내가 너와 항상 함께 있으리라." 주님의 그 약속을 의지하여 말콤 존스는 작은 소리로 "자, 나는 너와 네 새끼들을 다치게 하지 않을 거야. 나는 친구를 위해 도움을 청하러 가야 해" 하고 말하면서 앞으로 걸어갔다. 그가 가까이 갈 때 그 어미는 더욱 사납게 입을 움직였고 꼬리로 물을 찰싹 내리쳤다. 그러나 결국 작은 새끼 악어들의 길을 따라 그 어마어마하게 큰 눈동자들은 왼편으로 물러났다.

존스는 그 늪지대를 완전히 빠져 나오는 동안 12개 이상이 되는 악어들의 보금자리를 통과하였는데, 그때에도 같은 방법으로 그렇게 했다. 결국 그의 친구가 구조되고 시련이 지나가고 난 후 그는 인생에 대한 한 가지 교훈을 배웠다고 말했다. "당신의 문제를 똑바로 쳐다보고, 결코 거기서 물러서지 말라."

일반적으로 사람들은 문제를 만나면 후퇴한다. 어떤 부부는 성적으로 잘 적응하지 못하고 있으면서도 자신들에게 도움이 필요하다는 사실을 인정하기에는 너무나 당혹스럽다거나 너무나 자존심이 강해서 도움을 얻거나 해결책을 찾는 것을 미룬다. 우리는 개인적인 문제들 역시 카펫 밑으로 쓸어 넣고, 자신에게 나타나는 과식을 하는 것, 급한 성미, 우울, 과로 등등의 증세들을 무시한다.

마땅히 해결해야 할 사람이 해결하게 하라

문제에 직면할 때 그것과 관련하여 당신의 관계를 살펴볼 필요가 있다. 문제 해결에 대해서 연구하는 사람들은 문제 해결을 위해 우리가 꼭 해야 할 질문들 중의 하나로 "그 문제가 누구의 문제인가?" 하는 것을 든다. 그들은 우리가 다른 사람의 개인적인 문제를 해결해 주려고 하는 것에 대해 경고하는 것이다.

예를 들면 과식을 절제하지 못하는 아내가 남편에게 자신의 식욕을 억제시켜달라는 요청을 했다고 가정해 보자. 이 때 만일 남편이 그녀의 행동에 책임져달라는 부탁을 받아들인다면 그녀는 스스로 책임을 느끼지 않게 될 것이다. 게다가 그 문제는 점점 더 해결할 수 없게 되어갈 것이다. 자신의 문제는 다른 사람이 해결해 주기보다는 직접 해결하는 것이 훨씬 쉽다. 또 그런 문제는 곧 관계를 저해하게 된다. 그는 아내가 후식을 먹으려고 할 때마다 주의를 줄 것이고, 이것은 곧 잔소리와 화가 난 모습과 심한 말들로 변할 것이다. 그리고 그녀는 남편이 곁에 없을 때 몰래 냉장고에서 음식을 꺼내 먹을 것이다. 이로 인해 그는 아내를 의심하게 될 것이고 서로에 대한 신뢰는 악화될 것이다.

그러한 상황에서 남편은 이렇게 말해야 한다. "미안하오. 나는 그것을 책임질 수 없다오. 그것은 당신의 문제이고 당신이 주님과 함께 해결해야 하오. 그렇지만 나도 당신을 돕고 격려하고 기도하겠소. 내가 어떻게 하면 당신을 도울 수 있을지 말해주시오. 하지만 내가 할 수 없는 것을 통제하도록 책임을 지우진 말아 주시오." 흔히 부부 관계에서 잘못된 방식으로 서로에게 의지하는 일이 있는데, 그것은 결과적으로 문제를 해결하기보다는 심한 긴장감을 낳게 할 뿐이다.

개인적인 문제로 씨름하는 배우자와 함께 사는 사람은 그 상황으로부터 완전히 분리되기 힘들다. 그렇다고 해서 그가 아내와 같은 문제를 지닐 필요는 없다. 만일 성급하고 화를 잘 내는 성미를 가진 남편과 사는 여성이 있다면, 그녀의 문제는 '남편의 급한 성격'이 아니다. 그녀의 문제는 '그런 성격을 지닌 사람과 같이 사는 법을 배우는 것'이다. 남편이 하나님의 은혜로 자신의 성질을 다스리는 법을 배우는 동안 그의 성격에 잘 적응하는 것이 그녀의 과제이다.

부수적인 결과들을 주의하라

우리의 문제들이 어떻게 서로에게 영향을 미치는지를 아는 것은 문제를 해결하는 데 있어서 매우 중요하다. 위기나 개인적인 투쟁이 일어날 때마다 부차적인 문제들이 생긴다. 주변에 있는 모든 사람들이 그 문제에 영향을 받게 되기 때문에 문제와 관련된 모든 사람을 다루는 법을 배워야 한다. 만일 부부가 계속해서 싸움을 한다면 그 가정의 아이들에게도 문제가 발생할 것이다. 서로의 차이점을 더 잘 해결할 수 있도록 배우는 동안, 그들은 자신들의 싸움으로 발생되는 문제들을 아이가 잘 처리할 수 있도록 도와주어야 한다. 아이는 죄책감을 느끼고 자신이 부모의 싸움의 원인이라고 생각할 수도 있을 것이다. 아니면 아이는 부모가 싸우는 것을 이웃 사람들이 듣는다는 것을 알고 수치심을 느낄 수도 있다.

같은 이유로 가까운 친구나 친척의 죽음은 가정 내에 엄청난 영향을 끼치게 된다. 엄마는 슬픔 때문에 사소한 일에 분노를 일으키고 자녀들을 때릴 수도 있다. 또 어떤 아이는 슬픔에 잠겨 있는 부모들이 미처 눈치채지 못하게 속으로만 할아버지의 죽음을 슬퍼하기도 한다. 부모는 좋지 않은 학교 성적이나 갑자기 화를 내는 것을 비롯한 여러 증세들이 일어나는 이유에 대해 올바로 이해하지 못해서 아이를 제대로 도와주지 못할 수도 있다. 이런 형태의 부차적인 결과들이 생기기 때문에 문제에 대한 모든 사람들의 반응에 조심해야 한다.

슬픔과 우울함이 밀려들 때 이렇게 해결하라

우리는 긴장된 상황에서 흔히 일어나는 반응들 중의 두 가지 점에 주목해야 한다. 이러한 상황들에 어떻게 대처할 것인가를 이해하는 것은 그리스도인들이 삶 속에서 흔히 일어나는 고통들을 잘 견디어 내는 데 도움이 된다.

슬픔과 싸우기

슬픔은 그리스도인이나 비그리스도인 모두가 자주 경험하는 것이다. 바울이 그리스도인들은 소망 없는 사람들같이 슬퍼하지 않는다고 말할 때, 그것은 우리에겐 근심이 없다는 뜻이 아니라 믿지 않는 자들과 같은 절망적인 슬픔을 가지지 않는다는 뜻이다. 신약의 나머지 부분들을 보면 이 사실이 더욱 확실해진다. 바울 자신은 하나님께서 그의 친구를 고치심으로 "근심 위에 근심"(빌 2:27)을 면하게 하셨다고 말하기를 부끄러워하지 않았다. "근심 위에 근심"이란 말은 깊고 강렬한 슬픔을 말하는 그리스의 문구이다. 바울은 또한 다른 그리스도인들이 슬픔을 당할 때 그것을 받아들였다. 그는 에베소 교인들이 이제 바울을 보는 것이 마지막일 것이라는 사실에 슬퍼하며 크게 울 때에 책망하지 않았다(행 20:37-38).

근심에 관한 현대의 연구들은 그것이 단순히 죽음에 대한 반응으로만 나타나는 것이 아니라는 것을 보여준다. 우리는 친구를 잃는다든지 직업을 잃거나 바꾼다든지 다른 도시로 옮긴다든지 하는 중요한 손실을 겪을 때도 분명히 슬픔의 반응을 보인다.

슬픔이 일어날 때, 그것을 지나치게 부인하거나 저항하지 말라. 오히려 스스로 삶의 행위에 참여하도록 노력하며, 당신의 영혼에 활기를 줄 상황 속으로 자신을 이끌어 가는 것이 좋다. 그렇지만 슬픔이 없는 것처럼 가장하거나 그것을 박차고 나올 수 있는 의지가 없다는 점 때문에 스스로를 비난하는 것은 건강하지 못하다. 또한 당신의 배우자가 슬퍼할 때 그를 비난하거나 그들에게 사실을 부인하도록 강요하지 말아야 한다.

슬픔이 어떻게 작용하는지를 알고 나면 그것이 바로 도움이 될 것이다. 슬픔은 여러 단계를 거친다. 각 단계의 심한 정도와 길이는 손실의 성격과 개인의 기질에 따라 다양하다.

제 1 단계: 충격. 부인하는 것과 믿지 못하는 것은 감정적 또는 육체적 충격의 느낌과 같이 온다. 아마도 분노의 느낌과 표현도 함께 드러날 것이다. 어떤 사람이 자신의 어머니가 돌아가셨을 때 담당 의사를 신랄한 말로 비난한다면 우리는 그 비난을 심각하게 받아들여 야단을 치거나 논쟁을 하거나 하지는 않을 것이다. 감정이 누그러지고 나면 이성적인 시각이 회복될 것이기 때문이다.

제 2 단계: 분노를 억누르기. 이 시기에 개인의 관심과 에너지는 대부분 실망과 그 속에 도사리고 있는 분노를 통제하는 데에 소모될 것

이다. 이 단계에 놓인 사람들은 수동적이 되고 반응하는 데 느리며 공허감을 느낄 것이다. 극단적이라면 그들은 "미칠 것 같다"고 느끼면서 정신 쇠약 직전에 놓이게 될 수도 있다. 두려움과 공포와 불안이 그들을 사로잡을 것이다. 그들의 주위에는 그것이 정상적인 것이며 곧 지나가게 될 것이라고 확신시킬 수 있는 사람이 필요하다.

제 3 단계: 원인으로 거슬러 올라가기. 이 시기에 사람들은 손실에 맞서려고 한다. 그것은 별로 건설적이거나 합리적으로 보이지 않을 수도 있다. 슬픔에 잠긴 사람은 절망적이고 신경이 곤두서 있거나 심지어는 침착하리만치 냉담하고, 자신의 직업이나 다른 의무들에 관심을 보이지 않을 수도 있다. 그들은 아마도 자존감이 약해질 것이고 자신을 많이 비난할 것이다. 하나님을 향한 깊은 분노의 감정으로 인하여 하나님과 교제하는 데에도 어려움을 겪을 것이며, 죄의식, 불안, 분노, 우울함 등과 싸우게 될 수도 있다.

제 4 단계: 순응. 이제는 좀더 건설적인 형태로 손실을 다룸으로써 부정적인 접근을 대치한다. 예를 들면 만일 갑작스런 분노를 발산하는 것이 3단계에 속한다면, 이 단계에서 사람은 어느 정도 제자리로 돌아와 조깅을 하거나 테니스를 할 수도 있다. 아니면 하나님에 대해 원망하던 마음들은 무엇이 최선인지를 아시는 그분의 지혜를 새롭게 인식하는 것으로 대치된다. 갑자기 자유로워지는 자신을 느낄 것이며, 이제 더 이상은 자신을 "애통하는 자"로 보지 않게 될 것이다. 잃어버린 사람이나 직장이나 지위는 잊혀질 것이다. 대신에 잃어버린 것에 대해 새로운 태도를 가지게 될 것이다.

그 사람은 이제 사람이나 일이 사라졌다는 사실을 감정적으로 처리할 수 있게 되었지만 그 사실은 다른 의미로 여전히 되살아날 것이다. 남편을 잃은 아내가 전에는 강렬한 내적 고통이 없이 남편을 생각할 수 없었던 반면에, 이제는 그를 그리워하고 자신이 그와 함께 지내왔던 삶을 기억하며 만족스러워 할 수 있을 것이다. 한편으로 그녀는 남편이 곁에 없는 것에 순응했으나, 다른 방법으로, 즉 이제는 그녀의 기억 속에서 다시 한번 그를 발견한 것이다. 잃어버린 사람은 멀리 보내지지만, 다시금 회복되는 것이다.

이러한 마지막 긍정적인 단계는 다른 단계들 없이는 도달할 수가 없다. 어떤 저술가는 이 전체 과정을 "바람직한 근심"이라고 부르며, 우리 자신들이나 다른 사람들이 성공적으로 그러한 경험을 해 나갈 수 있게 용기를 주어야 한다고 말한다. 우리는 우리가 겪는 모든 내적인 감정들을 통제할 수는 없지만 슬픔 때문에 충동적으로 해로운 일들을 하거나 주위 사람들을 괴롭힘으로써 자신의 분노를 해소하거나 원망의 감정으로 하나님의 사랑에 대한 믿음을 부인하는 일 등을 하지 않도록 자신의 행동들을 조절할 수 있다. 오히려 분노, 원망, 우울 등은 순간적인 것이며 지나갈 것이라는 사실을 이해해야 한다. 그러는 동안에 계속해서 가능한 한 지혜롭게 자신의 역할을 감당해야 한다.

슬픔의 경험이 어느 한 단계에서 오래 지속된다면 비정상적이라고 할 수 있다. 예를 들어 어떤 남편이 아내가 죽은 지 두 세 달이 지났는데도 계속 그 사실을 부인한다면 전문적인 도움을 받아야 할 것이다. 또는 슬픔을 겪은 사람이 전적으로 그 사실을 수용하고 있지 못하는 상태에서 손실에 대처한다면 비정상적인 일이 발생할 수도 있다. 예를 들면 시카고에 사는 한 남자는 아들이 죽은 지 10년이 훨씬 넘었는데도 여전히 아들의 방을 그 당시와 같이 유지하고 있다. 그는 규칙적으로 아들의 방에 들어가 아들이 살아 있을 때 쓰던 옷과 장난감들과 다른 유물들을 보고 만지곤 한다. 이 사람은 결코 그가 잃은 것에 완전히 순응하지 못했다. 그는 잃은 것을 수용하고 자신의 삶을 살아가는 대신에 이제는 부인해야만 하는 관계를 계속하기를 원하는 것이다.

우울증을 다루기

우울증은 오늘날 일상적인 것이 되어 버렸다. "기분 저하"라든가 "구덩이 속"과 같은 용어들이 흔히 우리의 입에 오르내린다는 사실은 우리가 얼마나 침울한 분위기에 사로잡혀 있는지 상기시킨다. 상담가인 한 친구는 자신의 환자 중 절반이 우울함 때문에 찾아온다고 말했다. 전문가에 따르면 우울은 비정상적인 행위 중 가장 흔한 것에 속한다고 한다. 우리 각자는 열 명 중 한 명 꼴로 심각한 우울증에 빠질 수 있기 때문에 우리는 그것에 대해 잘 알고 있어야 한다.

당신이 우울증에 빠지게 되면, 삶은 가치 없는 것처럼 보일 것이다. 절망감과 무가치함 그리고 자존감의 상실 등이 당신을 둘러싸게 된다. 염세주의는 미래를 희미하게 할 것이며 지독한 슬픔이 시작될 것이다. 외부적으로 볼 때, 우울증에 빠진 사람은 일상적인 생활에 흥미를 잃고 단순한 과제를 하는 것이 절벽을 오르는 것과 같다고 불평할 것이다. 빈약한 집중력, 두통, 심장의 고통, 그리고 성적인 욕구의 부족 등 다양한 증세들이 돌발할 것이다.

심리학자들은 아직도 우울증에 대해 완전히 밝혀지지 않았기 때문에 그 형태를 제대로 구분할 수 없다고 한다. 그러나 실제적인 이유로 생각해 볼 때 두 가지로 구분할 수는 있다. 그것은 '정상적인 우울증'과 '신경 우울증'이다.

정상적인 우울증은 우리 모두가 때때로 경험하는 것이다. 기력이 부족하다고 느낄 것이며 아마도 심각할 정도로 자기 자신에게 반감을 느낄 것이다. 오전에 일어나는 것이 어려울 것이며 하루를 시작하고 싶지 않을 것이다. 설사 시작했다 하더라도 삶에 공헌할 만큼 충분히 가치있는 하루라고 여기지 않을 것이다.

더 심각한 형태의 우울증에서도 이러한 증세들이 나타나기는 하지만 정상적인 우울증과 신경 우울증 사이에는 몇 가지 차이점이 있다. 첫째로 정상적인 우울증에는 우울의 원인이 있다는 것이다. 우울의 원인으로 당신은 대개 질병으로부터의 회복, 슬픔의 시기, 온갖 힘을 쏟은 일을 완수한 후의 피로, 또는 '생리 기간' 등을 지적할 것이다. 또 정상적인 우울증은 그 우울한 상태가 그리 오래가지 않으며, 하루 정도 일에 지장을 줄 수 있으나, 우리를 무능력하게 만들 정도로 길게 머무르지는 않는다. 어떤 사람들은 다른 사람들보다 훨씬 규칙적이고 자주 우울증을 겪는다. 또 우리 중 어떤 이들은 우울함을 기질로 지니고 있으며 그를 사랑하는 이들은 그의 그러한 모습을 받아들이고 그러한 기질과 함께 사는 것을 배운다.

우울증이 오래 지체되고 삶에 영향을 미칠 때, 그것은 신경 우울증(neurotic depression)이라는 좀더 심각한 형태로 분류된다. 신경 우울증으로 고통당하는 사람은 여러 주, 여러 달 동안을 슬퍼하고 침울하며, 죄의식과 황폐한 느낌과, 무언가 잃어버린 듯한, 그리고 공허한 느낌을 받을 것이다. 이 모든 것들은 희망의 상실과 함께 찾아오며, 그는 어떠한 것도 도움이 될 수 없다고 믿는다. 이런 상태에 있는 사람은 즐거워한다는 것이 불가능해 보인다.

그리스도인은 우울을 해결하기 위해 먼저, 자신의 영적인 자원을 이용해야 한다. 성경을 읽고 암송하는 것과 주님과 시간을 보내는 것은 우리가 할 수 있는 효과적인 것들이다. 그러나 이러한 것들이 언제나 우울함을 없애 줄 수는 없다. 위대한 영적인 지도자들도 우울증으로 고통을 겪어 왔는데, 그들이 경험했던 우울증은 단지 하나님과 가까이 동행하는 것으로써는 즉각 치유되지 않는 그러한 종류의 것이었다.

마틴 루터(Martin Luther)는 지독한 침울로 고통을 당했었고 그것에 관해 이렇게 묘사했다. "한 주 이상 나는 거의 죽음과 지옥의 문턱 가까이에 있었다. 내 모든 지체들이 떨고 있었다. 그리스도는 전적으로 상실되었다. 나는 절망으로 흔들리고 있었다…."[3] 루터는 하나님의 도우심에 의존하면서도 현실 속에서 자신의 힘으로 회복을 시도하고 있었다. 그는 가벼운 우울증을 가진 사람들에게 무거운 생각들을 무시하고 고독을 피하도록 충고했다. "음악이 있고, 즐거운 농담이 오고가며 많은 사람들이 있는 곳으로 나서라. 손으로 하는 노동도 역시 기분을 전환시킬 것이다." 루터가 충고한 마귀를 내어쫓는 좋은 방법은 말에 마구를 달고 밭에 비료를 뿌리는 것이었다.[4]

때때로 휴식을 취하거나 긴장된 상황에서 물러나는 것이 필요할 때도 있다. 일을 중단하고 집에서 지내거나 짧은 여행을 하는 것이 당신이 그러한 상태에서 벗어나는 데 도움을 줄 수도 있을 것이다. 때로는 원인을 찾아야 할 필요가 있을 때도 있다. 지나간 사건이 우울한 느낌으로 변형된 심한 분노를 일으킬 수도 있다. 그 때 당신은 분노를 스스로 받아들일 필요가 있고 주님과 그리고 다른 사람들과 솔직하게 이야기할 필요가 있다.

자신의 감정을 다른 사람과 이야기하는 것이 우울한 기분을 벗어나게 하는 최선의 길일 수 있다. 그렇기 때문에 부부는 서로를 도울 수 있는 가장 중요한 위치에 있는 것이다. 연구에 의하면 친밀한 교제를 나누는 사람들은 심각한 우울증에 빠지게 될 가능성이 훨씬 적다.

당신이 우울증에 걸린 배우자에게 그 상태에서 헤어 나오라는 잔소리를 하거나 그 상태를 참지 못하고 "이제 됐어, 충분해" 하고 말한다고 해서 우울증에 빠진 배우자를 도울 수는 없다. 당신은 배우자가 그것을 극복하기 위해 어떤 일을 하도록 충고하고 그것을 해결하려고 노력할 때 도와주라. 우울증에 빠진 사람은 마음이 가라앉고, 삶에 대해서 그리고 자신에 대해서도 침체되어 있다는 사실을 명심하라. 그 사람은 이미 충분한 비난과 원망을 들었다. 그들에게 그러한 감정의 짐을 더 지우는 것은 그들을 점점 더 가라앉게 하는 행위일 뿐이다. 참고 사랑으로 이해하는 것이 가장 좋은 약이다. 우리는 언제나 우리 자신들에게 그리고 침체되어 있는 사람들에게 '우울증이라는 것은 언제나 결국에 가서 사라져 버리는 것' 이라는 말을 상기시킬 필요가 있다.

위기가 축복을 위한 준비라고?

그리스도인들의 성공적인 결혼은 문제가 없는 데서 나오는 것이 아니라 문제에 대처하기 위해 준비하는 것에서 비롯된다. 전쟁이 없이는 승리가 있을 수 없으며 분투가 없이는 성공이 있을 수 없다. "우리는 하나님께서 고난과 어려움들을 통하여 우리에게 큰 복을 가져다주신다는 사실을 인식할 필요가 있다"고 빌리 그래함은 말한다.[5]

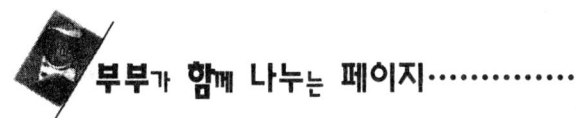 부부가 함께 나누는 페이지

고통에 대한 우리의 태도에 관해 이야기 나누기

다음의 구절을 큰 소리로 읽고 뒤이어 나오는 질문을 가지고 토론하라.

"우리가 알거니와 하나님을 사랑하는 자 곧 그 뜻대로 부르심을 입은 자들에게는 모든 것이 합력하여 선을 이루느니라"(롬 8:28).

1. 이 구절은 모든 것이 다 선하다는 뜻을 내포하고 있지는 않다. 그렇지만, 당신은 우리가 고통을 통하여 좋은 결과가 나오는 것을 봄으로써, 이 생에서 어떤 어려움이나 문제 또는 비극이 일어나는 이유를 배우게 되리라고 생각하는가?
2. 당신은 과거에 이 말씀을 확증하는 경험을 한 적이 있는가?
3. 당신은 당신의 인생의 고통에 대해 어떻게 느끼는가?

고통에 대한 우리의 반응들을 이해하기

다음의 문장을 완성하고 토론하라.

- 나는 보통 때보다 견디기 힘든 어려움이나 위기를 만나게 되면＿＿＿＿＿＿ 경향이 있다.
    a. 혼자 있고 싶어하는
    b. 자제력을 잃는
    c. 매우 비판적이 되는
    d. 하나님께 가까이 나아가는

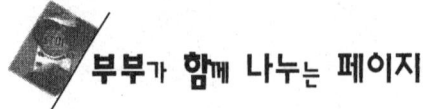 **부부가 함께 나누는 페이지**

　　e. 하나님과 다른 사람에게 화가 나는
　　f. 우울해지는
　　g. 오락이나 사업으로 도피하려는
　　h. 그 외 _____

- 우리 중 한 사람 또는 둘 다 위기에 직면했을 때, 우리의 관계는 다음과 같은 점 때문에 곤란을 겪는 경향이 있다.
　　a. 우리 중 한 사람이 말을 하지 않는다.
　　b. 우리 중 한 사람이 지나치게 말을 많이 한다.
　　c. 우리는 서로를 원망하는 경향이 있다.
　　d. 우리는 둘 다 너무나 많은 상처를 입어서 서로에게 용기를 줄 수 없다.
　　e. 우리의 관계는 서로 상처를 입히는 방식으로 변한다.
　　f. 그 외 _____

서로를 후원하라

- 내가 위기를 당할 때면 언제든지, 당신은 다음과 같은 방법으로 나를 가장 많이 도울 수 있다.
　　a. 기대어 울 수 있게 어깨를 빌려준다.
　　b. 내가 이야기할 수 있도록 내 곁에 있어 준다.
　　c. 함께 있어주되 그 문제에 대한 아무 말도 하지 않는다.
　　d. 내가 잘 생각할 수 있도록 도울 수 있는 성경의 진리나 영적인 생각들을 나눈다.

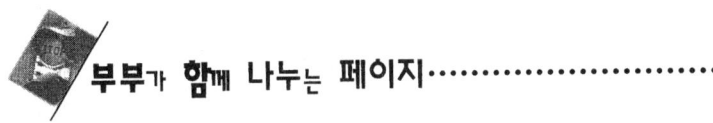 부부가 함께 나누는 페이지

e. 내가 즐거워지고 삶을 즐길 수 있도록 돕는다.
f. 나와 함께 기도한다.
g. 그 외 _____

15

지갑 속에서 뒤엉킨 결혼 생활
결혼 생활에서 돈 문제를 이해하기

싫든 좋든 돈과 결혼은 함께 묶여 있다.
당신의 경제관은 서로의 관계에 영향을 끼친다.

15. 지갑 속에서 뒤엉킨 결혼 생활

결혼 생활에서 돈 문제를 이해하기

돈은 우리가 생각하는 것보다 훨씬 더 큰 문젯거리가 될 수도 있다. 예수님은 부를 "유혹"이라고 말씀하셨다(막 4:19). 사도 바울은 "돈을 사랑함이 일만 악의 뿌리"(딤전 6:10)가 된다고 말했다.

돈에 대한 그릇된 태도는 우리를 어리석게 만들며 심각한 문제에 빠지게도 하는데, 그 중의 일부가 결혼에 관계된다.

양파 껍질처럼 복잡한 돈 문제

제인 팬들(Jane Pendle)의 예를 들어보자. 제인은 그녀의 남편 허브(Herb)보다 더 많은 돈을 벌었다. 그녀의 수입이 더 많은 것이 문제는 아니었으나 그녀가 남편에게 그것에 관해 계속적으로 언급하는 것은 문제였다. 제인은 자신이 없었다면 식탁에 고기를 올릴 수 없었을 것이라든지 그들이 살 집조차 마련하지 못했을 것이라는 말을 계속 언급하면서 허브를 자신의 통제하에 놓았다. 두 사람이 수입을 올리고 있었지만, 제인은 자신이 원하는 것은 무엇이든지 사들였기 때문에 그들은 늘 빚더미에 앉아 있었다. 그러나 그녀는 자신의 능력으로 그 모든 것을 이루었다고 생각했다. 그 부부를 잘 아는 사람은 그녀의 충동적인 구매가 자신에 대한 남편의 관심 부족 때문에 생기는 것이라고 말했다. 그녀는 관심과 사랑이 필요했기 때문에 무의식적으로 이렇게 자신에게 말했다. "나는 신용카드 회사와 은행이 내게 필요한 것을 공급하게 할 수 있어." 그들의 경제라는 배가 점점 가라앉고 있는 것과 함께 결혼생활도 곤경에 빠져 있었다.

싫든 좋든 간에 돈과 결혼은 함께 묶여 있다. 어느 경제 조언가는 "만일 어느 부부가 경제적으로 곤경을 당하게 된다면, 그들은 관계에서도 곤경을 당하게 될 것이다"라고 말한다. 그 말을 다른 방향에서 살펴본다면 계속적인 싸움 때문에 한쪽 혹은 양쪽 모두 건강한 관계에서 얻을 수 없는 부분을 채우려고 빚을 지는 상황까지 갈 수도 있다는 말이다.

돈 문제를 이해하는 것은 어떻게 재정이 당신의 관계에 연결되어 있으며, 어떻게 당신의 관계가 경제에 매여 있는지 아는 것과 함께 시작된다.

지갑 끈에 뒤엉키다

당신의 경제관은 서로의 관계에 영향을 끼친다. 제인은 남편이 자신의 필요를 채워주기에는 능력이 부족하다고 생각했다. 그리고 남편보다 더 많은 돈을 번다는 사실로 인해 자신이 더 우월하다고 생각했다. 제인의 이런 생각은 남편이 열등감을 갖도록 만들었으며, 그가 아내를 인도하고, 지도하고, 보살필 수 있는 능력을 저하시켰다. 또한 분명 그가 제인에게 감정적인 후원을 하는 것을 어렵게 만들었을 것이다. 이렇게 발생한 관계의 문제는 그녀로 하여금 한 가지 답을 찾도록 만들었다. 그녀는 슬픔을 얻는 대신에 만족을 사려고 했다.

이러한 모든 것의 저변에는 돈에 대한 제인의 좋지 않은 인식이 자리하고 있었다. 만일 그녀가 돈의 가치를 너무나 높게 생각해 제일 윗자리에 두지 않았다면 남편의 낮은 임금을 그리 중요하게 여기지 않았을 것이다.

우리는 개인의 부족함 때문에 종종 재정적인 어려움을 겪을 수도 있다. 경제적인 문제들은 "양파"의 맨 위의 껍질과 같다. 이 맨 위층 바로 밑에는 탐욕이 자리잡고 있다. 너무 많은 것을 원하면 급속도로 빨리 부부가 빚더미 속에 가라앉게 된다. 탐욕의 층을 벗겨 버리라. 그러면 또 다른 문제가 모습을 드러낼 것이다. 예를 들면 탐욕은 자존감의 결핍에 의해 생겨난다. 사람들은 열등감을 감추기 위해 자신의 주변을 다른 것들로 둘러싼다.

우리의 사회는 우리의 욕구를 자극하고 개인적인 문제들을 만들어 낸다. 세상과 육체는 서로 동맹하여 우리에게 맞선다. 광고자들은 콜벳(Corvette-자동차 이름) 안에서는 어느 누구도 열등감을 느끼지 않는다고 말한다. 그리고 작은 플라스틱 신용카드가 행복의 문을 여는 열쇠로 작용하면서 우리를 인정해 주고 우리에게 힘을 준다.

심지어 우월감(성경은 그것을 교만이라 부른다) 때문에 당신은 재정적인 곤경에 처할 수도 있다. 우리는 우리 자신에게 과분한 것은 없다고 확신한다. 광고업계는 그런 우리의 자부심을 이런 말로 다시 한 번 북돋운다. "당신은 자격이 있습니다."

임상 심리학자인 레이먼드 팬들턴(Raymond Pandleton) 박사는 각각의 사람들이 가진 것보다 더 많은 돈을 쓰는 가지가지의 이유들을 열거하였는데, 그 중 감정적인 요인들이 가장 높은 위치를 차지한다. 그는 "충동이 하나의 이유"라고 설명하며, 이렇게 말했다. "사람들은 지금 자기가 모든 것을 잡지 않는다면, 잃게 될 것이라고 생각하지요. 게다가 우리의 사회에는 다른 모든 사람과 같아지지 않으면 안 된다는 엄청난 압력이 존재합니다. 이것은 새 차와 새 옷을 사는 것, 일주일에 세 번 외식하는 것 등등을 의미하지요. 당신은 앞서 말한 것들이 크리스마스에 중산층의 이웃이 활발하게 벌이는 행위라는 것을 알고 있습니다. 사람들은 그들의 이웃집보다 더 반짝이게 하려고 서투른 조명 장식에 수천 달러를 소비하지요."[1]

개인적인 문제로 인해 재정적인 문제가 발생했을 때 그것은 그 관계를 극한 상황으로까지 몰고 간다. 눈덩이 같은 빚 가운데 불안하게 사는 것은 우울한 일이다. 남편과 아내 모두는 죄의식을 갖게 될 것이고, 한 사람 또는 두 사람 다 불평을 하게 될 것이다. 재정적인 문제를 해결하기 위해서는 더 오랜 시간 일을 해야 되고 따라서 서로 마주하는 시간은 더 적어질 것이다. 그리고 서로 마주 대할 때에는 둘 다 지쳐있고 짜증스러울 것이다. 이런 압력 아래에서, 관계는 성장하지 않고 오히려 긴장이 점점 커질 것이다. 만일 그러한 상태에서 위기가 찾아온다면, 그들의 결혼도 위기를 맞을 수밖에 없다. 아내가 임신을 하게 될 수도 있고, 또는 한 사람이 직업을 잃게 될 수도 있다. 그 때 그들은 서로를 원조해 주고 협력하는 대신에 서로를 비난하고 원망할 것이다.

급격한 내리막길의 소용돌이가 많은 부부들에게 일어나고 있다. 개인적인 부족함은 부부간의 충돌들을 야기하고 이것은 물건을 사고 소비하는 우리 문화의 압력과 결합하여 재정적인 혼란으로 이끌어갈 것이며 결혼 생활을 억압할 것이다.

모든 이혼사례 중 절반이 불화의 원인으로 돈 문제를 중요하게 꼽았다는 것은 놀랄만한 일이 아니다. 한 연구에 따르면 가정에서 일어나는 모든 논쟁의 80퍼센트가 돈에 집중되어 있다.[2]

지갑 끈으로 함께 묶여 있다

물론 다른 측면도 있다. 재정적인 문제 때문에 빈약한 결혼 생활이 될 수도 있는 것과 마찬가지로 좋은 결혼 생활 역시 재정 문제와 연관된다. 좋은 관계를 유지하는 부부는 서로 자신들의 소비를 조절하고 수입에 맞추어서 살도록 도울 수 있다. 설사 그들이 실수를 하고 빚이 많아진다 할지라도 감정적인 압력은 그들을 더욱 가깝게 해 줄 수 있다. 그들이 타고 있는 튼튼한 관계의 "배"(relation "ship")는 재정적인 폭풍우를 통과할 수 있을 것이다.

그렇다 할지라도 결혼 생활에서 재정적인 압력은 다른 어떤 압력보다도 무거운 것만은 사실이다. 경제적인 상황이 가까운 장래에 큰 안정감을 줄 것이라는 기대는 할 수 없는 일이므로, 이러한 영역에서는 서로 협력하는 것이 현명할 것이다.

주머닛돈이 쌈짓돈?

이 짧은 장에서 재정에 대해 당신이 필요로 하는 모든 것을 다루는 것은 거의 불가능하다. 당신은 재정 상담가와 얘기하거나 재정과 관련된 책들을 읽음으로써 더 많은 것을 배울 것이다.

돈 이야기

우선적으로 돈 문제에 관해 올바로 토론하는 것은 당신에게 유익을 줄 수 있다. 우리들은 흔히 이러한 것을 무시한다. 우리는 결혼 생활에서 발생하는 돈 문제에 대해 말하는 것을 성적인 문제에 대해 말하는 것보다 어려워한다.

이것의 중요함을 알고 있기 때문에 나는 언제나 재정적인 부분을 혼전 상담에 포함시킨다. 내가 일찍이 경험했던 가장 격렬한 혼전 상담 중의 하나는 재정에 관한 것이었다. 나는 내가 상담하던 그 두 사람이 그 문제를 매우 중요하게 생각하고 있다는 것을 알고 있었기 때문에 그 맹렬히 타오르는 대화에 더 불을 붙여 놓았다. 그 두 사람 모두 이십대 후반이었으므로 그들이 이제까지 가져 온 재정적 입장과 삶의 방식들이 그들 각자에게 매우 깊이 자리잡고 있을 것이라는 것을 알았다. 만일 그들의 접근 방식이 전혀 다르다면 그것은 그들의 앞에 놓여진 괴로움을 알리는 신호가 될 것이었다. 사실 이 정도 연령의 커플은 둘 중 어느 누구도 결혼 생활의 경험이 없기 때문에 성적인 적응이 아마도 재정적인 것보다 훨씬 덜 어려울 것이다. 그들은 그들의 관계에 영향을 미칠 정도로 다른 사람과 오랜 기간 성 경험을 하지는 않았을 테지만 경제적인 부분에서는 각자 수 년간에 걸친 돈에 대한 습관과 경험을 가지고 있을 것이기 때문이다.

그래서 나는 그들 각자에게 가정 경제를 처리하는 것에 관한 생각들을 이야기하라고 말했다. 그런데 경제에 대한 그들의 접근 방식은 더 이상 다를 수 없을 정도로 정반대였다. 신랑 될 사람은 신념을 가지고 이렇게 대답했다. "다 떨어질 때까지 써라! 이것이 내가 돈을 사용하는 방식이고 또 우리 부모님의 방식이었지요." 신부 될 사람은 약간은 소심하게 그러나 확신을 가지고 그의 입장에 대응하기 위해, 이렇게 말했다. "저는 우리가 신중하게 예산을 세우고 단 일 원이라도 기록해야 한다고 생각해요." 그들은 나와 헤어진 후에도 여전히 계속하여 토론을 했다. 나중에 그들은 그 때까지 한 번도 돈 관리에 대해 이야기한 적이 없었다는 것을 인정했다.

당신이 잠깐 동안 결혼 생활을 해왔다 할지라도 이러한 부분을 철저하게 토론하지는 않았을 것이다.

상담가 앤 로저스(Ann Rogers)는 놀랄만큼 많은 수의 가정들이 결코 이야기하여 합의한 적이 없는 규칙 위에서 움직인다고 주장한다.

> 나는 결혼 상담가가 내게 보냈던 한 목사와 그의 아내를 기억한다. 그들의 결혼은 파탄 지경에 놓여 있었다. 문제는 재정적인 문제에 대해 서로 다르게 생각하고 있었으면서도 한 번도 그것에 대해 이야기한 적이 없었다는 것이었다. 그들이 서로 자신들의 생각을 내놓을 수 있게 되었을 때, 그들은 편안히 앉아 자신들의 경제적인 상황을 객관적으로 볼 수 있었다. 나는 육 개월 동안 그들과 함께 노력했고, 그들의 재정적인 문제가 처리되었을 때, 비로소 그 결혼은 치유되었다.[3]

이러한 기본적인 문제들을 해결하면 금전문제에 관한 많은 논쟁을 방지할 수 있다. 예를 들어 어떤 남편은 어렵게 번 돈은 값진 즐거움에 쓰여져야 한다고 믿는다. 따라서 돈을 쓸 때마다 그는 비디오 디스크 플레이어를 산다든지 스테이크 집에서 저녁을 먹는다든지 하는 기분 전환에 우선권을 두었다. 그러나 그의 아내는 야구장에서 근사한 시간을 보내는 대신에 멋진 골동품 가구에 투자하자고 부탁했다. 이러한 저변에 깔린 생각의 차이 때문에 부부들은 다음의 질문과 씨름할 필요가 있다.

기본적인 문제에 대한 당신의 답은 무엇인가?

당신이 삶에서 가장 가치를 두는 것은 무엇인가? 영적인 것들, 사람들과 관계를 맺는 것, 어느 정도 경제적인 안정을 누리는 것, 즐거움, 휴식을 주는 오락, 자연과 관계된 일을 하는 것, 열심히 일하는 것, 다른 사람을 섬기는 것 등등.

목록을 만든 후에, 그것들을 우선순위대로 나열하도록 하라.

위의 것들 중 어느 것이 어떻게 재정과 관련되는가? 예를 들면, 스키 장비를 갖추고 스키 여행을 하는 데 많은 돈을 쓰고 싶어하는 사람이 있을 수도 있으며, 또 선교라든지 사회의 문제들을 돌보는 데 많은 돈을 투자하기를 원하는 사람이 있을 수도 있을 것이다.

우리가 가치를 두는 일을 위해서 얼마나 열심히 일하려고 하는가? 당신은 이런 질문을 던질 수도 있을 것이다. "이러한 우선순위를 위해 얼마나 열심히 일해야 하는가?" 많은 사람들이 일의 노예가 되어서

은행, 금융회사, 옷가게, 전자 회사 등의 이익을 위해 긴 시간을 일한다. 그들은 자신이 이러한 상황에 처하기를 원했는지 그렇지 않았는지에 대해 생각조차 하지 않았을지도 모른다. 당신은 이런 질문을 할 필요가 있다. "거실에 새로운 가구를 사들이기 위해 우리 자신들을 괴롭힐 필요가 있을까? 우리가 백화점 청구서와 씨름을 해야 하나? 왜 모터 보트 때문에 현재를 저당 잡히고 미래와 타협해야 한단 말인가?" 당신이 그렇게 하기로 결정해도 좋다. 하지만 먼저 비용을 계산하라.

돈과 그것을 가지고 할 수 있는 것이 어떻게 우리의 인성들, 욕구들, 꿈들에 각각 관련되는가? 이런 종류의 질문들은 다음의 내용을 포함한다. "나는 계획 없이 돈을 쓰는 것에 죄의식을 느끼는가? 나는 미래에 정말로 일해 보고 싶고 그것을 위해 저축하고 싶은 어떤 꿈이 있는가? 나는 돈을 힘과 관련시키는가? 나는 남이 가진 것을 가지지 못한다면 빈약한 자아상을 가지게 되는가?

우리는 빚을 지는 것에 대해 어떻게 생각하는가? 내가 읽은 모든 개인 돈 관리에 관한 책은 이 질문을 일종의 삶의 문제 또는 빚의 문제로 다룬다. 기독교적인 관점에서 쓴 글이든 아니든 간에 경제학자들은 소비전쟁에서 지는 것과 빚의 올가미에 깊이 빠지는 것의 위험을 경고한다.

의식있는 기독교 저술가들은 담보와 할부제와 은행 융자가 "아무에게든지 아무 빚도 지지말라"(롬 13:8)는 성경의 명령에 의해 금지되었다는 사실을 깨닫고 있다. 현재의 빚(갚아야 할 것)이 자산(빚을 갚기 위해 사용되는 자금)을 초과하지 않는 한, 성경의 이 말씀을 위반하는 것은 아니다. 분명히 현대인들의 빚은 소위 현명한 투자로 간주될 것이다. 집을 사기 위해 저당잡히는 것은 당신에게 필요한 생활 공간을 제공하는 것과 동시에 어떤 재정적인 자산을 축적하는 효과적인 수단이 되어왔다.

그러나 사람이 자기가 감당할 수 없는 월부금을 내겠다는 문서에 승인한다면, 그는 잘못된 종류의 빚을 지는 것이다. 대개 기독교 재정 상담자들은 빚—자산 계좌 관리는 일년을 단위로 해야 한다고 제안한다. 신학자 찰스 라이리(Charles Ryrie)는, "연중 예산이 적자를 드러내는 가정은 심각한 문제에 처해 있다"고 말한다.[4]

빚에 대한 토론과 관련된 질문들에는 당신의 감정과 인성을 다루는 것들도 포함되어야 한다. 빚을 지는 것에 대해 당신은 어떤 느낌이 드는가? 그것들이 당신에게 지나친 걱정을 일으키지는 않는가? 신용카드나 외상 거래가 당신으로 하여금 소비를 쉽게 하도록 부추기는가? 당신이 원하는 것을 얻기 위해 지나치게 많은 빚을 지는 경향이 있는가? 라이리는 "비성서적인 빚은 마치 알콜중독과 같다. 그것은 사람들이 처리할 수 있다고 생각하는 지극히 작은 것으로부터 시작된다. 그리고는 조금만 더…… 그리고는 곧 덫에 걸려들고 만다"고 말한다.[5]

이 기본적인 질문들에 대해 아마도 부부 양쪽이 같은 입장을 취하지는 않겠지만, 적어도 각자가 어떠한 입장에 서 있는지 알 수는 있다. 그러한 자각과 함께 당신은 미래의 경제적인 토론과 처리에서 조화를 이루는 훨씬 더 좋은 기회를 가질 것이다.

누가 돈 문제를 책임져야 하는가

이미 앞에서 질문에 대답했지만, 당신은 누가 부부의 돈 문제를 다룰 것인가를 신중하게 생각해야 한다. 그리스도인 부부들은 남편이 그것을 처리해야 한다고 재빨리 대답하는 경향이 있을 것이다.

이것은 현명한 것인가? 나는 성경적으로 볼 때 남편이 가정의 지도자로서 재정적인 결정에 궁극적으로 책임을 져야 한다는 사실은 분명하다고 생각한다. 그렇지만 아내나 자녀들을 배제하고 돈 문제에 관해 자신의 작은 모퉁이에 서서 분투하는 것은 지혜롭지 못한 일일 것이다. 경제 전문가들은 전 가족이 재정적인 진행 과정에 포함될 필요가 있다고 말한다. 조지 포드(George Ford)는 복음주의 그리스도인들에게 글을 쓰면서 다음과 같은 충고를 했다. "어떤 남성들은 자신들이 가정의 모든 재정적인 문제들을 돌보아야 한다고 생각한다. 반면 어떤 사람들은 그것을 아내에게 몽땅 넘겨주는데, 두 가지 모두 옳지 못하다. 재정은 가정의 문제가 되어야 하며, 남편과 아내 그리고 참여할 수 있을 만큼 충분히 나이를 먹은 자녀들을 포함시켜야 한다."[6]

당신은 가족들 간의 대화를 통하여 모든 가족이 당신이 가지고 있는 돈을 어디에다 쓰려고 계획하는지 그리고 그 이유가 무엇인지를 알게 할 수 있다. 가정을 지혜롭게 이끄는 남편은 아내와 자녀들이 돈 문제에 지혜롭기를 원할 것이다. 그렇지만 설사 그가 신중하게 내린 결정이라 할지라도 가족들에게 단순히 그의 결정에 덮어놓고 따르라고 명령한다면 그러한 기대는 이루어질 수 없을 것이다. 만일 모든 가족들이 여름에 산으로 여행을 가기 위한 돈을 마련하기 위해 소비를 최대한 줄이기로 함께 결정을 내린다면, 그는 일시적인 희생이 따르는 것에 대한 혼란을 줄일 수 있을 것이다. 게다가 모든 가족들을 경제적인 문제에 참여하도록 함으로써 모든 사람들이 계속적으로 가치에 대해서 배우고 가치에 대한 질문과 씨름하도록 만들 것이다. 경제적인

지도자로서 남편은 전가족이 소득과 기부와 소비에 대해 생각하게 하기를 원할 것이다.

경제적인 고통을 덜어주는 효과적인 방법- 예산

어느 누구도 돈을 관리하는 데 있어서 예산보다 좋은 것을 발명하지 못했다. 그러나 예산은 우리가 피하고 싶어하는 단어이다. "예산을 세운다면 우리가 거기에 노예처럼 얽매이게 되지는 않을까?"라고 염려하면서 말이다. 그러나 예산을 따르지 않는 것은 충동을 따르기로 선택하는 것이나 마찬가지이다. 욕구에 얽매이는 것은 가장 나쁜 종류의 노예 상태이다. 성경은 우리에게 모두 탐욕이 유혹하는 목소리에 약하다고 말씀하셨다. "나는 이것을 가져야 해, 나는 그것이 없이는 살아갈 수 없어." 이러한 종류의 탐욕은 우리 속에 거하시는 성령에 의해 통제를 받아야 한다. 우리의 과도한 탐심을 가장 효과적으로 억제하는 것이 예산이다.

많은 소논문들과 책들은 지출을 할 때 예산을 세우는 단계들을 말하고 있다. 그러한 단계들은 단순해서 이해하기는 쉽지만 따르는 것은 쉽지가 않다. 예산을 세우는 것은 어려운 일이다. 당신은 계속해서 정확한 기록들을 유지해야 한다. 조지 포드는 우리들 대부분이 재정을 관리하는 데 한 달에 열 다섯 시간은 소비해야 한다고 말한다. 사람들이 그에게 어떻게 그런 시간을 마련할 수 있는지를 물으면 그는 이렇게 말한다. "당신이 걱정하며 보내는 시간 가운데 일부를 사용하시지요."[7]

앤 로저스는 예산을 세우는 가장 간단 명료한 지침들을 다음과 같이 제시한다.

제 1 단계. *기도.* "이것은 매우 중요하지요"라고 벤트(Vendt)는 말한다. "왜냐하면 우리는 하나님의 부를 관리하는 일을 하기 때문이지요. 우리는 주인의 뜻에 따르고 우리 자신들을 영적 예배의 부분으로 그분에게 드려야 합니다."

제 2 단계. *목표를 세우라.* 목표는 새로운 차를 사는 것, 가난한 사람들에게 나누어주는 것, 빚을 청산하는 것 또는 돈을 모으기 시작하는 것 등을 포함한다. 벤트는 다음과 같이 말한다. "기억하십시오. 목표는 특정한 시간의 범위 내에서 결정되는 것입니다. 당신이 단지, '앞으로 육 개월 동안 나는 남을 돕는 일에 대한 예산을 수입의 10퍼센트까지 늘리고 싶어.' 하고 말하는 것이 다는 아닙니다. 당신은 자신을 점검할 수 있는 시간이 필요합니다. 항상 어떠한 목적을 위해 매주 또는 매달 얼마를 따로 챙겨 둘지에 관해 구체적으로 계획을 세우십시오."

제 3 단계. *당신의 순 가치를 정하라.* 이것은 당신의 채무(다른 사람에게 빚지고 있는 돈)에 대한 당신의 재산(은행에 있는 돈과 소유들)을 나열하는 것으로 행해진다. 재산과 채무 간의 차액이 바로 당신의 순 가치이다.

제 4 단계. *당신의 순 수입을 정하라.* 이것은 당신이 지출할 수 있는 수입이다. 즉 모든 세금을 제하고 난 후 급여명세서에 남아 있는 돈이다.

제 5 단계. 당신의 지출을 정하라. 당신이 계속해서 주의를 기울여 기록하지 않는다면 그것을 기억해내는 데 어느 정도 시간이 걸릴 것이다. 어느 것 하나도 지나쳐 버리는 일이 없도록 하라.

제 6 단계. 평가. 당신의 지출과 수입에 대하여 생각해 보고 그 둘을 어떻게 조화를 이루게 할 것인지 결정하라.

제 7 단계. 우선순위를 정하라. 이것은 다시 제 2 단계의 목표설정과 관계한다. 무제한의 자원이 없다면, 당신은 무제한의 목표를 세울 수 없다. 당신은 어떤 목표들이 가장 긴급하며 어떤 것들이 다음 해 또는 그 다음 해까지 기다릴 수 있는 것인지 선택할 필요가 있다.

제 8 단계. 실행. 훌륭하게 균형을 이룬 예산이라 할지라도 그 계획한 것들을 충실히 수행하지 않는다면 효과를 보기 어렵다. 벤트는 "이러한 전체의 과정은 의사소통과 훈련이 수반되어야 한다"고 말한다.[8]

돈주머니를 관리하는 훈련을 유지하는 방법들 중 하나는 돈에 의해 관리를 받는 대신에 당신이 돈을 관리할 때 어떤 유익이 있는지를 끊임없이 자기 자신에게 상기시키는 것이다. 어느 경제 고문에 의하면 심한 빚에 눌리는 대신 빚에서 멀리 있음으로써 당신은 25퍼센트까지 남을 돕는 비용과 생활하는 비용을 늘릴 수 있다.[9] 라이리는 다음과 같이 빚을 지지 않는 것에 대한 영적인 이익들을 언급한다. "하나님의 말씀이 준행되어지고, 하나님의 일을 발전시키게 되고, 만족을 배우게 되고, 긴장이 완화되지요. 그리고 그러한 유익들은 가볍게 취급되어서는 안 될 것들이지요."[10]

　훈련된 그리스도인이, "나는 그렇게 할 여유가 없어요"라고 말한다면 그는 재정문제 이상의 것을 언급하고 있는 것이다. 즉 그는 자신의 영적, 정서적 생활 역시 그렇게 할 여유가 없다는 말이다. 뿐만 아니라 그의 결혼도 그러할 것이다.

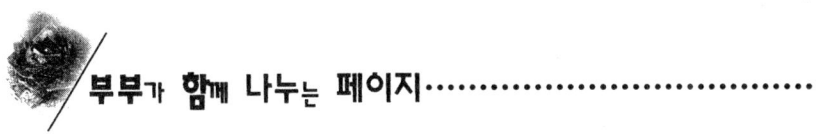 부부가 함께 나누는 페이지······························

 돈 문제를 토론하는 데 도움을 받을 수 있게 다음의 연습 문제지를 사용하라. 이것은 이 장의 제안들에 기초한 것이다.

● 우리가 중요하게 여기는 것들

남편이 중요시하는 것   아내가 중요시하는 것
_____   _____
_____   _____
_____   _____
_____   _____

● 우리의 가치가 어떻게 우리의 소비와 자선과 관계하는가

_____   _____
_____   _____
_____   _____
_____   _____

1. 위에 나열한 것들을 위해 일하는 데 얼마만큼의 힘이 드는가?
2. 돈과 그것을 가지고 하는 일이 우리의 인성들, 욕구들, 꿈들에 각각 어떻게 관여하는가?
3. 우리는 위의 가치를 위해 기꺼이 빚을 지겠는가? 그리고 우리 각자는 빚에 대해 어떻게 생각하는가?
4. 우리 둘 다 기꺼이 예산을 세우는 일에 대한 정보를 얻고 그것을 사용하기를 원하는가?

16

하나 더하기 하나가 셋이 될 때
부모가 되는 것을 깊이 생각하기

부모가 되는 것은
하나님의 창조의 역사에 참여하는 것이다.
당신은 그리스도인으로서 아이를 갖는 일이
창조주의 일이라는 것을 알게 될 것이다.

16. 하나 더하기 하나가 셋이 될 때

부모가 되는 것을 깊이 생각하기

사회학자 앨빈 토플러(Alvin Toffler)에 의하면 미래의 충격은 과잉선택에 의해 발생된다고 한다. 과거와 비교할 때 우리는 셀 수 없이 많은 상황에 대해 결정을 하도록 떠밀리고 압도당한다. 이러한 토플러의 지적은 슈퍼마켓 진열대 사이의 통로마다 쇼핑 수레를 밀고 다녀만 보아도 이해할 수 있다. 우리네 할머니들은 아침용 씨리얼(cereal)을 고를 때 단지 '휘티즈, 콘플레이크, 라이스 크리스피즈, 슈레더드 휘트' 네 종류에서만 고르면 됐었다. 그러나 이제는 선반에 올려진 많은 씨리얼 상자를 장식하고 있는 괴물 모양, 선장, 토끼, 그리고 호랑이 등의 그림 중에서 그 네 가지 종류 중 한 가지만 찾기도 어려워졌다.

과잉선택은 아침상을 꾸미는 일보다 더 심각한 문제를 포함한다. 아이를 갖는 문제는 과거와는 달리 오늘날에는 중요하게 결정을 내려야 하는 사항이 되었다. 근대의 수세기 동안 결혼한 부부들은 당연히 아이를 낳아야 한다고 생각하였고 하나가 아닌 많은 수의 자녀를 낳았다. 그것은 마땅히 해야 할 일이다. 심지어 시편기자는 "자식은 여호와의 주신 기업이요 태의 열매는 그의 상급이로다 젊은 자의 자식은 장사의 수중의 화살 같으니 이것이 그 전통에 가득한 자는 복되도다"(시 127: 3-5) 라며 노래를 하였다. 그들에게 자식은 전통을 가득 채운 화살이었으나, 이제는 단지 한 명의 아이만으로 전통을 채우려는 생각을 가진 부부들이 많아졌다.

자식을 많이 낳는 것이 성경적이라고?

오늘날의 사회는 부부에게 적은 수의 아이를 낳으라는 무언의 압력을 가한다. 가능한 한 많은 자녀를 낳으려는 목표를 가지고 결혼을 하는 부부는 거의 없을 것이다. 대가족을 가진 사람들은 종종 성가신 전화를 받으며 우편물들을 혐오한다. 악몽 같은 인구과잉에 대한 기사들은 출산기의 아내와 남편을 괴롭힌다.

가족 계획이 자녀가 하나님의 축복이라는 시편기자의 주장을 부인하는 것은 아니다. 그것은 단지 현대의 부부가 얼마나 많은 축복을 가져야 하는지에 관한 문제이다. 시편을 하나님의 말씀으로 존중하지만 그 말씀이 농경 사회를 배경으로 하여 쓰여졌다는 것을 또한 염두에 두어야 한다. 새로 태어나는 각각의 아이들은 농경 사회의 새로운 일손들이었으므로 자녀는 경제적 자산이었다. 그러나 오늘날 아이들은 값비싼 생필품이 되었다. 한 명의 아이를 양육하는 데 드는 비용을 계산해 보면, 그 비용은 10만 불 정도의 높은 액수까지 올라간다.

어떤 것이 현명한 가족 계획일까?

막대한 비용이 들지만, 아이를 갖는 것은 부부가 해야 할 정상적인 일이다. 오늘날 다섯 쌍 중 한 쌍이 좀 안 되는 수의 부부만이 아이없이 지내는 것을 바란다. 대부분의 부부들은 자녀를 갖지 않으려는 계획에 대해서가 아니라 자녀를 계획하는 것에 대해 성경이 어떻게 말씀하시는지를 알고 싶어 한다.

사실 카톨릭 신자도 개신교도들도 모두 가족 계획에 대해서 반대하지는 않는다. 각각의 출산을 신중하게 계획하는 것이 문제가 아니라 그러한 계획을 어떻게 수행하는가 하는 것이 문제이다. 로마 카톨릭은 공식적으로 인위적인 피임법(피임약, 콘돔, 살정젤리, 루프 등)을 반대한다. 그들은 리듬법(한달 중 임신 가능기가 언제인지 파악하고 관계를 금함)과 같은 자연적인 방법으로 임신을 방지하는 것은 허용한다, 또는 완전히 관계를 금할 것을 권한다.

인위적인 방법에 관한 성경의 논거는 복잡하지 않다. 첫째로, 성(sex)에는 아이를 갖는 것 말고도 다른 목적을 지니고 있으므로, 심지어 피임 중이라 할지라도 결혼에서의 성은 하나님께서 허락하신 것이다. 성 관계를 통하여 부부가 얻는 기쁨과 친밀감은 아이를 가지는 것만큼 중요하다. 카톨릭 신학자들은 생육이 성의 근본적인 이유이고 다른 것들은 부차적이라고 주장한다. 생육이 매우 밀접하게 성에 관련되어 있으므로 자연적인 방법이 아니고서는 임신의 가능성을 제거하는 일을 해서는 안 된다고 생각한다. 하지만 성은 출산기를 지난 아내를 위해 또는 임신이 되지 않을 수 있는 생리 주기 동안에도 좋은 것이다.

성경적으로 하나님께서 아담을 위해 이브를 동반자로 지으셨다는 것은 쉽게 알 수 있다. 그들의 독특한 친밀감은 성적인 것으로 이루어져 있다. 성 경험은 자녀가 그 열매인 것과 마찬가지로 성의 열매들이다. 그러므로 부부가 육체적으로 결합할 때마다 임신의 가능성을 열어 놓을 필요는 없다.

가족 계획에 관한 성경의 두 번째 논점이 창세기 1:28에서 발견된다: "하나님이 그들에게 복을 주시며 그들에게 이르시되 생육하고 번성하여 땅에 충만하라, 땅을 정복하라, 바다의 고기와 공중의 새와 땅에 움직이는 모든 생물을 다스리라 하시니라." 개신교도들은 땅에 인구를 증가시키도록 명령받았을 뿐만 아니라 그것을 통제하라는 명령도 받았다고 주장한다. 사람은 하나님께서 주신 지적 능력에 의해 얻은 지식을 사용하여 책임있는 통제를 시행해야 한다. 이것은 사람이 만든 장치를 사용하여 임신을 방지하는 것도 포함한다. 당신의 의사가 당신에게 가장 편리하고 믿을 만하고 안전한 방법을 택할 수 있도록 도울 것이다. 또 당신이 요청한다면, 아마도 당신이 선택할 수 있는 것들을 분명하게 설명하는 소책자를 소개할 것이다.

부모가 되는 것에 대한 기쁨과 부담

성경적 문제들

가족 계획을 위해 인위적인 방법을 사용하는 것이 옳다고 확신하는 그리스도인들도 영원히 아이없이 지내기 위해 그러한 방법들을 사용해야 한다고 생각하지는 않는다. 가족의 규모를 한 명의 아이로만 제한하는 것은 용납할 만한 행위인 것처럼 보인다. 자녀를 한 명 갖고자 하는 사람과 아이를 갖지 않으려는 사람의 반응은 전혀 다르다.

이러한 일에 대해 우리가 예민한 반응을 보이는 것은 아마도 그렇게 실행하는 것이 너무나 새롭기 때문일 것이다. 부부가 부모가 되는 책임 없이 성적인 특권을 누릴 수 있다는 생각은 정서적으로 순응하기 매우 어렵다.

한 명 이상의 아이를 기꺼이 가지려 하는 부부는 하나님이 계획하신 생육의 기능을 수용하는 것이라고 할 수 있다. 한 명의 아이는 평생의 사랑의 행위를 정당해 주는 것처럼 보이는 것이다. 이런 관점에서 보면 임신을 한 번도 하지 않는 것은 성에 대한 부부의 권리를 버리는 것처럼 보인다. 결혼을 원한다면 적어도 한 명의 아이는 원해야 하며, 그렇지 않다면 결혼하지 말아야 한다고 추론할 수도 있다.

그러나 성경적으로 볼 때, 한 명 또는 적은 수의 아이를 갖는 것이 정당하다는 것과 마찬가지로 아이를 갖지 않는 것 역시 정당하다. 성의 다른 목적들은 부부가 아이를 한 번도 갖지 않고도 거기에 관여할 수 있도록 허용한다. 어떤 부부들은 이 세상에 충분한 인구가 있는 한 아이를 갖지 않겠다고 자유롭게 결정할 수 있다. 자녀 없는 결혼 생활이 새로운 모습은 아니다. 1950년에는 40세 이상된 결혼한 부부들의

20퍼센트가 아이가 없었다. 1975년에는 단지 7퍼센트만이 아이가 없었다.[1] 오늘날에도 영원히 아이를 갖지 않기를 원하는 비율은 여전히 적다. 그러나 그 비율은 최근 몇 년 동안에 증가해 오고 있다.

실제적인 문제들

대부분의 현대 기독인 부부들은 실제적인 문제 때문에 부모가 될 것인지 아닌지를 결정하게 된다.

임신보다 삶이 더 복되다. 아이를 갖지 않기로 선택한 사람들을 비난하는 사람들은 그들을 이기적이라고 판단한다. 부모가 되는 것은 이기적이지 않은 것과 연결되어진다. 아이를 양육하는 것을 회피하는 것은 비용, 불편함, 아이를 기르는 데서 오는 상처를 피하는 것이다. 그것보다는 보트를 사는 것이 낫고 선체 밖에 달린 엔진의 울부짖음은 아이의 울음소리로부터 자유롭게 한다고 생각한다. 경력은 엄마가 되는 것보다 더 큰 성취감을 가져다준다고 생각한다.

이러한 비난들은 사실인 것 같다. 엄마가 되는 것을 늦추기로 하는 선택을 설명하며 한 저자는 말한다. "여성들은 자신들의 경력을 쌓거나 집을 마련하기 위해 저축하거나 박사학위를 취득하는 동안, 또는 자기 도취에 빠져 있는 동안에는 임신을 연기한다. 뉴욕 시사 평론가인 아일린 길리아니(Eileen Guiliani)는 이렇게 말한다. '아기들에 관한 일은 당신이 자신의 삶 속에 그들을 깔끔하게 끼워 넣을 수 있는 그런 것이 아니다.'"[2]

아이없는 결혼을 선택하는 모든 사람이 부모가 되기로 결정하는 사람들보다 더 이기적이어서 그런 결정을 내리는 것은 아니다. 어떤 이들은 인구 문제에 관심을 갖기 때문일 것이다. 분명히 어떤 사람들은 그들이 적합한 부모가 될 것이지 아닌지를 질문하고 있을 것이다. 또한 어떤 사람들은 자녀가 없으면 하나님을 더 잘 섬길 수 있다고 생각하고 있을 것이다.

사실 오히려 아이를 갖기로 선택하는 것이 매우 이기적인 행위일 수도 있다. 어떤 부부들은 자신들의 결혼을 "구제"하기 위해 아이를 갖기도 한다. 그들은 아이가 생기면 나쁜 관계가 개선될 것이며 두 사람이 사이좋게 될 것이라고 기대한다. 그러나 대개 이것은 빈약한 논리이다. 아이들의 책임이 아닌 문제를 아이들에게 떠맡기는 것은 부당한 것이다. 이처럼 잘못된 이유를 가지고 아이를 갖거나 가지지 않거나 할 수도 있다. 따라서 부부는 부모로서의 역할을 선택하기 전에, 그들이 아이를 가지려는 이유들을 정리해야 할 것이다.

「부모 테스트(The Parent Test)」라는 책의 저자들은 당신이 아이를 갖는 동기가 무엇인지 알아보는 데 도움이 될 네 가지 범주를 제공한다.

자기 본위: 나를 닮은 아이, 나의 훌륭한 특징들을 계승할 아이를 가지기. 또는 출세할 아이, 내 이름을 이어줄 아이를 가지기. 또 어떤 사람들은 "창조의 자부심을 느끼기 위해", "마음을 젊게 유지하려고", "성취감을 느끼기 위해" 등등의 이유들을 포함시킬 것이다.

보상적 동기: 나의 불행했던 가정환경을 보충하기 위해, 내 일에서의 불만족을 보충하기 위해, 나의 남성다움/여성다움에 대해 좀더 확신하기 위해. 이러한 것들은 특별히 위험하다.

다른 사람과 조화를 이루기 위한 동기: 다른 사람들이 모두 하기

때문에, 부모를 기쁘시게 하기 위해, 사회의 비난을 막기 위해. 이러한 이유들은 위의 것들만큼 위험하지는 않지만, 부모가 되기에는 여전히 빈약한 동기들이다. 왜냐하면 그들이 진짜 원하는 것은 다른 사람들을 기쁘게 하는 것이지 아이를 갖는 것이 아니기 때문이다.

애정 어린 동기: 누군가를 기쁘게 할 수 있는 진정한 기회를 얻기 위해, 누군가에게 인생의 온갖 아름다운 것들을 가르치기 위해, 내 자신을 다른 누구에게 주는 만족을 얻기 위해, 누군가 성장하고 발전하도록 돕기 위해. 이러한 것들은 아이를 양육하기를 원하는 좋은 동기들이다.[3]

탄생의 축복들 이런 "애정 어린" 동기들을 갖고 있다 하더라도, 아마도 당신은 그것 뿐만이 아니라 아이가 주는 다른 보상들도 염두에 두고 아이를 가지기로 결심할 것이다. 시편기자는 노래했다. "자식은 여호와의 주신 기업이요 태의 열매는 그의 상급이로다"(시 127:3).

아이를 갖는다는 행위에 대한 보상은 그 경험 자체에 있다. 부모가 되는 것은 하나님의 창조의 역사에 참여하는 것이다. 여성들은 아이에 대한 열망을 가지고 태어났고, 그들의 창조적인 능력의 일부가 그들의 재생산 구조에 연결되어 있다. 예수께서 말씀하셨다. "여자가 해산하게 되면 그 때가 이르렀으므로 근심하나 아이를 낳으면 세상에 사람 난 기쁨을 인하여 그 고통을 다시 기억지 아니하느니라"(요 16:21).

아이를 갖고 싶다는 마음이 이미 남편과 아내의 마음을 차지하고 있다. 그러나 동시에 그들은 이러한 충동을 억제하도록 강요된다. 그 논거들은 산더미와 같이 많다. 아이를 기르는 데는 지나치게 많은 일, 너무나 많은 비용들이 필요하며, 그 시기는 부부를 정서적으로 너무나 우울하게 만들며, 자신이 좋은 부모가 될 수 있을지에 대해 망설이게 한다.

임신을 할 것인가 말 것인가 하는 문제에 대한 긴장은 엄청나다. 마크와 앤 핸솃(Mark and Ann Hanchett)은 이런 질문을 던진다. "사랑하는 두 사람이 그 사랑의 열매를 구하며, 그것을 발전시키고, 그것을 위해 기꺼이 엄청난 대가를 치루려는 것에 어째서 놀란단 말인가? 우리는 그들이 자연스러운 하나님의 창조 계획을 단지 행하고 있을 뿐이라는 것을 발견하곤 한다."[4]

어떤 직업여성은 그것을 이렇게 표현했다. "제 어머니는 제게 사람들이 모두 용의주도하다면 어느 누구도 결코 아이를 가지려 하지 않을 것이라고 말씀하셨었죠. 그런데 나는 딸을 하나 낳은 뒤에, 나 자신이 더 많은 아이를 원한다는 것을 발견했죠. 와아, 나에게 도대체 무슨 일이 일어난 거야 하고 말했죠."[5]

임신과 출산의 과정은 압도적인 경험이다. "주께서 내 장부를 지으시며 나의 모태에서 나를 조직하셨나이다. 내가 주께 감사하오음은 나를 지으심이 신묘막측하심이라 주의 행사가 기이함을 내 영혼이 잘 아나이다"(시편 139:13-14).

자녀는 또한 성장의 기회를 가져다준다. 아이를 양육하는 것은 참으로 고된 일이지만 또한 우리를 강하게 만들어 준다. 최근에 나는 어떤 사람이 다음과 같이 말하는 것을 들었다. "저는 어른들이 아이들을 만든다고 생각하곤 했어요. 그런데 이제 아이들이 어른들을 만든다는 것을 알았지요." 우리의 자녀들은 우리를 성장하게 만든다. 아이들은 그들을 양육하는 우리의 노력과는 정반대로 반응할 때마다 우리에게 겸손을 가르친다.

핸솃 부부는 아이들이 우리의 원기를 회복시킨다는 것을 상기시킨다. "지치고 화가 나 있는 한 대리 구매자는 두 살 난 아이가 잠깐 그에게 단순히 미소짓는 것을 보고 그의 감정적인 얽매임에서 벗어나 위로를 받곤 했었다. 어떤 아빠가 그의 어린 아들의 마중을 받고 마음이 누그러지지 않을 것이며, 어느 엄마가 딸이 작고 가냘픈 손가락으로 까꿍놀이를 할 때 매혹되지 않을 것인가."[6]

눈가리개를 하고 앞으로 나아가지 말라. 집안을 조그만 발이 콩콩거리며 돌아다니는 것으로부터 얻을 수 있는 모든 유익들에 눈이 멀어서, 이러한 콩콩거리는 발이 온 집안을 어지간히 엉망으로 만들어 놓을 수 있다는 사실까지 잊어서는 안 된다. 처음으로 엄마 아빠가 되는 부부는 부모가 되는 데 필요한 것들을 거의 준비하지 못한다. 어떤 권위자는 이렇게 주장한다. "아이를 갖기로 결정하는 것은 여성이 하는 가장 영향력 있는 결정이다."[7]

어떤 사회학자는 우리에게 주어지는 장기적인 보상들이 이제까지의 것과는 다르다고 말한다. 자녀들이 다 자라고 난 뒤에는 부모에게 주어지는 상급이 거의 없다. 자녀들이 부부의 평생에 행복을 가져다주는 것은 아닌 것이다. 노발 글렌과 사라 맥래넌(Norval Glenn and Sara McLanahan)의 발견은 아이를 갖는 것에 대한 근본적인 보상이 중년과 그 이후에 나타난다는 생각에 이의를 제기한다. 그 연구자들은 나이가 든 사람들일수록 장성한 자녀들과의 관계보다 다른 이들과의 우정에서 더 많은 만족을 얻는다는 사실을 주목한다. 장성한 자녀들은 심지어 그러한 친구관계와 경쟁하고 그것을 방해하는 것같이 보인다.

자녀들과의 친밀한 관계를 기대해온 노인들은 종종 자녀들에게 무시당한다고 느낀다. 노년에 자식들로부터 이제까지 자식들을 위해 희생한 것에 대한 다양한 종류의 감사와 보답을 받을 것이라고 기대해온 부모들은 실망하게 되기 쉽다. 지금 우리가 입수한 여러 사례들로 미루어 판단할 수 있는 최선의 사실은 젊은이들이 부모가 되기로 결정할 때 인생의 후반기에 심리적인 보상을 얻게 될 것을 기대하며 아이를 갖기로 해서는 안 된다는 것이다. 그러한 전망은 기껏해야 희미하게 나타날 뿐이다.[8]

그러므로 전문가들은 어떠한 이유로 아이를 원하든지 간에 그것을 기꺼이 감당할 수 있는지를 확실히 하도록 젊은 부부들에게 주의를 주고 있다. 당신이 결정을 내렸다면, 우선적으로 아이를 위해서가 아니라 임신을 위해서 준비되어야 할 것이다.

부모가 되기를 미리 준비하자

뜻밖의 횡재냐 충격이냐
음악으로 흠뻑 젖어 있고 향기로 가득 찬 방으로 가는 문을 들어서면서 남편은 촛불이 켜진 식당과 정식으로 차려진 식탁 옆에 서 있는 아내를 살핀다. 그녀는 남편에게 안기며 속삭인다. "오늘 의사에게 갔었어요. 우리에게 기념할 일이 생겼어요."

불행하게도 "축복의 순간"을 알리는 것이 늘 위와 같은 방식으로 이루어지지는 않는다. 아기를 원하고 기다리고 있다면 그러한 상황은 정말 멋진 것일 수 있다. 마빈 이난(Marvin Inmon)은 그러한 경험이 그와 그의 아내에게 얼마나 엄청난 일이었는지 회상한다.

우리의 첫아이를 얻기 위해 12년 동안을 기다린 후에, 리타(Rita)와 나는 우리의 출산경험을 가능한 한 완벽하게 함께 나누기로 결정했다. 1978년 부활절 다음 날 우리는 두 시간이 걸리는 조기 임신 진단을 실시했다. 검사를 한 후에 리타는 결과도 모르는 채 출근했다. 나는 두 시간 동안 아마도 그 작은 유리병을 10번은 확인했을 것이다. 병의 바닥에 조그맣고 어두운 고리모양이 나타났을 때, 나는 어쩔 줄을 몰랐고 리타에게 빨리 전화를 걸어, "우리, 아이를 가졌소" 하고 이야기해야 할 것만 같았다.⁹⁾

그러나 만일 임신이 기대하던 것이 아니라 '사고'였다면 상황은 매우 다를 것이다. 아마 첫 반응은 아내의 생리가 멎은 것과 함께 나타날 것이다. 열흘이 지나도록 생리를 시작하지 않는다는 것은 그녀와 남편에게 임신의 가능성을 말해 주고 있다. 단지 며칠만 늦어진다 하더라도 그들은 충분히 불안해질 것이다. 한 주가 지난 후에, 그들은 서로에게 그런 일이 절대로 일어나서는 안 된다는 사실을 확신시킨다. 열흘이 지난 후에 그들은 다음과 같은 질문을 한다. "당신은 지금 일을 그만 둘 수 없잖아", "내 생각에 나는 아직 아빠가 될 준비가 안 됐어."
임신을 확인하기 위해 테스트를 하려면 13일이 지나야 하므로(역자 주—요즘의 임신 자가 진단은 하루만 지나도 가능하지만), 초초한 가운데 잠을 잘 것이고 때때로 당신의 삶에 닥칠 위협적인 변화를 곰곰이 생각하느라 잠을 이루지 못할 것이다. 어떤 것이 막 당신의 자유를 빼앗아 가려고 한다. 흡사 아이를 가지게 되는 것이 아니라 분열이 찾아오는 것처럼 여겨질 것이다.

　의사가 최종적으로 당신의 의혹을 확인시켜 줄 때 충격은 시작된다. 당신은 이제까지 임신하는 일이 없을 것이라고 생각해 왔다.

　임신의 소식이 당신에게 충격을 주든지 또는 기뻐서 어쩔 줄을 모르게 하든지, 당신은 그리스도인으로서 아이를 갖는 일이 궁극적으로 창조주의 일이지 당신의 일이 아니라는 것을 알 것이다. 이 과정에서 당신이 그분과 협력할 때, 하나님께서는 기다리는 시간 동안 당신에게 은혜를 주실 것이다.

임신기간 중의 악화

　그렇지만 그냥 기다리기보다는 준비하는 것이 낫다. 임신은 매력적인 경험이 될 수 있다. '발목의 부어오름, 아픈 젖가슴, 현기증, 구토, 피로, 가슴앓이, 출혈, 가스가 차는 것 등등'의 신체적인 불편함이 있을 수 있다는 사실은 잘 알려져 있다. 그러나 부부들이 아이를 가지고 있는 동안 가지고 있는 감정적 스트레스에 대해서 항상 인식하고 있는 것은 아니다.

　디즈니 월드(Disney World)에 갔을 때 사람마다 서로 다르게 반응하는 것처럼, 임신 기간을 통하여 나오는 반응들은 부부마다 다를 것이다. 하지만 공통적인 반응도 있는데, 그러한 것들에 대해서 안다면 도움이 될 것이다.

　한 여성은 자신의 첫 번째 반응을 설명한다.

　　몸을 원상 그대로 보존하려는 당신의 생각은 첫 번째 생리가 찾아
　　왔을 때나 처음 성 관계를 할 때보다도 훨씬 더한 극적인 형태로

침해당할 것이다…… 당신은 때때로 당신의 몸이 점령당했으며 자신에 대한 통제를 잃어버렸다는 느낌에 사로잡힐 것이다. 당신은 그것을 극심한 포위상태로 볼 수도 있고, 육체적 초월의 기회나 당신의 몸이 제대로 기능을 하는지 볼 수 있는 기회로, 또는 약간의 불편함으로 볼 수도 있을 것이다—그러한 값을 치룰만한 가치가 있는—그러나 기쁨과 고통은 언제나 손을 마주잡고 갈 것이며, 이 상태는 '이중 감정'이라는 말로밖에 표현할 수 없을 것 같다. 이것과 같은 감정은 다시 없을 것이다. 모든 변화는 그 몫의 두려움(즉각적인 위험과 특수한 문제들)과 불안함(산만한 위험의식, 구체적이지 않은 긴장)을 가져오는데, 당신이 아이를 가지고 있을 때는 이런 변화가 넘쳐날 것이다. 임신 기간은 전적으로 새로운 생활방식을 요청하는 기간이다.[10]

몸에서 일어나는 신체적 변화는 그 자체로서 감정적인 동요와 장애를 일으키기에 충분하다. 임신한 아내는 아기의 발달에 관해 심각한 질문을 하느라 한밤중에도 깨어있게 될 것이다. 자신이 먹는 음식에 주의를 기울이고 의사가 말해 준 대로 다하는 반면에, 그녀는 자신이 아이의 정상적인 성장에 관련된 모든 것을 통제할 수 없다는 것을 안다. 그녀는 다운증후군에 관해 읽고 전에는 들어보지도 못한 무수한 유아기 질병들에 대해서 배운다.

그녀가 보이지 않고 알려지지 않은 손님(아이)에 대해 걱정하는 것은 매우 당연한 일이다. 하나님의 뜻에 맡기게 될 때 이러한 걱정에 대한 답을 얻을 것이지만, 그렇다고 해서 이러한 걱정들이 전혀 일어나지 않는 것은 아니다. 하나님께서는 그분의 주권으로 그분의 뜻을 가지고 계실 것이다. 그분은 우리가 감당할 수 있는 것을 넘어 우리를 시험하시지는 않으신다. 심지어 그분은 아이가 문제를 안고 태어났을 때에도 어떻게 해서든지 관여하시고 계신다. 예수님의 말씀에 의하면, 날 때부터 소경인 사람은 부모의 잘못으로 인한 것이 아니라 하나님의 영광을 위하여 그렇게 되었다고 한다(요 9:3). 그분이 모든 만물을 다 스리고 계신다고 말씀하시며, 하나님께서는 모세에게 마음과 같이 말씀하셨다. "누가 사람의 입을 지었느뇨 누가 벙어리나 귀머거리나 눈 밝은 자나 소경이 되게 하였느뇨 나 여호와가 아니뇨"(출 4:11).

내적인 불안은 강렬하고 무서운 꿈을 꾸게 한다. 여성들은 공통적으로 자신들이 아이를 학대하거나 제대로 돌보지 않는 엄마가 되는 꿈을 꾼다는 사실을 고백한다. 그녀가 이러한 것들을 남편과 이야기한다면 도움이 될 것이다 그리고 기도하라. 기도는 걱정을 없애는 중요한 방법이다. 바울은 말했다. "아무것도 염려하지 말고 오직 모든 일에 기도와 간구로 너희 구할 것을 감사함으로 하나님께 아뢰라"(빌 4:6). 그리하면 하나님의 평강이 당신의 마음을 지키고 보존하실 것이다. 너희 마음을 지키신다는 말씀은 끓는 물 솥에 뚜껑을 덮는 데 사용되는 것과 같은 말이다. 그러므로 바울은 끓는 것이 사라진다고 약속한 것이 아니라 하나님의 평강이 그 위에 뚜껑을 덮을 것이라고 말하는 것이다.

함께 적응하기. 아빠가 될 사람은 아내를 도울 수 있는 최선의 위치에 있다. 불확실함이 아내의 시야를 가득 채울 때마다 그는 아내에게 모든 것이 괜찮다고 안심시킬 수 있다. 그는 또한 그녀에게 잔소리하지 않고 아내가 두려움이나 불안을 표현할 때 들어 줄 수 있다. 그의

조용한 지지는 그녀를 안심시킬 수 있다는 것을 안다. 그렇지만 그가 언제나 아내에게 민감하고 아내를 후원한다는 것이 쉽지는 않을 것이다. 아내의 감정의 기복은 너무 심해서 남편에게 민감하게 반응하는 것이 어려울 것이다. 만일 그녀가 그로부터 멀어진 것처럼 보인다면, 이것이 그들의 관계를 복잡하게 만들 것이다.

그들의 관계에 일시적인 변화가 일어날 수도 있다. 그녀는 너무나 많은 감정적 에너지를 그녀의 자궁 속에 거주하는 생명에게 집중하는 데 소모하기 때문에, 남편을 위로하거나 후원할만한 에너지가 거의 남아 있지 않다. 따라서 남편은 무시당한다거나 사랑받지 못한다고 느낄 수 있으며, 때로 아내가 그에게 앙갚음한다고 느낄 수도 있다.

만일 아내의 거부가 심하고 관계를 악화시키는 다른 위험한 신호들이 있다면, 남편은 아내와 그것을 놓고 이야기하고 심지어 상담자를 찾는 등 이것에 대해 무언가 해야 할 필요가 있다. 그러나 그러한 멀리함이 정기적이고 이해할 수 있는 것이라면, 그는 그것을 받아들이고 그녀에게 부정적인 태도를 보이지 않을 필요가 있다.

그는 특히 임신의 유쾌하고 놀라운 측면들을 즐김으로써 아내를 도울 수 있을 것이다. 그의 아내는 자라나는 태아에게서 기쁨을 얻겠지만, 자신의 새로운 모습이 매력적이지 않다고 느낄 것이다. 따라서 그는 그녀의 체격의 변화에 대해 농담하는 것을 피해야 하고 가능하면 아내의 임신한 모습에서 자신이 기쁨을 느낀다는 사실을 그녀에게 확신시켜야 한다. 사실 넷째 달 정도가 되면 그는 약간 배가 부른 모습이 그녀를 어느 때보다도 더 매력적으로 만들어 준다고 기대할 수도 있을 것이다.

현기증이나 다른 신체적인 불편함으로 인해 전보다 생활이 편하지는 않겠지만 그들의 성적인 관계를 줄일 필요는 없다. 더 이상 피임약을 사용할 필요도 없고, 그 밖에 임신을 하게 하는 일에 "종사"해야 할 필요도 없으므로 부부는 임신기간 중의 성 관계가 즐거우리만치 새로운 경험이라는 것을 발견할 것이다. 마지막 4주에서 6주의 기간에는 의사가 절제할 것을 권하지만 그 이전에는 신체적인 해를 가할 가능성이 없다. 마지막 몇 달 동안에는 아내가 편안할 수 있도록 당신은 체위를 바꿔야 할 것이다(아내가 위에서 또는 옆으로).

임신이 성 관계에 어떤 신체적인 장애를 초래하지는 않지만 어떤 감정적인 장애를 일으킬 수는 있다. 만일 두 사람이 다 임신 자체에 원한을 품는다면, 성적인 관심을 잃게 될 수도 있다.

그러나 성 관계는 대개 위에서 언급한 것, 즉 감정적 변화, 아이에게 해를 미칠까 봐 두려워함, 불편함보다는 더 작은 문제이다. 일반적으로 성 생활을 할 때는 솔직함과 부드러움으로 대해야 하는 데, 위와 같은 문제 역시 그렇게 함으로 해결할 수 있다.

임신기간에 남편이 아빠가 되는 것에 대한 자신의 감정과 씨름하는 것을 볼 수도 있다. 이러한 감정의 강렬함뿐만 아니라 아내의 정서적 좌절감 때문에 실제로 그에게 임신의 육체적 증상들이 일어날 수도 있다. 곧 아빠가 될 사람이 할 수 있는 최선의 일은 그의 장래에 대한 이러한 염려를 임신의 과정과 그의 앞에 놓여진 아빠가 되는 과제에 대해 배우는 방향으로 돌리는 것이다.

실제적인 고려. 곧 부모가 될 부부는 정서적 생활 이외에, 많은 실제적인 질문들과 씨름해야 할 것이다. 산부인과 의사의 선정, 분만 상황(집, 병원)을 정하는 것, 자연 분만을 할 것인지 아닌지, 재정적인 준

비 등등이 그것이다.

그들은 의사와 친척들과 친구들로부터 많은 도움을 받을 것이다. 이러한 모든 측면에서 도움을 줄 수 있는 우수한 소책자들과 책들도 있다.

이 기간은 매우 더디게 지나갈 것이다. 당신은 임신 기간이 2년이나 되는 코끼리가 아닌 것을 감사하게 될 것이다.

당신은 이 기간들을 미래를 준비하는 데에 사용하길 원할 것이다. 출산에 관계된 많은 책들이나 수업들은 당신이 출산을 잘 준비할 수 있게 도울 것이다. 그러나 그러한 것들은 종종 부모가 되는 것과 같은 이후에 일어날 일을 준비하는 데는 도움을 주지 못한다. 당신은 이러한 과제—부모가 되는 것에 관한 당신의 느낌, 자녀를 훈련하는 것에 대한 견해, 아빠와 엄마로서 서로에 대한 기대—에 관련된 문제들을 생각하거나 이야기하길 원할 것이다.

당신은 무의식적으로 당신이 자라온 대로 아이들을 기를 가능성이 많다는 사실을 기억하라. 당신 자신의 어린 시절을 돌아보는 것이 엄마로서 또는 아빠로서 당신이 어떻게 행동해야 할지를 이해하는 데 도움이 될 것이다. 이러한 생각들을 그리스도인 저자가 쓴 부모에 관한 책에서 읽은 것과 비교하라.

부모가 되든 되지 않든 하나됨에는 변함이 없다

함께 아이를 출산하는 것은 부부가 "한 몸"을 이루는 것과 같은 매우 친밀한 경험이다. 사랑으로 부부가 하나되는 것은 사실상 육체적으로 구체화되었다. 나는 진저와 함께 새로 탄생한 우리의 자녀들— 아이들 각자에, 우리 두 사람의 부분 부분에 담겨 있던—을 바라볼 때 하나됨의 강렬한 느낌을 가졌던 것을 기억한다.

하나님의 뜻에 의해 아이를 낳을 수 없는 부부들도 여전히 하나되는 기쁨을 누릴 수 있다. 부모가 되는 것은 사람이 누릴 수 있는 가장 대단한 경험이다. 하나님에 의해서 그러한 기회가 당신에게 주어지든지 또는 주어지지 않든지 한다는 것을 깨닫는 것이 우리로 하여금 궁극적으로 그것을 감당할 수 있게 만든다.

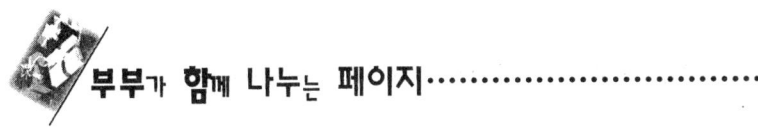
부부가 함께 나누는 페이지

각각의 질문에 대한 당신의 대답을 개인적으로 깊이 생각하고 나서 그것을 당신의 배우자와 토론하라. 한 번에 한 가지 질문만 진행하라. 서로의 말을 주의깊게 듣는 것은 매우 중요하다. 의견이 일치하는 부분과 일치하지 않는 부분들을 파악하라. 이러한 생각들을 솔직히 털어놓는 것이 편안하지는 않을 것이다. 그렇지만 당신이 서로 토론을 하든지 안하든지 간에 두 사람 사이에 의견의 불일치는 있을 것이라는 사실을 기억하라. 그것들을 서로에게 드러내는 것이 적어도 당신에게 해결할 수 있는 기회를 제공할 것이다.

1. 당신이 아이를 가지고 싶어하는 이유는 무엇인가? 다음의 것들은 당신의 생각을 자극하기 위해 준비되어진 것이다. 그러나 그것들이 전부 반드시 타당한 이유들은 아니다.

   출산에서 하나님과 협력하기
   임신과 출산의 기쁨
   단순히 아빠 또는 엄마가 되려는 생각
   의무감
   개인적으로 성장할 수 있는 기회
   자신을 자녀들의 발전에 주고 싶은 욕구
   우리의 결혼에서 하나됨을 완성하기 위해
   우리 부모를 기쁘시게 하기 위해
   우리의 결혼에 무언가 도움이 되게 하기 위해
   언제나 가정을 가지기를 원했으므로

부부가 함께 나누는 페이지 ....

2. 아빠와 엄마가 되는 것에 대해 당신이 가지는 두려움, 또는 불안은 무엇인가? 다음은 당신의 생각을 촉진시키기 위해 열거된 것이지 그것들이 반드시 옳은 것이기 때문은 아니다.

　　책임들에 대처하는 에너지의 부족
　　내 자유의 제한
　　재정적 요구
　　훈련과 징계를 하는 데 무능
　　경력이나 교육 계획의 변화
　　아이가 십대가 되었을 때 일어날 일들에 대한 두려움
　　내가 아이들의 삶을 지배하게 되는 것을 염려
　　개인적으로 아이들을 싫어함

3. 임신의 경험에 대해 당신은 어떠한 좋은 느낌과 기대들을 가지는가?(아내와 남편의 견해로부터 이야기 나누라.)

4. 무엇이 임신의 경험에 대해 당신이 가지는 불안한 생각들인가?

5. 당신이 경험하기를 원하는 분만 형태가 있는가?

6. 당신은 좋은 부모가 될 수 있는 어떠한 장점들을 가지고 있는가?

7. 당신의 어린시절의 가정생활이 부모가 되는 것에 대한 당신의 생각에 어떻게 영

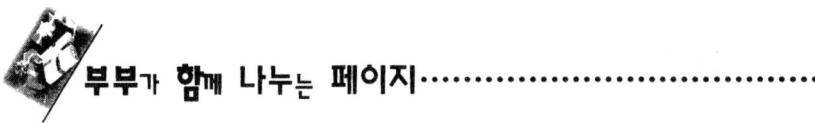
부부가 함께 나누는 페이지

향을 미칠 수 있는가?

8. 당신은 부모나 보호자에 의해 어떠한 방법으로 양육되었으며 그것은 당신이 아이들을 기르는 데 어떤 영향을 미칠 것이라고 생각하는가?

9. 무엇이 엄마의 주요한 책임들인가? 무엇이 아빠의 주요한 책임들인가? 이러한 것들은 주목할 만하게 다른가?

글을 맺으며

 이 결론을 쓰기 전에 나는 책 전체에 대한 생각을 정리하기 위해 각 장을 다시 한번 읽었다. 그리고 나서 명백하게 이런 느낌이 들었다. — "나는 이 책을 너무 복잡하게 썼다" — 이야기하는 것, 듣는 것, 싸우는 것, 심지어는 같이 잠자는 것에 대한 셀 수 없는 제안들을 했다. 결혼이 그렇게나 어려운 것인가?
 아무튼 우리는 결혼을 성취하기 어려운 것이라고 생각하지 않는다. 어떤 일들은 이루기 매우 어렵다. 의사가 되는 것은 어려운 일이다. 숙련된 수학자가 되는 것은 어려운 작업을 거친다. 프로 골퍼가 되려면 끝없는 연습의 시간이 필요하다. 그렇다면 결혼은? 확실히 누구나 노력하여 얻을 수 있는 것이다.
 그리스도인들은 심지어 더 결혼을 단순화하는 경향이 있다. 우리는 그리스도를 믿음으로 관계가 부드럽게 진행될 것이라고 믿는다. 그렇지만 신약 성경은 결코 믿음이 지식과 열심히 노력하는 것의 대용품이 되어야 한다고 하지는 않는다. 사도 바울은 자신의 사역에 대해 말했다. "내가 모든 사도보다 더 많이 수고하였으나 내가 아니요 오직 나와 함께하신 하나님의 은혜로라"(고전 15:10). 우리는 일하면서 믿어야 하는 것이지 일하는 대신에 믿는 것이 아니다.

마지막 장들을 쓰는 동안 내가 하고 있던 일들은 결혼이 정말로 복잡한 것인지 또는 우리가 단지 그렇게 만드는 것인지에 관한 문제를 다루는 데 도움을 주었다. 나는 제임스 픽스(James Fixx)가 쓴 베스트셀러 「달리기 총서(The Complete Book of Running)」를 읽고 있었다. 책 한 권 전체를 달리기에 관해 쓴다는 것을 상상해 보라. 달리기보다 무엇이 더 단순할 수 있단 말인가? 당신이 쓸만한 다리와 괜찮은 신발을 가졌다면 그저 밖으로 나가 달리면 될 것이다. 그런데 제임스 픽스의 책은 314쪽이나 되는 긴 책이다. 책 뒤에 관련 도서목록은 달리기에 관한 300권이 넘는 소논문과 책들을 열거했다. 나는 스스로에게 물었다. "어느 누가 달리기를 그렇게 복잡하게 만들 수 있단 말인가?"

나는 단지 그 책의 첫 번째 장만이 우리처럼 하루 걸러 한 번 꼴로 건강과 즐거움을 위해 뛰는 사람들을 위한 것이라는 사실을 발견했다. 그는 그 책을 통해 우리에게 얼마나 멀리, 얼마나 빨리, 어떤 날씨에 달리면 좋은가와 개가 공격할 때는 어떻게 할 것인가 하는 등등의 질문에 대답했다. 그 책은 설득력이 있었다. 단지 약간의 지식만으로도 어떤 이가 심장 파열로 도로에서 쓰러지는 것을 막을 수 있다. 만일 평범한 주자(走者, jogger)들이 모든 상황에 대처해야 한다고 생각한다면 결국 달리기에 관하여 알아야 할 것이 제법 많이 있을 것이다.

그리고 나서 나는 그 책의 나머지 부분들은 정말로 달리기에 깊이 들어가고 싶은 사람들을 위한 것이라는 사실을 알았다. 이 시점에서 저자는 독자에게 다음의 질문을 하도록 유발한다. "얼마나 훌륭하게 되길 원하는가?" 그런 다음 그는 다양한 경주자들의 등급들을 열거했다. 세계적 수준, 챔피언 수준, 일등급, 이등급 등.[1] 그런 후 독자들은 선택하기만 하면 된다.

이제 우리는 그러한 긴 책을 저술한 진정한 동기에 접근하기 시작한다. 세계 수준 또는 챔피언 수준에 이르기 위해서는 많은 정보가 필요하다.

아마도 결혼에 대한 중요한 질문도 제임스 픽스가 경주자들에게 대답하도록 요청한 것과 같은 질문일 것이다. "얼마나 훌륭하게 되기를 원하는가?"

만일 당신들 두 사람이 모두 "세계수준" 결혼을 목표로 결정한다면 어떻게 할 것인가? 또는 적어도 "챔피언 수준"이라면? 그러면 당신은 어떻게 서로의 말에 귀를 기울일 것인가. 당신들 사이의 충돌을 어떻게 해결할 것인가. 어떻게 서로를 성적으로 만족시킬 것인가. 당신은 얼마나 친밀해질 것인가—이러한 모든 문제들은 새로운 의미를 가진다.

당신이 만일 "세계수준"의 성취를 위해 노력하기로 선택한다면, 당신은 아마도 이 책을 한 번 읽은 후에 멀리 치워 버리지는 않을 것이다. 당신은 때때로 이 책을 다시 보게 될 것이며, 당신이 필요할 때마다 여기 저기 원하는 장들을 읽을 것이다. 아마도 당신은 시간을 내어 함께 읽고 거기서 받은 느낌과 생각들을 토론할 것이다. 당신이 처음 읽을 때 무시했을지도 모를 "부부가 함께 나누는 페이지"를 가지고 씨름할 것이다. 그리고 물론 당신의 관계를 발전시키고 풍성하게 할 다른 책들을 읽을 것이다.

내가 모든 부부들에게 "세계수준"을 목표로 정하도록 제안하는 것은 정당한 일인가? 수백만 명의 우리네 주자들 중 적은 수만이 보스톤

마라톤에서 완주할 것인데 말이다.

　결혼은 바로 이 점에서 달리기와 다르다. 아무 노력도 하지 않거나 작은 것에 목표를 두는 결혼은 위험하다. 평균적인 결혼 생활을 하는 것도 평균적인 경주자가 되는 것보다는 훨씬 어렵다. 어떤 이들에게는 결혼의 많은 부분을 조금이라도 유지하기 위해서 많은 노력이 필요하다. 우리가 작은 것에 목표를 둔다면 아무것도 얻지 못하고 끝나고 말 것이다.

　결혼한 이 나라의 부부들 중 삼분의 일은 그렇게 끝이 난다. 고통스런 기억들과 이혼 합의서들만이 남을 뿐이다. 결혼이 그렇게 단순한 것이라면 어떻게 그렇게 많은 사람들이 실패할 수 있겠는가?

　아마도 어떤 이들은 결혼이 그렇게 단순하다고 생각했기 때문에 실패하였을 것이다. 그들은 2등급이나 3등급에 기꺼이 안주하려고 했었을 것이지만 그렇게 되지 않는다는 것을 발견했을 것이다. 그들은 작은 것을 추구했고 그들이 추구했던 것보다 더 작은 것을 얻었다. 당신 자신이나 당신의 배우자가 그렇게 하는 것이 정당한 일인가? 당신들 각자는 2등급보다 더 높은 곳에 목표를 두는 배우자와 살만한 가치가 있는가? 두 사람이 모두 자신들을 "세계수준" 결혼으로 만드는 데 헌신한다면 그것은 흥미롭고 가치 있는 일이 될 것이다. 왜 그것을 얻기 위해 애쓰지 않겠는가?

옮긴이의 말

결혼은 실로 전쟁이라고 할 수 있다. 급격하게 변화해 가는 사회 속에서 가치관의 혼란을 겪으며 살아가는 오늘날의 현대인들에게는 더욱 그러할 것이다.

그럼에도 불구하고 결혼과 가정은 하나님께서 인류에게 허락하신 축복의 장이 아닌가. 우리는 부부 관계를 통하여, 자녀들을 통하여 삶에 대한 지식과 부요함을 얻는다. 우리 옛말에 '세 살 버릇 여든까지 간다'는 말이 있기는 하지만, 사람은 죽을 때까지 배우며, 변화하며 살아가는 존재이다. 가정을 통하여 하나님께서는 그분의 자녀들을 훈련하실 것이며, 우리에게 그분을 아는 지식을 더하실 것이다.

건강한 가정은 건강한 사회를 만든다. 한 가정은 그 가정의 행복만을 추구하는 것이 아니라 보다 더 큰 공동체를 위해 봉사해야 한다. 그러한 역할을 온전히 감당하기 위해 가정은 든든히 서가야 할 것이다.

이 책의 저자가 오랜 경험을 통하여 힘있게 주장하는 것처럼 결혼은 우리가 애써 만들어 가는 것이다. 현실이라는 토양 위에서 부부가 함께 투쟁하며 이루어 가는 것이다. 함께 삶의 고통과 환희를 경험하며, 사랑하는 법을 배우며, 인간의 참 모습을 이해하며, 그렇게 빚어 가는 것이다.

이 책을 통하여 부부가 함께 본래 하나님께서 의도하신 결혼과 가정의 모습을 발견하고, 그러한 기초 위에서 각자의 독특한 결혼과 가정을 창조해 나가기를 소망한다. 그리고 그러한 삶의 여정 가운데 하나님께서 허락하신 복을 풍성하게 누리기를 기도한다.

최경부

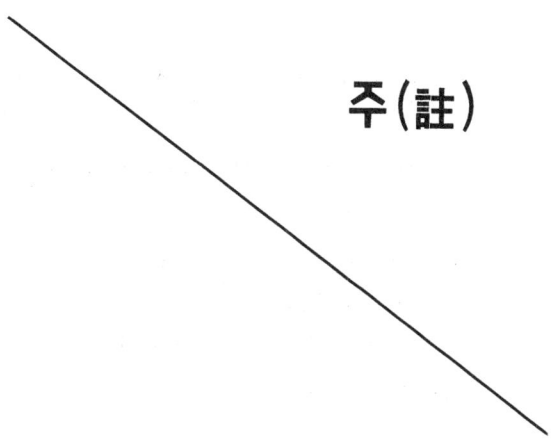

주(註)

제 1 장 당신의 가정을 아이스크림 위에 세우시진 않았나요?

1. Gibson Winter, *Love and Conflict*, quoted in Helen Kooiman Hosier, *The Other Side of Divorce*(New York: Hawthorn, 1975), p. 141.
2. James Dobson, *What Wives Wish Their Husbands Knew About Women*(Wheaton, Ill.: Tyndale House Publishers, Inc., 1977), p. 89.

제 2 장 하나의 끈으로 묶이되 얽매이지는 마십시오

1. Ann Landers Field Newspaper Syndicate, *Chicago Sun-Times*.
2. Barbara Spence, "Death of Marriage." By permission from His, student magazine of Inter-Varsity Christian Fellowship, ⓒ 1980.
3. Herbert. J Miles, *The Dating Game*(Grand Rapids: Zondervan Publishing House, 1975), pp. 20-22. Used by permission.
4. Ibid., p. 22

제 3 장 하나 더하기 하나는 하나

1. Morton Hunt, *The Natural History of Love*(New York: Alfred Knopf, 1958), p. 58.
2. Andrew Greeley, *Sexual Intimacy*(Chicago: The Thomas More Press, 1973), p. 26.
3. Andrew Greeley, *Love and Play*(Chicago: The Thomas More Press, 1975), p. 23.

제 5 장 결혼, 현실인가 환상인가

1. Gil Peterson, ed., "Manipulation or Ministry," *Family Life Education* (Glen Ellyn, Ill.: Scripture Press Ministries, 1978), p. 14.
2. Andrew Greeley, *Love and Play*(Chicago: The Thomas More Press, 1975), p. 64.

제 6 장 이해하십니까, 오해하십니까?

1. Paul Tournier, *To Understand Each Other*, trans. John S. Gilmour(Atlanta, Ga.: John Knox Press, 1967), p. 4.
2. R. D. Laing, H. Phillipson, and A. R. Lee, *Interpersonal Perception: A Theory and Method of Research*, p. 86, quoted in Sherod Miller, Elam E. Nunnally, Daniel B. Wackman, *Alive and Aware*(Minneapolis: International Communications Programs,

Inc., 1976), p. 149.
3. Judson J. Swihart, *How Do You Say, "I Love You,"* (Downers Grove, Ill.: Inter-Varsity Press, 1977), p. 43.
4. Ibid..
5. Miller, Nunnally, Wackman, *Alive and Aware*, p. 148.
6. Ibid., p. 127.
7. Tournier, *To Understand Each Other,* p. 40.

제 7 장 육체적 감각을 이해하기

1. Catherine Hahner, "Sex as Athletics," *Saturday Review*, May 1973, p. 66, Used by permission

제 8 장 육체적 감각을 확인하기

1. Joseph C. Dillow, *Solomon on Sex* (Nashiville, Tenn.: Thomas Nelson, Inc., 1977), pp. 94-95.
2. Myro Waldo, *The Prime of Life and How to make It Last* (New York: Macmillan Publishing Co., Inc., 1980), p. 40.
3. C. S. Lewis, *A Grief Observed* (London: Faber and Faber, 1961), p. 10.
4. Franz Von Streng, *Marriage* (New York: Benziger Brothers, 1939), p. 103.

제 9 장 고슴도치가 사랑에 빠질 때

1. Judy Viorst, "Yes Married," *Saturday Review*, September 23, 1972, p.73. Used by permission

제 10 장 충돌을 통해 얻을 수 있는 것들

1. Story adapted from Joyce Landorf, *Tough and Tender* (Old Tappan, N.J.: Fleming H. Revell Company, 1975), pp. 81-83. Used by permission

제 13 장 행복한 결혼으로 가는 길

1. Cathleen McGuigan, "Newsmakers," *Newsweek*, July 13, 1981, p.47. Copyright 1981 by Newsweek Inc. All rights reserved. Reprinted by permission
2. Patricia Gundry, *Heirs Together: Biblical Equality in Marriage*(Grand Rapids: Zondervan Publishing House, 1978), pp. 22-23.
3. Ibid., p. 103.
4. Lou Beardsley and Toni Spry, *The Fulfilled Woman*, p. 23, quoted in Gundry, *Heirs Together: Biblical Equality in Marriage*, p. 21.
5. Vern L. Bullough and Bonnie Bullough, *The Subordinate Sex*(New York: Penguin Books, Inc., 1974), p. 174.

6. Ibid., p. 174.
7. David Gelman with Janet Huck, Eloise Salholzun, Sylvester Monroe, Diane Weathers, Holly Morris, "How Marriages Can Last," *Newsweek*, July 13, 1981, p. 76. Copyright 1981 by Newsweek Inc. All rights reserved. Reprinted by permission
8. Erica Diamond, "A Fascinating Woman Gets Sprung or If Marabel Morgan Could Only See Me Now," *Free Indeed*, p. 11, quoted in Gundry, *Heirs Together: Biblical Equality in Marriage*, p. 22.
9. Gundry, *Heirs Together: Biblical Equality in Marriage*, p. 139.
10. Ibid., p. 137.

제 14 장 어려움을 만났을 때

1. "Candid Conversation with the Evangelist," *Christianity Today*, July 17, 1981, p.23. Copyright 1981 by *Christianity Today* Used by permission.
2. Ibid., p.23.
3. Roland Bainton, *Here I Stand*(Nashville: Abingdon, 1950), p. 36.
4. Ibid., p. 364.
5. "Candid Conversation with the Evangelist," *Christianity Today*, p. 23.

제 15 장 지갑 속에서 뒤엉킨 결혼 생활

1. Ann Rogers, "Hard Times," *Eternity*, April 1980, p. 30. Copyright 1980, Evangelical Ministries Inc. Used by permission
2. Ibid.
3. Ibid., p. 32.
4. Charles C. Ryrie, "Owe A Man? OH no, man!" *Moody Monthly*, March 1979, p. 35. Used by permission
5. Ibid.
6. George L. Ford, "Getting Out of the Debt Trap," *Christian Herald*, April 1979, p. 46. Copyright 1979 by Christian Herald. Used by permission
7. Ibid., p. 49.
8. Rogers, "Hard Times," *Eternity*, p. 32.
9. Ford, "Getting Out of the Debt Trap," *Christian Herald*, p. 47.
10. Ryrie, "Owe a Man? OH no, man!" *Moody Monthly*, p. 37.

제 16 장 하나 더하기 하나가 셋이 될 때

1. Judith Blake, "Is Zero Preferred? American Attitudes Toward Childlessness in the 1920s," *Journal of Marriage and the Family* 2(May 1979): 245, 246. Copyright 1979 by the National Council on Family Relations, Reprinted by permission
2. Lyn Langway with Diane Weathers, Sharan Walters, Mary Hager, "At Long Last Motherhood," *Newsweek*, March 16, 1981, p. 86. Copyright 1981 by Newsweek Inc. All rights reserved.

Reprinted by permission.
3. William Granzig, Ellen Peck, *The Parent Test*, p. 19, quoted in H. Norman Wright, Marvin N. Inmon, *Preparing for Parenthood*(Ventura, Calif.: Regal Books, 1980), pp. 18, 19.
4. Mark and Anne Hanchett, "On Having a Family, " *The Stony Brook School Bulletin*, February, 1981, p. 1.
5. Langway, "At Long Last Motherhood," *Newsweek*, p. 86.
6. Hanchett, "On Having a Family," p. 1.
7. Robert L. Gould, *Transformations, Growth and Change in Adult Life*(New York: Simon and Schuster, Inc., 1978), p. 97.
8. Brenda Hirsch, "Parenthood's Dim Rewards," *Psychology Today*, May 1981, pp. 14-15. Reprinted from *Psychology Today* Magazine. Copyright 1982 Ziff - Davis Publishing Co. Used by permission
9. Wright, Inmon, *Preparing for Parenthood*, p. 94.
10. Angela Barron McBride, *The Growth and Development of Mothers*(New York: Harper and Row Pubilshers, Inc., 1974), pp. 30-31.

글을 맺으며

1. Jim Fixx, *The Complete Book of Running*(New York: Random House, 1974), p. 84.

역자소개

최경부
1990. 성결교 신학대학교 신학과 졸업
1993. 아세아 연합신학대학원 M.Div. 졸업
1998. 미국 Trinity Evangelical Divinity School
　　　M.A.(christian Education) 졸업

김지연
1994. 한양대학교 문과대학 국어국문학과 졸업
전 희년커뮤니케이션 출판기획부 근무

행복한 결혼생활의 16가지 원리

1999년 10월　15일 1판 발행
2005년　9월　10일 3판 발행

지은이 • 찰스 셀
옮긴이 • 최경부/김지연
펴낸이 • 김 수 곤
발행처 • 도서출판 꿈을 이루는 사람
등록일 • 2005년 8월 30일 / 제 2005-53호
등록주소 • 서울시 송파구 삼전동 103번지

전　　화 : 02)2203-2739
팩　　스 : 02)2203-2738
이 메 일 : ceo@ccm2u.com
홈페이지 : www.ccm2u.com

ISBN 89-5546-019-8　03230

정가 12,000 원

총판 : 선교횃불
전화 02)2203-2739　　팩스 02)2203-2738

• 파본은 교환해 드립니다.
• 이 출판물은 저작권법에 의해 보호를 받는 저작물이므로
　무단전재와 무단복제를 금합니다.

서임중 목사의 목회현장 이야기

영혼의 때를 말끔히 밀어드렸습니다

우리 목사님은 때밀이

「우리 목사님은 때밀이」는 재미있습니다.
강대상 위에만 계시는 점잖은 목사님이 아니라
친히 목욕탕까지 가서 때밀이에게서도 목회철학을
배우는 목사님의 이야기입니다.

「우리 목사님은 때밀이」는 목회현장에서 생기는
온갖 잡다한 실수와 갈등, 그리고 성도들과
목회자의 고민이 담겨 있습니다.
그래서 지금 현재 고민과 갈등이 있는 성도나
목회자가 읽으면, 울다가 웃다가 하다보면 절로
위로가 되는 책입니다.

신국판/ 271쪽/ 6,800원

못 박는 소리를 듣는가?

심령을 쪼개고
삶을 변화시키는
힘있는 설교!
서임중 말씀 모음

신국판 / 350쪽
8,800원

더 좋은 삶을 위하여

짧은 단상, 깊은 묵상,
오랜 감동으로
영혼의 생수를
떠올리는
목회단상

신국판 / 225쪽
6,800원

도서출판 횃불 ◆ 총판 : 생명의샘

그리스도인의 IMF 뛰어넘기

인생은 삼겹줄의 삶 입니다

「인생은 삼겹줄의 삶입니다」는 IMF를 겪은 크리스천에게 성경적인 경제원리를 제시하는 이정표 같은 책입니다.

IMF를 이기는 지혜가 들어 있는 책입니다. IMF로 황량해진 당신의 삶을 풍요롭게 만드는 책입니다. 그리고 IMF로 상처받은 당신을 따뜻하게 어루만지는 책입니다. 「인생은 삼겹줄의 삶입니다」를 통해 IMF를 뛰어넘으십시오.

신국판 / 184쪽 / 6,000원

인생은 지우개가 없습니다

인생에도 지우개가 있다면?
지금 그 지우개를 사서 당신의 인생 중에서 지우고 싶은 부분을 과감하게, 깨끗하게 지워버리십시오.
그러나 인생에 지우개가 없다면?
지금 「인생은 지우개가 없습니다」를 사서 꼼꼼하게, 차분하게 읽어 보십시오.

「인생은 지우개가 없습니다」는 지우개가 아닙니다. 그러므로 당신의 인생을 지워드릴 수는 없습니다. 그러나 인생의 후회와 미련과 나쁜 습관을 확실하게 지워드립니다. 때밀이목사 서임중 목사가 당신 영혼의 묵은 때를 말끔하게 밀어드립니다.

신국판 / 184쪽 / 5,800원

보배를 담은 질그릇

당신의 그릇에는 무엇이 담겨 있습니까?
그릇이 질그릇이냐 유리그릇이냐가 중요하지 않습니다. 유리그릇도 개밥을 담는다면 개밥그릇이요, 질그릇도 보배를 담는다면 보배그릇입니다.

지금 당신의 그릇에는 무엇이 담겨 있습니까?

목욕탕 때밀이에게서 배운 목회비결을 담은 화제의 책 「우리 목사님은 때밀이」의 저자 서임중 목사의 또 다른 문제작 「보배를 담은 질그릇」을 통해 참 보배이신 예수를 만나보십시오.

신국판 / 400쪽 / 10,500원

 도서출판 횃불 ◆ 총판: 생명의샘

횃불선교 시리즈

선교이론에서부터 실제적인 적용, 구체적이고 방대한 선교정보,
횃불선교시리즈에서 만나실 수 있습니다.

한국교회선교의 비전과 협력

2000년대를 향한 민족과 세계복음화대회

'2000년대를 향한 민족과 세계복음화대회' 자료 모음집. 국내외 선교전략 등 각종 선교자료가 총망라되어 있습니다.

(한국세계선교협의회 편저/신국판/704쪽/14,000원)

구소련선교핸드북

구 소련에 관한 지리, 사회, 문화, 현지 방문기, 선교 전략, 선교 현황 등을 다룬 최신, 최고의 구 소련 선교정보지.

(김상복 편저/신국판/234쪽/5,100원)

CIS를 바로 알자

- 구 소련 선교 자료집 -
러시아의 종교, 역사, 문화, 정치, 그리고 한국교회의 선교전략에 이르기까지 각계의 전문가들이 필자로 참여하여 엮어낸 최신 구 소련 선교 자료집.

(전호진 편저/신국판/192쪽/4,400원)

미전도종족 선교정보(1,2집)

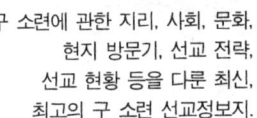
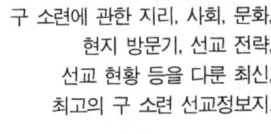

전세계 22,000의 미전도 종족 중에서 주요한 미전도 종족에 대한 구체적인 선교정보를 수록한 최신 선교정보집.

(노봉린 편저)
1집/ 46배판/ 378쪽/ 9,800원
2집/ 46배판/ 526쪽/ 14,000원

국가선교정보 자료집(1,2,3집)

해외 선교사들이 선교 현지에서 보내온 최신 자료들로 이루어진 국가선교정보 자료집. 20개 국의 구체적인 선교정보가 수록되어 있다.

(기독교선교횃불재단 해외선교국 편저)
1집/ 국배판/ 174쪽/ 4,300원
2집/ 46배판/ 170쪽/ 4,800원
3집/ 46배판/ 240쪽/ 8,500원

도서출판 횃불 ◆ 총판: 생명의샘

경건한 삶의 안내서 **경건시리즈**

세계를 움직이는 기독여성들

한 남자의 아내이자 어머니로서의 역할을 감당하며, 그들이 지닌 육체적, 문화적 제약들을 지혜롭게 극복하고 세계사에서 눈부신 활약을 하고 있는 캐이 아써, 엘리자베스 미텔슈태트, 이형자 박사 등 기독여성지도자들의 활약상을 담은 책.

(로리 루츠 지음/횃불성경연구소 옮김/ 46배판/ 462쪽/ 16,000원/도서출판 횃불 펴냄)

치유자 예수님

예수 그리스도께서 우리의 정신적, 감정적, 의지적, 육체적 질병을 고치시고 온전케 하시는 치유자이심을 밝힌 월터 카이저 박사의 명저.

(월터 카이저 지음/김진우 옮김 /188쪽/4,200원)

확신에 이르게 하는 설교

어거스틴, 고든 맥도날드, 위렌 위어스비 등 저명한 설교가들이 설교에 대해 설교한 글들을 묶은 확신 있는 '설교를 위한 설교집'

(해돈 로빈슨 외 11인 공저 /김진우 옮김/158쪽/3,500원)

산상수훈의 삶을 사는 법

산상수훈의 삶을 살다가 소천한 C. F. 앤드류스의 생애와 그의 실천적인 산상수훈 강해를 묶은 책. 타고르가 감동적인 서문을 썼다.

(C. F. 앤드류스 지음 /지명수 옮김/176쪽/3,800원)

그리스도의 대사들

무디출판사가 허드슨 테일러, 빌리 그래함, 에디스 쉐퍼, 이형자 등 기독교 역사에 길이 남을 위대한 그리스도의 대사들의 생애를 엮어 발간한 신(新) 사도행전.

(존 우드브리지 엮음 /권성수 옮김/356쪽/20,000원)

도서출판 **횃불** ◆ 총판: 생명의샘